现代职业教育体系建设系列教材

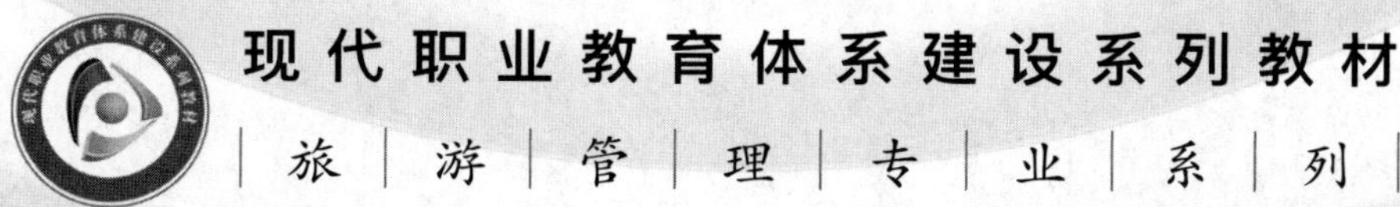


LINGDUI SHIWU

# 领队实务

主　编　粮艳玲　卢志海
副主编　赵海湖

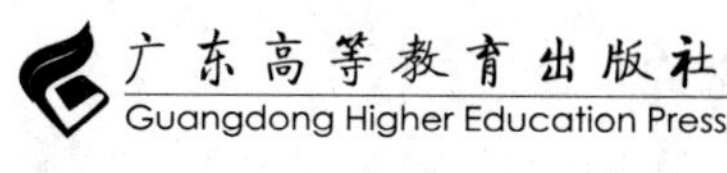


·广州·

## 内 容 简 介

本教材体现现代职教体系构建的元素，体现立德树人、产教融合、校企合作、终身教育等理念。教材编写有别于以往其他领队实务教材，是针对旅行社的岗位需求选取内容，接近旅行社职业岗位要求。教材包括领队及领队工作认知、短线领队工作、中长线领队工作和长线领队工作四个项目，包含了中国港澳台地区游、东南亚游、日韩游、“中东非”游、俄罗斯游、大洋洲游、美洲游、欧洲游等领队工作任务。教材内容深入浅出、形象生动，集理论性、实践性、知识性和可操作性于一体。

**图书在版编目（CIP）数据**

领队实务/粮艳玲，卢志海主编. —广州：广东高等教育出版社，2017.8（2020.3 重印）

（现代职业教育体系建设系列教材·旅游管理专业系列）

ISBN 978-7-5361-5931-0

Ⅰ. ①领… Ⅱ. ①粮…②卢… Ⅲ. ①旅游服务-高等职业教育-教材 Ⅳ. ①F590.63

中国版本图书馆 CIP 数据核字（2017）第 143149 号

出版发行 广东高等教育出版社
社址：广州市天河区林和西横路
邮编：510500　营销电话：（020）87551597　87551077
http://www.gdgjs.com.cn

印　　刷 佛山市浩文彩色印刷有限公司
开　　本 787 毫米×1 092 毫米　1/16
印　　张 14.25
字　　数 330 千
版　　次 2017 年 8 月第 1 版
印　　次 2020 年 3 月第 2 次印刷
定　　价 34.00 元

# 出版说明

自2014年全国职业教育工作会议召开以来，职业教育改革发展进入了新的发展阶段。各地围绕推进职业教育领域综合改革，大力发展现代职业教育。在新一轮的改革创新浪潮中，广东省将科学建立现代职业教育系列标准，推动现代职业教育课程教材改革作为深化职业教育改革的重要内容。《广东省人民政府关于创建现代职业教育综合改革试点省的意见》中明确要求："建立中职—专科高职—应用本科衔接互通的标准框架体系及专业课程教学标准，开发相关的示范课程及教学资源库，研制现代职业教育体系规划教材。"《广东省现代职业教育体系建设规划（2015—2020年）》也明确提出："到2020年，在50个专业试点中高职衔接专业标准和课程标准，开发500门中高职衔接的示范课程及资源库，编写1 000本现代职业教育体系规划教材。"

为贯彻落实省政府加快发展广东现代职业教育的工作部署，2013年以来，广东省教育厅陆续启动了74个专业教学标准和课程标准研制项目，取得了一批重要的研究成果，包括现代职业教育标准体系建设系列丛书，一批专业的教学标准以及1 100多门专业核心课程标准。广东省教育厅十分重视标准研制成果的推广和应用，连续两年下发通知（粤教职函〔2015〕77号、粤教职函〔2016〕58号），明确各地、各中等职业学校要特别围绕已经完成的专业教学标准和课程标准开发教材。广东省教育研究院聚焦标准成果的转化，组织参与标准研制的专家学者和一线教学经验丰富的专业教师，研发出目前呈现在读者面前的系列教材。

本系列教材以专业教学标准和课程标准为依据，呈现出三大特点：一是系统性。专业教学标准和课程标准的研制始终坚持"能力核心、系统培养"的指导思想，通过岗位分层实现职业能力分级，基于职业能力分级实现中职、高职、本科的教育分层。教材的研发与标准研制一脉相承，体现教育属性和职业属性的有机结合，既能满足专业教学及升学的需要，也能满足就业的需求。二是创新性。标准研制成果明确地将职业能力点有机地融入课程之中，建立了以职业能力为核心、中高职分级培养的课程体系。教材通过行动导向、项目引领、任务驱动等模块化教学，增强了"做中学、做中教"的教学双向互动，让职业能力培养有效地体现在教学过程当中。三是实用性。教材内容

的研发基于工作过程及职业情境，对准由行业企业专家提出的真实用人要求和职业活动，让学生切实掌握就业岗位工作内容，达到职业能力及职业道德要求，实现学有所指、学有所用的目的。

系列教材的研发得到了广东省教育厅高中职处、高教处等领导的关心和指导，也得到省内有关职业院校、行业企业的大力支持和积极参与，在出版期间尤其得到了广东高等教育出版社的大力支持，在此特别致以衷心的感谢！

系列教材的出版是我们为了实施和推广专业教学标准和课程标准所做的一项探索性工作，由于水平有限，难免存在不尽如人意之处和谬漏，恳请广大专家、读者和一线教师提出宝贵意见，帮助我们把这项工作做得更好。

现代职业教育体系建设系列教材编委会
2016 年 7 月

# 前　言

本教材旨在将课题成果“广东中高职衔接旅游管理专业教学标准和课程标准”转化为服务教学、服务学生的课程和教材，既是对课题成果的应用，又是对课题成果的提升。体现现代职教体系构建的元素，体现立德树人、产教融合、校企合作、终身教育等理念。领队实务是中高职衔接的核心课程，与中职的“导游业务”课程相接。目前市场上虽已有《领队业务》教材，但这些教材都是沿用学科体系，没有采用任务驱动式，更像是知识的仓库，且由于编写时间已久，案例资料陈旧，难以反映行业发展新特点和新趋势。本教材采用行动体系，体现理实一体理念，以真实典型的任务驱动，引入最新的出境游线路，明确地告知学生每一步做什么、怎么做，带动学生在“做中学”。编写过程如下：首先，通过对专业岗位调研和对职业能力深入分析得到知识点和技能点，以此为据选取实际工作中系统化的典型任务作为教材主体内容。其次，将原来的“客源国和目的地国家概况”课程要点融入“领队实务”课程中。这两门课程内容联系紧密，通过整合，可带动学生以探索性的态度积极主动地学习相关知识。因此本教材的编写将实现课程系统的改革，将原来的纯知识课程（没有实际的产品和成果）融入操作性强的课程中，让知识得到运用。

本教材有以下特点：一是克服市场原有的旧教材中存在的弊病——只有抽象元素和工作环节名称，没有具体工作任务和具体的情境设计。如行前说明会，旧教材没有针对具体的线路、情景和工作要求进行编写，学生只学到一些抽象的概念，依旧不会具体操作。二是本教材采用任务驱动，使学习过程与专业所对应的典型职业工作顺序——领队带团流程相一致，这样就可以使学习过程中学生认知的心理顺序与工作过程中的行动顺序相一致。三是本教材配有最新的出境游线路和相关图片，图文并茂，编写风格活泼，符合学生的认知规律和身心发展的特点，将会是一本深受学生、教师欢迎且具有实效性的创新性教材。

本教材由秾艳玲（广州番禺职业技术学院）、卢志海（广东农工商职业

技术学院）担任主编，赵海湖（广东机电职业技术学院）担任副主编，胡秋红（阳江职业技术学院）、邓凤珠（佛山广播电视大学）等参与编写，具体分工如下（按照编写教材章节顺序）：胡秋红编写项目一中的任务一、与粮艳玲合作完成任务二，粮艳玲编写项目二的任务一、任务二，卢志海编写项目二的任务三、项目三的任务一，邓凤珠编写项目三的任务二，赵海湖编写项目四。主编粮艳玲对全书进行了修改、审定，企业专家许云威、赵延军等也提供了宝贵的修改意见。在编写过程中，编者参阅了有关著作，汲取了一些学者的研究成果，受到了一些专家有益的启发，谨此向这些专家学者表示由衷的谢意。

编　者

2017 年 6 月于广州

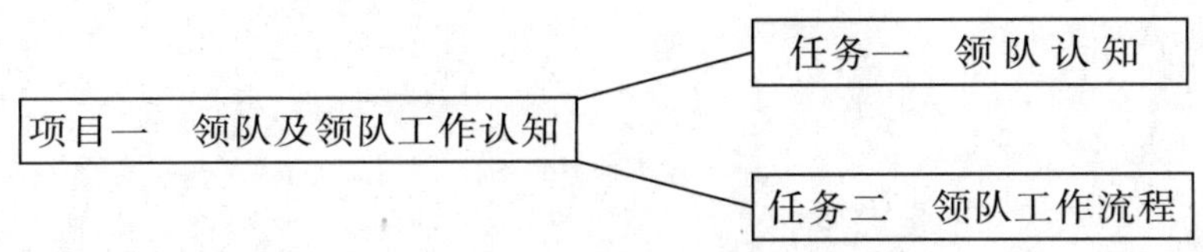


项目二　短线领队工作

- 任务一　港澳台地区游领队工作
  - 活动1　港澳地区游领队工作
  - 活动2　台湾地区游领队工作
- 任务二　东南亚游领队工作
  - 活动1　泰国游领队工作
  - 活动2　新马游领队工作
- 任务三　日韩游领队工作
  - 活动1　日本游领队工作
  - 活动2　韩国游领队工作

项目三　中长线领队工作

- 任务一　“中东非”游领队工作
  - 活动1　阿联酋游领队工作
  - 活动2　南非游领队工作
- 任务二　俄罗斯游领队工作——活动　俄罗斯游领队工作

项目四　长线领队工作

- 任务一　大洋洲游领队工作
  - 活动1　澳大利亚游领队工作
  - 活动2　新西兰游领队工作
- 任务二　美洲游领队工作
  - 活动1　美国游领队工作
  - 活动2　加拿大游领队工作
- 任务三　欧洲游领队工作
  - 活动1　英法瑞意游领队工作
  - 活动2　西班牙、葡萄牙游领队工作

# 目　录

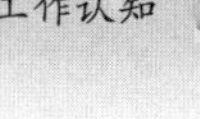

# 项目一
# 领队及领队工作认知

## 任务一　领队认知

### 学前导语

通常将一个国家的居民跨越国境到另一个国家或地区的旅游活动称之为出境旅游。中国的出境旅游，是指有出境游经营资格的旅行社组织的中国公民跨越国境和某些特定的界线到其他国家或特定行政区域的旅游活动，由中国港澳台地区旅游、边境旅游和出国旅游三大部分组成。中国公民自费出境旅游活动始于1983年，随着国家政策的不断完善和国民收入的提高，如今更呈现出良好的发展态势。

出境旅游团一般都有专人陪同前往，对这种“专人陪同”人员，有的叫“陪同”，有的叫“导游”，还有的叫“翻译”，大多数人称之为“领队”。作为“架起中国同游览国人民之间友谊的桥梁”的领队，其职责是代表组团社负责赴境外旅游团在境外的一切活动，包括同境外接待社接洽、调解纠纷、处理意外事件等。

### 知识目标

（1）掌握领队的概念、素质要求。

（2）掌握领队的职业道德。

### 能力目标

（1）掌握领队的工作特点。

（2）掌握领队的职责。

### 情感目标

（1）培养爱国主义情怀和正确的领队职业观。

（2）提高自身素质修养，培养严谨的工作作风和良好的工作习惯。

## 案例导入

作为一名从事领队工作 14 年的资深领队，宋凯对文明旅游有着独到的见解。除了按照公司的标准化要求，认真细致地向游客讲解文明旅游公约、提示不同旅游目的地的风俗禁忌外，宋凯还特别注意让游客了解世界各地不同的行事规则，尊重并遵照通行规则，做一名受人尊敬的游客。

而这一切，源自他的一次带团经历。

那是一个美国旅行团。出发前说明会上，宋凯特别强调了美国航空公司的一些特殊规定。例如搭乘美国内陆航班时，乘客需要分组登机。没有叫到的组别，乘客应在登机口排队等候登机。内陆段航班经常会遇到晚点或取消，遇到这种情况，领队会第一时间帮助游客协调，希望游客不要着急。

行程中，在团队需要转机飞往纽约时，偏偏就碰到航班延误的情况。宋凯第一时间前往柜台咨询，得到的答复是由于天气原因航班延误 3 小时，宋凯立即转告游客，要求并允许大家在登机口周围活动，建议不要走得太远，以免延误登机。

转眼 3 小时过去了，登机口仍未开放，得到的通知是还要继续等待 1 小时。这时，有游客沉不住气了，一位男士走到宋凯身边，说要和柜台理论。宋凯耐心地向他解释缘由，规劝了半天，游客心情得以平复。

终于，登机时间到了。宋凯所在的登机组是 D 组，不能第一时间登机，但不少等候许久的游客打算到登机口排队。宋凯忙向坐在座位上的游客做了一个双手下压的手势，大家看懂了，没有起身。然后他走到正在排队的游客面前，劝告他们回到座位上等待。然而，反复解释后仍有一位游客执意要立刻登机，他的理由是机组人员肯定不会阻拦。

宋凯不再执意劝阻。他知道，只有事实才会让游客明白规则的力量。

果然，游客被机组人员叫到一边。宋凯看到游客和地勤人员嚷嚷了几句，他连忙跑过去，向地勤人员翻译：这位先生听错了组别，以为 D 组开始登机了。然后他又把游客领到一旁，再次解释美国内陆段航空公司的登机规则。这次，游客真的相信规则的力量了，冲着机组人员不好意思地笑了。

这种巧妙的方式，不仅让游客明白了规则的力量，颜面也得到了保全，可谓皆大欢喜。

在宋凯多年的领队工作中，类似的案例还有不少。宋凯说，一般情况下，只要耐心解释，游客都会理解并遵照实施。对于一些比较固执的游客，在保证人身安全前提下，让他们吃点儿小亏，也是一种别样的沟通方式。

（资料来源：中国旅游报，2015 年 9 月 18 日第 7 版）

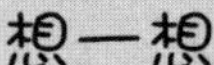


什么是领队？出境游团队中的领队有什么作用？结合案例分析领队在引领文明旅游时应具备哪些过硬的基本素养？

## 必备知识

### 一、领队的概念及素质要求

#### （一）领队的概念和领队的作用

1. 领队的概念

“出境游领队”，是从国外引进的词语，英语为“tour conductor”“tour leader”“tour manager”，或者是“tour escort”，意思是领导、指挥旅游的人。

“领队”一词在我国旅游法规中首次出现，是在1996年颁发的《旅行社管理条例》第25条中，其规定“旅行社为组织旅游者出境旅游聘用的领队，应当持有省、自治区、直辖市以上人民政府旅行社管理部门颁发的资格证书”。此后于1997年颁发的《中国公民自费出国旅游管理暂行办法》中也明确规定：团队必须在领队带领下进行出境旅游。

上述旅游法规中所指的领队，即出境旅游的领队。根据《旅行社出境旅游质量行业标准》，出境旅游领队是指取得领队资格、受组团社委派、从事领队业务的工作人员。这表明：① 领队是指依法取得出境旅游领队证的人；② 领队是接受组团社委派从事领队业务的人；③ 领队的服务对象主要是中国公民，工作环境主要在境外；④ 领队的工作范围包括带领旅游者出入境，督促落实旅行计划，为旅游者提供与出境旅游有关的服务。

对领队人员的资格，各国各地要求不尽相同：通常出境旅游业较发达的国家，对领队资格不作限制，由旅行社选派人员随团，以服务信誉做担保；出境旅游业发展较晚的国家和地区，为保证组团社的服务质量，维护旅游者和旅行社的合法权益，政府旅游主管部门对领队资格提出相应的要求。与旅游业发达国家或地区相比，我国在20世纪90年代以前没有专业领队，主要原因是我国开展公民自费出境旅游的时间较晚，市场需求不明显。1996年颁发的《旅行社管理条例》确立了领队资格认证制度。2002年7月生效的《中国公民出国旅游管理办法》进一步规定了领队的职责和权利义务，为完善我国领队资格的认证和领队管理制度打下了良好的基础。

2. 领队的作用

领队是出国旅游团队计划的执行者和旅行活动的组织者，在旅行社接待业务中起着桥梁和纽带作用。一个优秀的领队不仅能够圆满地完成旅行计划，实现旅行社开办出境旅游业务的经营目的，还能为旅游者带来一次愉快和成功的旅行体验。中国领队在出境旅游中的作用主要体现在以下三个方面。

（1）领队是旅游计划的执行者和监督员。领队是旅行社为旅游者服务的代表，要根据组团社和旅游者签订的合同，为旅游者提供服务。从这个意义上讲，领队的一言一行代表一家企业的品位、质量、信誉和形象，因此，领队要努力实现零差错服务，最大限度地避免因工作失误或服务不周造成的客源流失。由于接待社是在境外具体负责执行旅游计划的企业，领队人员要协调好和接待社的关系，要求接待社按计划游览，维护旅游者和组团社的利益。

（2）领队是民间大使。领队不仅代表企业，而且从一定意义上代表着国家，中国领队工作是目的地国家的公民了解中国的“窗口”。在境外，领队不仅要为旅游者提供优质的旅游服务，还要向目的地人民恰如其分地宣传我国的历史文化以及风土人情，让他们更多地了解中国。

（3）领队是旅游者的良师益友。旅游者身处陌生的环境，对所在地的地理、法律、风俗知之甚少，在旅游过程中或会遇到突发事件，在生活中或会遇到障碍与困难。在这个时候，就需要领队以自己的知识和经验为旅游者排忧解难。领队所需的知识和经验单靠企业培训或依赖于实践积累是不够的，这要求领队自己通过自觉主动地学习，不断提高知识水平，拓宽知识面。领队的经验来自于工作中的总结和积累，经验越丰富，处理问题和突发情况时就越镇定。

### （二）领队的素质要求

领队作为团队的核心，既要在境外旅游活动中维护国家尊严，又要使旅游团队全体成员尊重所在国的法律和风俗习惯，还要维护旅行社和旅游者的利益，保证服务质量。因此，领队工作极富挑战性。出境旅游领队担负的工作政策性强，责任重大，因而领队应当具备良好的素质，即具备良好的政治思想素质、业务技能素质、身体心理素质以及文化艺术素质。领队的素质要求如图 1－1 所示。

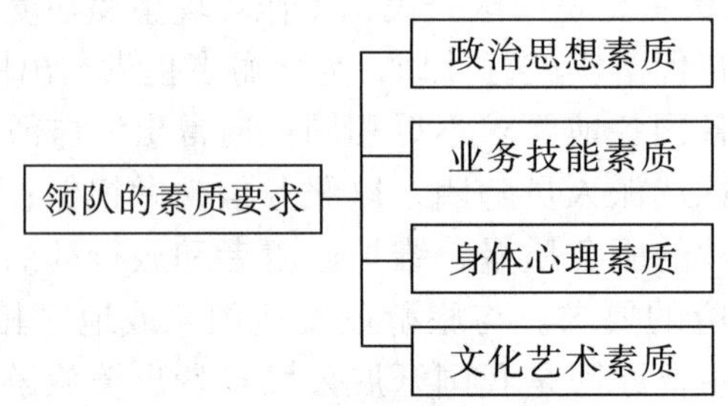


**图 1－1　领队的素质要求框架图**

1．政治思想素质

强烈的爱国主义思想、良好的思想品德和高尚的道德情操，是做好领队工作的基础。改革开放以后，随着我国社会经济的迅速发展，人民生活水平的逐步提高，越来越多的中国公民到海外旅游，这是中华民族伟大复兴历史过程中的新生事物，是中国社会主义改革开放蒸蒸日上的又一鲜明写照。领队要把自己热爱祖国、报效祖国的拳拳之心认真倾注在优质服务之中，以自己合格的政治素质和出色的实际工作激发广大游客的爱国主义情怀。

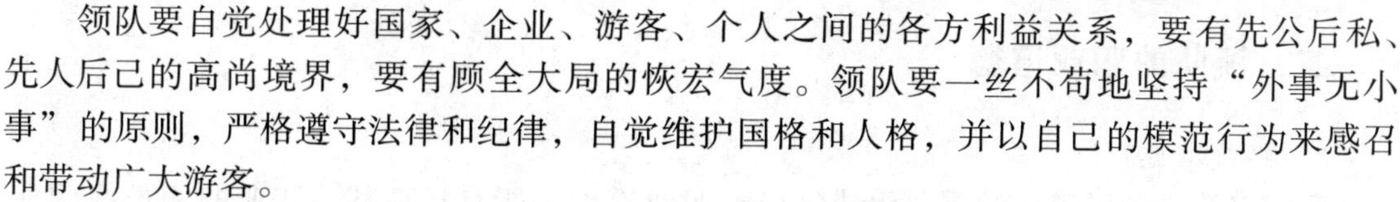



领队要自觉处理好国家、企业、游客、个人之间的各方利益关系，要有先公后私、先人后己的高尚境界，要有顾全大局的恢宏气度。领队要一丝不苟地坚持“外事无小事”的原则，严格遵守法律和纪律，自觉维护国格和人格，并以自己的模范行为来感召和带动广大游客。

2. 业务技能素质

业务技能素质是领队做好本职工作的基本条件。领队的工作环境特殊，责任重大，又要独立工作，要把工作做好，既要用力、用心，更要积累经验、开启智慧。

（1）领队应具有一定的语言能力。领队一方面应具备相应的外语水平；另一方面要对汉语有深入的掌握，讲解时语言要流畅、生动、幽默和富有文采。领队的语言地道，能够拉近游客间的距离。领队要尽可能全面地掌握各种国际资讯和有关目的地国的知识，特别是要注意及时、反复地强调所去国家中容易引起游客认识上误会或行为上偏差的特殊问题，防止发生意外。

（2）领队应具有独立开展工作的能力。领队的一切知识和技能都是为了实际工作的需要，要特别注重各种知识和技能的实际操作与运用。

（3）领队应具有从容处理各种突发事件的经验和能力。领队身处异国，遇到突发事件，无论多么棘手，一定要尽自己最大的努力，从对国家负责、对企业负责和对游客负责三个方面来考虑问题和处理问题。领队在处理问题时要遵循所在国的法律及国际法和国际惯例。

3. 身体心理素质

领队的工作头绪多、责任重、压力大，这对领队的身体和心理的素质要求是比较高的。领队要有能够连续承担大量工作的身体素质，要有从容应对各种复杂局面及突发事件的冷静头脑和健康心理，要具有善于自我调节心理和情绪的能力，始终保证自己能够以平和的心态面对游客。

领队要在整个旅游过程中始终保持充沛的体力、旺盛的精力及平和的心态，要善于合理安排时间和运用自己的体力与控制情绪，要抓住工作的间隙及时有效地休息和放松。领队要具有自我调节饮食起居的能力，无论环境如何变化，生活节奏如何变化，都能够抓住时机，创造条件，吃好睡好，保证自己身体健康。

4. 文化艺术素质

较高的文化和艺术素养是领队必不可少的基本素质。旅游活动的过程是游客体会目的地国家文化的过程，旅游活动的目的是游客追求美的享受，感受艺术气息。领队要有善于发现美和体验美以及积极弘扬美和创造美的能力，引导游客感知美、领悟美，在旅游活动中真正得到美的享受。

领队应当学会欣赏。因为在欣赏的过程中，必然会受到民族文化的熏陶，同时也受到艺术家的世界观、道德观等方面的影响，思想得到启迪，感情得到升华，高尚的道德情操和文明习惯就会培养起来。加强审美修养和文化艺术方面的修养，对于提高领队的文化艺术素质大有裨益。

## 二、领队的职业道德

1. 职业道德

职业道德是公民道德的重要组成部分。职业道德是所有从事某一职业的人员在职业活动中应当遵守的行为准则，它涵盖了职业者与服务对象、职业与职工、职业与职业之间的关系，包括职业思想、职业责任、职业技能、职业纪律和职业作风等内容。现有的职业道德批判地继承了历史上各种职业道德的积极因素和有用部分，贯穿了为集体、为社会和为人民服务的根本宗旨。随着现代社会分工的发展和专业化程度的提高，整个社会对从业人员职业道德的要求越来越高，要求从业者在自己的职业活动中，遵守符合职业环境要求、具有职业特征的道德准则和规范，培养与之相应的道德意识、道德情操和道德品质，端正自己的职业行为。

2. 领队职业道德

领队职业道德是领队综合素质的重要内容，是领队的政治思想素质和职业素质的重要表现。领队的职业道德是公民道德、职业道德在领队工作环境中的具体落实，是对旅游职业道德结合领队工作的基本特点所提出的进一步要求。

领队要自觉遵守国家旅游局颁发的《旅游企业一线员工的职业道德规范》，认真做到“爱国爱企、自尊自强、遵纪守法、敬业爱岗、公私分明、诚实善良、克勤克俭、宾客至上、热情大度、清洁端庄、一视同仁、不卑不亢、耐心细致、文明礼貌、团结服从、大局不忘、优质服务、好学向上”这“72 字箴言”所组成的旅游职业道德规范。

（1）强烈的爱国主义和民族自豪感不仅是领队的政治思想基础，同时也是领队的职业道德基础。热爱祖国，热爱民族，是领队必须具备的最基本的职业精神和职业道德。领队的工作环境远离祖国，要真正做好工作，必须把祖国的利益和荣誉放在心上，把民族自尊、民族气节放在第一位。作为领队，不仅自己要做一个堂堂正正的中国人，还要以自己的高尚情操和模范行为带动广大游客，在境外旅游过程中展现出中国人的宽广胸怀。

（2）领队一定要热爱企业，尊重游客，热爱工作。领队要热爱自己的企业，就应当做到深入了解企业的现状，全面熟悉企业的产品，热心宣传企业的成就，切实维护企业的利益。领队要把游客当作朋友，当作亲人，要关心和敬重他们，要有照料他们的意识。面对工作，领队要精神饱满、全力以赴，要不惧困难与麻烦、耐心细致、乐观进取。领队只有热爱企业、尊重游客、热爱工作，才能真正忠于职守，真诚为游客服务，赢得游客的信任，切实做好本职工作。

（3）领队要坚持和贯彻诚实为本、信誉第一的职业道德，自觉、有效地处理和维护好国家、企业和游客三者的利益。领队要把信誉放在第一位。要把自己在工作中表现出来的信誉，把与游客或外国人的交往中表现出来的信誉，同自己所在的企业的信誉，同整个国家的信誉，紧紧联系在一起。

（4）遵纪守法是领队维护职业道德的重要保障。遵纪守法是领队职业道德中最本质的内容，应当成为领队最重要的职业习惯。在境外十分复杂的和充满各种诱惑的工作环

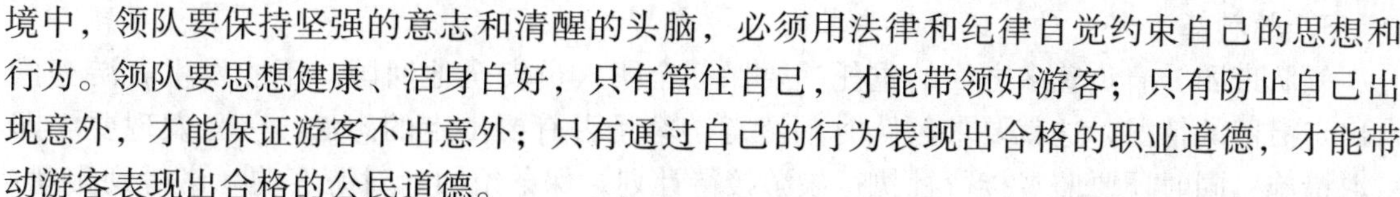

境中，领队要保持坚强的意志和清醒的头脑，必须用法律和纪律自觉约束自己的思想和行为。领队要思想健康、洁身自好，只有管住自己，才能带领好游客；只有防止自己出现意外，才能保证游客不出意外；只有通过自己的行为表现出合格的职业道德，才能带动游客表现出合格的公民道德。

（5）领队要讲求协作，顾大局，识大体。开放境外旅游是国家改革开放总体战略中的一个重要的组成部分，作为领队，一定要把自己的工作同国家的经济、政治、文化、外交、旅游等事业的要求联系起来认识，正确处理自己和相关部门、本企业和协作单位、企业和国家的关系；正确处理个人利益、团体利益、企业利益三者的关系。要特别注意对游客负责和对企业负责的一致性；要遵守法律，注重合同，讲究信义，秉公办事。

## 三、领队的职责及领队工作的特点

### （一）领队的职责

（1）提醒、监督游客遵守旅游目的地国家或地区的法律，尊重其宗教信仰、民俗文化和生活习惯，维护中国人的尊严。

（2）协助游客办理出入境、酒店入住、机票确认等手续。

（3）代表组团社监督导游、接待社对旅游计划的执行，并监督对方改进团队旅游的服务质量。

（4）确保团队在境外旅游的安全。

（5）协助接待旅行社和导游等处理好旅游过程中的突发事件及出现的其他问题。

（6）做好各段行程的衔接工作。

（7）必要时为游客提供翻译服务。

### （二）领队工作的特点

#### 1. 工作强度大，对身体素质要求高

出境旅游行程一般是 3 ~ 15 天，旅游目的地少则一个国家多则十几个国家，领队要照顾游客的安全、饮食、住宿、行程、游览、购物、娱乐等，事无巨细都要领队操心和安排。没有良好的身体条件，领队工作是无法胜任的。

#### 2. 独立性强，对处理问题的能力要求高

领队带团出国，身处异国他乡，多数时间都需要独立处理问题，没有领导给你指示，没有亲朋好友给你建议，只有靠自己的能力来解决问题。而且工作量大，每一项工作都要求认真、细致地完成，不能有半点疏忽，因为稍一疏忽，就会出现意想不到的问题。一名有经验的领队，会将各项工作按照工作流程合理安排，先做什么，后做什么，都会有安排；遇到常见问题，先说什么，后说什么，都会有技巧。同样的内容，说话的顺序颠倒了，效果会截然不同。这就需要领队全面了解自己的工作内容及各环节的工作要领，事先设计好工作顺序，遇到问题时就不会手忙脚乱。因此，具备独立工作的能力是一名领队最基本的素质。

3. 精神压力大，对心理素质要求高

领队带团，肩负着多方面的重托。要保证全团人员安全地回国，不能发生有游客擅自出走滞留的情况，这就要求领队时刻留意游客是否有要出走的想法，一旦发现要立即采取措施；同时还要监督接待社执行旅游接待计划，保证组团社对游客的承诺得到实现；要维护游客的合法权益，在游客利益受到侵犯时，要代表派出的组团社和游客的利益据理力争；要维护接待社和导游的利益，当游客向接待社和导游提出无理要求时，领队要向游客进行解释及说明。

在这些相互矛盾的利益冲突下，领队在处理问题时如稍有疏忽，就会成为众矢之的或矛盾的焦点。如果问题处理不当有可能引发一系列后果，如游客回国后对组团社的投诉、接待社和导游向组团社投诉领队、组团社领导的严厉批评等。面对这些有形的或无形的压力，具备良好的心理素质对于领队来说非常重要。

4. 工作难度大，对从业人员整体素质高

领队工作需要从业人员具有高度的责任心和敬业精神，良好的服务意识和娴熟的业务技能，健康的体魄和心理素质，丰富的专业知识；同时要具备优秀的组织协调能力和敏锐的观察能力，正确的分析判断能力，运用多种方法与人沟通、交流的能力。这些素质和技能的要求，完全是领队工作的需要，是做好工作的基础，也是区别于其他职业的关键所在。

除此以外，还要具备一定的外语能力，掌握工作场景中常用的词汇和句型，例如与空乘人员的对话、与边检或海关官员的对话、与酒店前台的对话、与机场人员的对话、与景区工作人员的对话等。

**趣味讨论**

1. 领队工作的职业优势与劣势有哪些？

2. 结合领队的职业素质要求和自己的实际情况，谈谈自己对这一职业的心理期待及对不同类型游客的服务理念。

3. 掌握下面的领队英语场景对话，并能举一反三，灵活运用到不同的线路模拟实操中。

## 领队英语场景对话

**场景一　在飞机上找空乘人员拿入境卡和海关申报卡的对话**

空乘人员：请问有什么可以帮到您的？

Can I help you?

领　　队：我要泰国移民局的入境卡和海关申报表。

I want to get some Thailand immigration cards & customs declaration forms, please.

空乘人员：请问是个人还是团队？

For individual or for a group?

领　　队：一个团队，人数共有 31 人。

For a group with 31 persons.

空乘人员：请稍等一下。

Please wait for a moment.

领　　队：好的。谢谢。

OK. Thank you.

空乘人员：您好，领队！这是您要的入境卡！共有 31 张。

Excuse me，sir. Here are your immigration cards，a total of 31.

领　　队：那海关申报表呢？

What about customs declaration forms?

空乘人员：请问您的团队中有多少个家庭？

How many families are there in your group?

领　　队：一共有 6 个家庭。

Six families.

空乘人员：海关申报表一个家庭只需要 1 张，所以这里给您 6 张。

OK. One customs declaration form for each family. Here are six copies.

领　　队：谢谢！

Thank you !

**场景二　在飞机上用餐时的对话**

空乘人员：您好，今天我们准备了鸡肉饭和猪肉饭，请问您需要哪一种？

Excuse me，we have prepared chicken rice and pork rice today. Which one do you prefer?

领　　队：鸡肉饭吧。

Chicken rice，please.

空乘人员：这是鸡肉饭，请慢用！

OK. Here you are. Please enjoy your meal!

领　　队：谢谢！

Thank you !

空乘人员：请问您喜欢喝些什么？我们有苹果汁、橙汁、咖啡、可乐、西红柿汁、热茶、水。

What would you like to drink? We have apple juice，orange juice，coffee，cola，tomato juice，hot tea and water.

领　　队：苹果汁。

Apple juice，please.

空乘人员：请慢用。

OK. Here it is.

领　　队：谢谢！

Thank you！

**场景三　目的地国家过边检或海关的对话**

边检官员：请出示护照和签证，逐一检查，谢谢。

Please show me your passports and visas one by one. Thank you.

领　　队：我们的签证都贴在护照里面，除此之外我们还需要提供什么给您？

Our visa is pasted on the passport. What else do we need to show besides passport and visa?

边检官员：还需要提供你们的回程机票和入境卡。

Your return tickets and immigration cards, please.

领　　队：这是我们这个团队的团队机票，11 月 11 日早上 11：11 我们乘坐 CZ1111 航班回中国。

Here are our tickets. We will return to China by the flight of CZ1111 at 11：11 a. m. on November 11th.

领　　队：还有入境卡我们已经夹在他们的护照里面。

By the way, each immigration cards has been put in the passport.

边检官员：好的，非常感谢您的配合，我先帮您办理入境手续，不过您先不要走，有可能需要您帮忙翻译。

OK. Thank you very much for your cooperation. I'll help you go through the immigration formalities, but please don't go first, you may need to act as an interpreter.

领　　队：好的。

OK.

海关人员：您好，请问是团队吗？人数有多少？有没有物品需要申报的？

Hello, are you a group? How many persons are there in the group? And do you have anything to declare?

领　　队：对的，我们是旅游团，没有东西需要申报的。

Yes, we are a tour group. We have nothing to declare.

海关人员：那需要你们配合逐一地检查行李。

OK. Now your luggage need to be checked one by one.

领　　队：好的。

All right.

**场景四　进入酒店向酒店前台人员拿房间的对话**

领　　队：您好，我是星星假期（出发前了解地接旅行社的名字）一行 32 人的领队，请问我们的房间准备好没有？

Hello, I am the tour leader of the Star Holiday with a group of 32 people. Are the rooms ready now?

前台人员：您好，请稍等，我需要查找一下我们的系统。

Please wait for a moment. I need to have a check.

领　　队：请尽快，谢谢！

OK. Please do it as soon as possible. Thank you!

前台人员：您好，这是你们团队的房卡，一共16间房间，其中8间为大床房，8间为标准双人间。

Excuse me, here are your room cards, a total of 16 rooms with 8 queen rooms and 8 twin rooms.

领　　队：可以将2间大床房间转为标准双人房吗？

Can we change two queen rooms into two twin rooms?

前台人员：对不起。由于今晚酒店住满了，所以没有办法调配房间。

Sorry. The hotel is full booking tonight, so we can not do it.

领　　队：好吧。那明天早餐是什么时间可以用餐，餐厅在哪里？

Well. What's the time for breakfast tomorrow morning? And where is the restaurant?

前台人员：早餐开放时间在早上7：00到10：00，餐厅在游泳池旁边。

Breakfast is served from 7 a. m. to 10 a. m.. The restaurant is beside the swimming pool.

领　　队：那游泳池开放时间呢？

When is the swimming pool open?

前台人员：从7：00到20：00。

From 7 a. m. to 8 p. m..

领　　队：酒店附近有没有什么超市可以买到日用品？

Is there any supermarket for daily necessities near the hotel?

前台人员：酒店的附近只有一家7－11的24小时便利店。

Yes, there is a Seven Eleven for 24-hour service near the hotel.

领　　队：非常感谢！

Thank you very much!

前台人员：祝您有一个美好的一天！

Have a nice day!

**场景五　离开目的地国家办理登机牌和行李托运的对话**

机场人员：您好！领队，请告诉游客排队，逐一办理登机手续。

Excuse me, sir, would you please ask the tourists to stand in queue to check in one by one.

领　　队：好的。我已经告知他们一个家庭接一个家庭办理登机手续，这样可以吗？

OK. But I asked them to check in family by family, is that all right?

机场人员：也可以。请问你们是要到哪里，航班号码是多少？

It is all right. Where do you want to go? And what's your flight number, please?

领　　队：我们要回广州，航班号码是CZ395。

We are going back to Guangzhou. The flight number is CZ395.

机场人员：请出示你们的团队机票。

May I have your group tickets, please.

领　　队：好的。这是我们的团队机票。

OK. Here you are.

机场人员：好的。这些是你们的登机牌，请问有几件行李需要托运，里面有违禁品吗？

All right. Here are your boarding cards. How many pieces of luggage are consigned? And is there any contraband in the luggage?

领　　队：我只有一件行李，里面没有违禁物品。

Only one piece of luggage without contraband.

机场人员：好的。非常感谢您的配合。

OK. Thank you very much for your cooperation.

领　　队：谢谢！

Thank you!

机场人员：祝您有一个美好的一天！

Have a nice day!

## 任务二　领队工作流程

### 学前导语

随着国家政策的放开与国民收入的不断提高，出境旅游不再是小众的旅行方式，正被越来越多的旅游爱好者所关注。在旅游活动中，代表组团社负责赴海外旅游团在境外的一切活动的是领队。如何使领队工作程序化、规范化，使领队的工作水平得以提高，是每一个即将从事领队工作的导游员要思考和面对的问题。要想成为一名优秀的领队，无论在什么场合，请记住这个公式：诚实 + 热情 + 技能 = 优秀的领队。这里的“技能”是指规范化操作出境游团队的领队工作流程。

### 知识目标

（1）掌握出发前的准备、召开出国游说明会的内容及出入境手续办理的流程。

（2）了解旅行计划的实施要求，散团及出团情况汇报。

### 能力目标

（1）具备良好的心理承受能力，采集、处理和使用出境团队的信息的能力。

（2）具备较强的出境团队组织、协调和应变能力，较强的语言能力和交际能力。

## 情感目标

（1）具有法规意识和良好的职业道德素养。

（2）具有较强的团队意识和独立工作意识。

### 案例导入

据“jesse 旅行家”在微博上发布的《中国游客大闹曼谷机场始末》一文中称：“2015 年 9 月 4 日下午，原本北京时间 17:50 由曼谷飞往重庆的航班，被告知不能按时起飞，具体原因据说是因飞机遇暴雨不能按时到达，先说晚点 3 小时，后来又说飞机需要检修确定为凌晨 3:00 才能登机。”随后，约 260 名中国旅行团的旅客发生分歧，一部分人愿意到酒店休息等候登机，一部分人则要讨说法，要机场方面答应三个条件，否则不去酒店也不登机。三个条件大概是：一是要机场方面公开道歉；二是要回程乘坐波音 747；三是要赔偿每位旅客人民币1 000元。随后记者在其中一段视频中看到，数名中国游客在泰国廊曼国际机场因航班延误，举着双手高唱国歌以示抗议。

据称，其中一部分决定到酒店休息的旅客在凌晨 1:30 被叫醒赶往机场，当他们赶到登机口时，几位旅客对他们进行责骂，认为他们“不团结”。就在大家以为该起飞时，广播却传来还要再等待的消息。原因是还有 30 多位旅客在机场工作人员再三劝导下依然不愿登机，可他们的行李却已经托运了，他们要求拿回行李，于是机组人员打开已经装好的行李仓，把几百件行李一一搬出，再找出他们 30 多人的行李，这个过程耗去整整 2 小时。

北京时间 9 月 5 日 6:00，飞机终于起飞了，到达重庆已是 9:00，延误超过 11 小时。一位导游透露，其实最后 30 多位旅客也发生了分歧，部分旅客愿意登机，但由于错过了允许登机的时间，最后被机长拒绝登机。

（资料来源：新华网，2015 年 9 月 7 日）

### 想一想

如果你是这个出境团的领队，在程序上第一时间应该怎么做？如何预防这种突发事件的发生？

## 一、出发前的准备

领队的准备工作很重要，应该做好以下几项。

## （一）与计调交接并准备好相关出团资料

领队在出发前，应当认真准备好与出团相关的各种资料和表格（见表1－1）。

表1－1　领队在出发前要准备好与出团有关的资料

| 序号 | 资料名称 | 内容要点 |
|---|---|---|
| 1 | 游客情况一览表 | 表中应简要注明游客的基本情况，另外必须有与之联络的方式 |
| 2 | 团队境外住房名单表 | 编制名单应根据游客参团时的住房需求确定分房顺序，对零散游客应当根据所在单位、年龄、职务等相关因素综合考虑安排住房，可准备多份境外住房分配名单，内容含姓名（中英文）、性别、年龄、护照号码、房间号（待填） |
| 3 | 团队旅游行程 | 出团信息最集中的一份文件，是出团领队执行旅行计划的基本依据 |
| 4 | 海关申报表（中国） | 若携有须向海关申报的物品，应在申报台前向海关递交《中国海关进出境旅客行李物品申报表》或海关规定的其他申报单证，按规定如实申报其行李物品，报请海关办理物品出入境手续 |
| 5 | 出入境表（卡） | 入境时移民局取下入境表（卡）后，将出境表（卡）夹在护照里 |
| 6 | 海关申报表（目的地国） | 明确我国海关在管理出境物品上的三种类别：包括禁止出境物品、限制出境物品及限量出境物品 |
| 7 | 联络电话表 | 前往国家接待社总经理和业务操办人的联系电话；组团社责任人的联系方式 |
| 8 | 出境名单表 | 名单表一式四联，分别是出境边防检查专用联、入境边防检查专用联、旅游行政部门审验专用联及旅行社自留专用联，领队只需带第一、第二两联 |

1．游客情况一览表

游客情况一览表是一个领队掌握团队成员基本情况，做好服务工作的依据。表中应简要注明游客的基本情况，另外必须有与之联络的方式。

2．团队境外住房名单表

团队境外住房名单表是领队协助接待员和导游员在团队入住酒店时分配住房的依据。编制名单时，应当根据游客参团时的住房需求确定分房顺序。对零散游客应当根据所在单位、年龄、职务等相关因素综合考虑安排住房，以减少游客与游客间的差异感。同时，可准备多份境外住房分配名单，内容含姓名（中英文）、性别、年龄、护照号码、房间号（待填）。只要酒店前台安排好房间号，领队就可以快速填写，让游客及时分配好房间。

3．团队旅游行程

团队旅游行程是出团信息最详尽的一份文件，是出团领队执行旅行计划的基本依据。同时，这也是当抵达旅游目的地后，领队要抓紧时间与当地导游落实节目与日程的主要依据。

4. 海关申报表（中国）

旅游者出入境若携有须向海关申报的物品，应在申报台前向海关递交《中国海关进出境旅客行李物品申报表》或海关规定的其他申报单证，按规定如实申报其行李物品，报请海关办理物品出入境手续。其中，携带中国法律规定的物品，还要向海关交验国家行政主管部门出具的批准文件或证明。因此，如果能在出团说明会中让携带摄像机和专用照相机的游客预先填写海关申报表，可避免因匆忙出入海关时脱离团队而造成心理压力。

5. 前往国家（地区）的出入境表（卡）

出入境卡通常是左、右两页格式或上、下两页格式，入境时移民局会收存入境表（卡），而出境表（卡）会夹在护照里。

6. 前往国家（地区）的海关申报表

不同的国家（地区）要求不一样，有些国家要求必须填写海关申报表，也有些国家（地区）不需填写。应在出发前先了解清楚。在填表时，要明确我国海关在管理出境物品上的三种类别，包括禁止出境物品、限制出境物品及限量出境物品。

7. 联络电话表

领队不仅应有前往国家（地区）接待社总经理和业务操办人的联系电话，还应有组团社责任人的联系方式，以便在旅游过程中发生问题时能够及时联络。

8. 国家旅游局颁发的“出境名单表”

由国务院旅游行政管理部门统一印制，在下达本年度出国旅游人数时按编号发给省、自治区、直辖市旅游行政管理部门，再由其核发给组团社。组团社应按照核定的出国旅游人数安排及组织出国旅游团队，并填写“出境名单表”。旅游者及领队首次出境或者再次出境，均应填写在名单表中。按照规定，经审核后的名单表不得增添人员。名单表一式四联，分别是出境边防检查专用联、入境边防检查专用联、旅游行政部门审验专用联及旅行社自留专用联，领队只需带第一、第二两联。若团队实际人数与名单表人数发生增减变更、名单表上游客信息有误等，均应修正后加盖印章。

### （二）核对旅游团成员证件、签证、机票及表格

这是出团准备工作的一项重要内容，防止出现错误，影响出团。

检查护照：重点检查姓名、护照号码 、签发地 、签发日期、有效期及本人签名。

检查签证：重点检查姓名、签发日期、截止日期、签证号码等。

检查机票：重点检查姓名、日期、航班号等。

检查时应把上述三样证件放在一起对照检查，如检查姓名时，三者要完全一致。签证及机票的姓名通常用英文（或汉语拼音）填写，要特别注意检查是否有拼写错误。

### （三）做好行装准备

1. 出团必带物品

出团必带物品包括：护照，签证（韩国、新加坡等国家的团队签证原件及复印件），机票（包括回国后入境口岸城市至所在城市国内段机票），机场预付金或转账凭证，卫

生检疫黄皮书（或药盒），导游旗，胸卡，行李牌，领队日志，游客问卷，皮筋，集中放护照的小塑料袋及笔等。

2. 生活用品

生活用品包括：药品（通常有感冒药、止泻药、心脏病药、止痛药、晕车药等应急药品），伞，拖鞋（国外酒店通常不提供），洗漱用品，休闲短裤（通常在海滩活动时必备）。

与出团相关的资料要认真核对。① 核对护照与机票：中英文姓名（国际段和国内段），如果姓名有错误的需到航空公司团队出票处更改；② 核对机票与行程：航班、日期、时间，如有转机情况必须核对航班间隔时间；③ 核对护照与出境名单表：以护照为准核查名单上游客信息是否准确无误，有错误需修正后加盖印章；④ 核对出境名单表与行程：出入境口岸、最终出团人数，团队实际人数与名单人数发生增减变更的，应修正后加盖印章。

## 二、出境前说明会

### （一）出境前说明会必讲内容

出境前说明会是旅行团出发前，领队与团队成员正式见面的开始。领队参加并主持说明会，让团队成员感受到领队的亲切，加强团队成员之间的熟悉度，消除陌生感。作为第一次与全团游客见面的领队应当重视说明会，因为这是领队言谈、气质、风度的首次展示，将奠定领队在游客心目中的地位，是领队开展工作成败的关键。

领队既代表领队本人，更代表企业直接面对游客群体。虽然是与游客第一次见面，领队应当利用说明会的机会，首先代表企业感谢团队成员的信任，并作自我介绍，使游客初步了解领队的情况。要做出服务承诺，让游客感到领队热爱工作，也愿意做好这项工作。

介绍团队行程前，领队务必先强调集合时间、集合地点和航班的起飞时间。有的游客对于搭乘国际航班需要提前2小时到机场集合不理解，认为提前时间太长。因此领队要详细介绍出境所需办理的各项手续：海关申报、换登机牌、托运行李、卫生检疫、出境边防检查、安全检查等，使游客理解提前集合的原因，给予充分配合。要介绍行程中的主要景点和城市间移动的时间安排等。

对于出境旅行的注意事项，领队可从十个方面详细介绍，如图1－2所示。

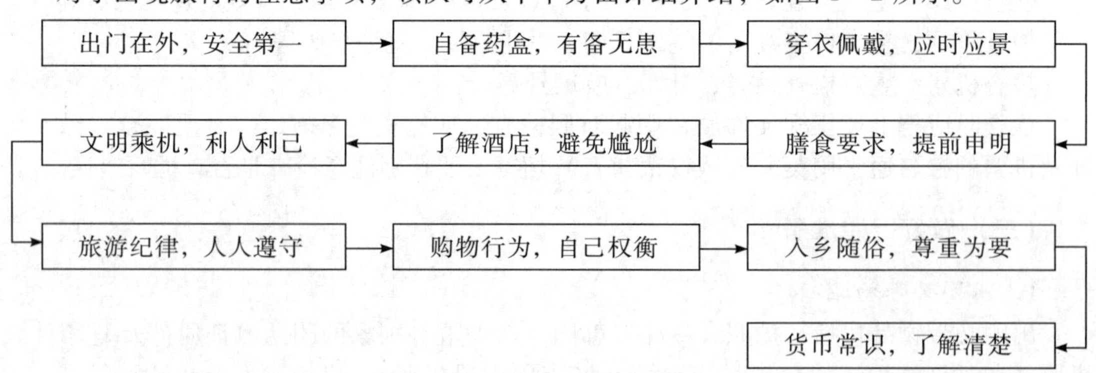


图1－2　出境旅行的注意事项介绍流程

1. 出门在外，安全第一

（1）人身安全。在许多国家或地区，机动车和行人都要遵循与中国截然相反的交通规则，即左侧通行。相应的，车是右手舵，游客从左边门上车。自由活动期间最好结伴而行，去什么地方最好事先告知领队和导游，并带上酒店名片以免迷路。海滨娱乐活动时应特别注意人身安全。如发生意外，一定先与领队和导游联系，绝不要单独行事，否则后果自负。

（2）财物安全。在外活动时，个人的现金和贵重物品要随身携带好，尽管大多数国家或地区治安较好，但千万不要掉以轻心。乘坐飞机时不要将现金和贵重物品放在托运行李中，入住酒店时，现金和贵重物品应随身携带或存放在酒店的保险箱，而不应放在房间内。至于如何使用酒店保险箱，可请领队和导游协助办理。

（3）证件安全。护照是在境外唯一合法身份证明，如丢失护照将是严重的问题，补办手续耗时费力，还会影响全团行程。一般团队游客的护照，交由领队统一收存，但在出入各国或各地区的移民局、过海关及乘坐飞机过程中，护照须由游客自行保管。

2. 自备药盒，有备无患

为预防水土不服，提醒游客带好常备药品，如止泻药、感冒药、消炎药、止痛药以及创可贴、风油精等，以及针对自己的身体情况带足备用药。有晕车或晕船史的游客，要在乘车或乘船前半小时服药。

3. 穿衣佩戴，应时应景

提醒游客出国前应该先了解前往地区的气候以备行装。就东南亚地区而言，一年四季无论何时去，夏装都是应时的，一般再备件薄外套，以备在空调太足的室内或汽车内使用。某些娱乐项目只有穿短裤或长裤才适合，因此女游客不要仅带裙子。鞋子应是轻便舒适。遇有乘船及前往海滩的日程安排，需备一双拖鞋或凉鞋。带与夏季衣着相配的一些物品，比如太阳镜、太阳帽、晴雨伞、腰包等。

4. 膳食要求，提前申明

旅行社一般都会尽力安排符合中国人口味的膳食。由于境外华人较多，中餐比较地道，因此饮食基本都能习惯。如果饮食方面有特殊要求，应该在出发前向领队申明，需要特别准备。用自助餐时应当遵循一个原则：勤添少取，尽量不剩。

5. 了解酒店，避免尴尬

（1）国外大多数酒店不提供洗漱用品和拖鞋，需自备。

（2）房间内没有供应开水。如需开水，可让酒店客房部另送，需付小费。

（3）在酒店房间内拨打长途或市内电话，饮用冰箱或吧台饮料、酒水，都须在离店前到酒店前台收银处自行结账，因为此类费用均未包含在团费里。

（4）有的酒店设有收费电视频道，使用前应先了解清楚付费办法。

（5）爱护酒店设施，如有损坏，需要个人赔偿。洗浴时应将浴帘底襟拉入浴缸内侧，如果不小心“水漫金山”，湿及房间地毯，也是要赔偿的。勿在床上吸烟，勿将洗涤物挂在窗外或是阳台上。

6. 文明乘机，利人利己

（1）按照国际惯例，团队办理登机手续时，是按游客姓氏的英文字母顺序发放登机牌。因此，如需调整座位，应在飞机起飞且平稳后商量调换，切不可挡住通道，影响其他游客通行。

（2）飞机上用餐时应将座椅靠背调直，以免影响他人。飞机上用餐是每人一份，饮料可续杯，可按需要向空乘人员索取。空乘人员不在身边时，若需服务可按“服务按钮”，切不可大呼小叫。飞机上应轻声交谈，以免影响他人休息。

（3）大件行李在办理登机手续时须交航空公司托运，托运的行李一定要包装结实并上锁。国际航班免费行李额分为计重免费行李额和计件免费行李额两种。计重免费行李额，按照旅客所付的票价座位等级，每一全票或半票旅客免费行李额为：一等舱为40千克（88磅），公务舱为30千克（66磅），经济舱（包括旅游折扣）为20千克（44磅），按成人全票价10%购票的婴儿无免费行李额。计件免费行李额，按照旅客所付的票价座位等级，每一全票或半票旅客的免费行李额为两件，每件长、宽、高三边之和不得超过158厘米（62英寸），每件最大重量不得超过32千克。但持有经济舱（包括旅游折扣）客票的旅客，其两件行李长、宽、高的总和不得超过273厘米（107英寸），按成人全票价10%购票的婴儿可免费交运一件行李，但行李长、宽、高的总和不得超过115厘米（45英寸）。同时，随着民航业的发展和竞争，不同的航空公司、不同的航线对免费行李的要求也不一样。

7. 旅游纪律，人人遵守

游览时应先听导游讲解，然后再拍照。要随时注意团队的去向，以免掉队。团队旅游务必遵守时间，记住车身及车牌号码、导游同领队的姓名和手机号以便联系。旅行期间，团友应互敬互谅，配合领队和导游工作，如有违法或违规行为，领队和导游有权制止或采取相应措施。

8. 购物行为，自己权衡

购物时量力而行，自己斟酌。领队除尊重游客的自由选择外，还要提醒游客在购物时，不可轻信商家的渲染之辞。对于一些特色产品，可以扼要地加以介绍和适当地指导，同时提醒游客要注意商品的品质和价格，如果游客购买价格昂贵的商品，领队应当与当地导游共同配合，尽可能地为游客把好商品质量关，并索要售后发票或保修的单据等，协助游客办理退税的相关手续等。

9. 入乡随俗，尊重为要

（1）要严格遵守当地的法律法规，自觉遵守目的地国家或地区的出入境条例及海关规定。所携带行李物品，应据实申报。不得走私、漏税、携带违禁物品或超过限量物品。

（2）遵从当地的生活习惯。让游客牢固树立在国外我们每个人都代表中国的观念。例如不要随便谈论或批评目的地国家的皇室或政府，遇到皇室成员出席的场合，态度要敬重；进入寺庙要脱鞋，服装应整齐、端庄，不可穿短裤，特别是女性不能穿露背装和不及膝部的短裙；女性应避免触碰僧侣，遇见僧侣要礼让，佛像无论大小新旧皆应尊重；头部为身体最神圣部分，不能随便摸他人的头，不可以用手指人或物；泰国禁赌，即使在酒店房间内也不能玩扑克牌或打麻将；在马来西亚旅游时严禁酗酒，参观清真寺时也要脱鞋，女性要穿着免费租用的长袍；入境新加坡时不能将整条的香烟带进新加坡，否

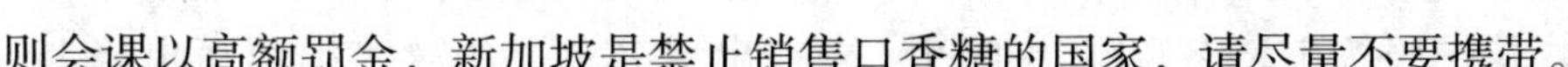

则会课以高额罚金，新加坡是禁止销售口香糖的国家，请尽量不要携带。

（3）凡是前往有收付小费习惯的国家和地区和地区，要提前准备此项费用，以便适时付给相关服务人员。付小费在许多国家是对从事服务性工作人员的一种正常的付费方式。给予一定数目的小费，既能代表游客对服务人员付出劳动的尊重，又表达了游客对服务工作的肯定和感谢之情。通常支付小费有两种情况：一是对酒店的行李生、房间清洁工，可酌情支付；另一种是对导游、司机服务的肯定，应当由游客交齐后放到信封里，当面交给他们。

10．货币常识，了解清楚

目前人民币在一些国家或地区可以兑换当地货币，其他流通货币兑换则更为方便且合算。2005 年 1 月 1 日前，我国海关规定每人可携带美金 2 000 元和人民币 6 000 元出境。自 2005 年 1 月 1 日后，旅客携带人民币限额为 20 000 元。游客在消费时可使用国际通用的银联信用卡进行支付。

### （二）说明会必须再确认的事项

说明会上对于游客的需求要再确认：

（1）房间分配情况（加床、不占床、单间房等）。

（2）是否有单项服务、离团活动等特殊要求。

（3）是否有清真或素食者等。

（4）机场建设费用由谁来承担。

说明会后，给游客预留点时间，让他们消化一下说明会中所获的信息，充分做好思想、物质等准备工作。同时，对于没有到会的游客，领队必须与他们取得联系，通知其出发时间，确认以上相关事宜。确认后的情况要与外联人员沟通，与原计划不符的要尽快落实。

## 三、出入境手续的办理

### （一）出境手续的办理

（1）领队应按规定时间，提前到达集合地点，在指定位置等候游客。提醒陆续到达的游客提前做好申报准备，申报物品不要放在托运的行李内，海关人员会检查物品等。

（2）清点人数，联络尚未到达的游客，确认其所在位置，催促其尽快赶到。

（3）购买国际机场建设费（或游客自理），注意 12 岁以下儿童免交。

（4）指导需要办理海关申报的游客走红色通道，协助其办理申报手续。其他游客走绿色通道。

（5）前往指定柜台，清点行李件数，统一办理登机手续（航空公司工作人员查验游客签证），办理行李托运，检查游客的行李领取牌，分发登机牌和护照，提醒游客登机时间和登机口。

（6）过卫生检疫。出示黄皮书或购买药盒的发票。

(7) 过边检。持护照按出境名单顺序通过，未在出境名单上的游客须填写出境卡。提醒游客注意站在一米线以外等待边检，尊重现场工作人员。

(8) 出境名单的收存。过边检时将出境名单一式三联递交边检人员，通过后，边检留存一份，另两份由领队收存（入境时据此通行）。

(9) 过安检、候机、登机。如果航班需要经停一空港后再离境，领队应提醒游客在出发地办理海关申报手续，行李即可直接运到目的地。领队带领大家走“S”通道（国际航班的上下机通道），出境手续在离境空港办理。

### （二）机上服务

(1) 机舱内的座位是按排次和 A、B、C、D 等位置的顺序排列的。比如：24A，即 24 排 A 号座位。对于初次乘机而没有旅行经验的游客，领队应当协助游客寻找座位。

(2) 根据航空公司的规定，通常允许带上飞机的行李箱应不超过 55 厘米 ×40 厘米 ×20 厘米。领队应指导游客尽量将随身行李放置在行李舱内。放不下的行李应安置在自己座位下方。

(3) 不经常旅行的游客对机舱内的服务设施比较陌生。领队应指导游客如何使用机上设施（如座椅靠背的调整，如何使用照明灯，如何使用呼叫服务，广播、电视频道的选择等）。

(4) 航空公司根据航班飞行时间段提供餐食或点心。如果航班上没有中文服务，领队应当为需要帮助的游客选择机上用餐。

(5) 航班抵达目的地时，游客经常由于急着下飞机而遗漏物品，因此领队要提醒游客注意检查，不要遗漏随身行李和物品。

### （三）目的地国家或地区入境手续的办理

入境手续依照入境审查、领取行李、海关检查的顺序进行。

(1) 入境审查。抵达后，领队应先集中团队游客，清点人数后前往移民局入境检查站。入境通道一般分为内地游客和外国游客两处。游客出示护照、有效签证和已填好的入境卡，移民局官员核实后加盖入境章即可放行。团队签须按签证上的名单顺序排列（有些国家可按名单顺序将护照统一集中后交移民局检查）。

(2) 领取行李。经审查结束后，应根据机场行李屏幕指示，前往所乘航班的行李转盘处领取行李。如果行李受损或行李遗失，及时出示飞机票底联、行李牌、登机卡前往航空公司办事处查询。

(3) 海关检查。有申报物品的游客前往红色通道办理申报，递交填好的海关申报单即可；无申报物品的游客走绿色通道。

### （四）目的地国家或地区离境手续的办理

1. 托运行李的安全检查

境外许多国家在托运前要进行行李安全检查，检查过的行李要粘贴封条或用打包带

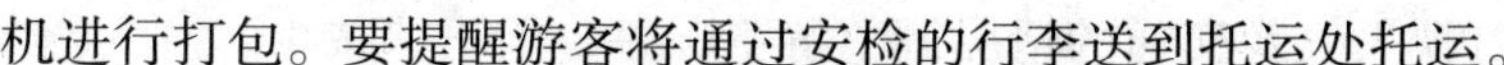

机进行打包。要提醒游客将通过安检的行李送到托运处托运。

2. 办理登机牌及行李托运手续

在所乘航班的办理柜台办理换登机牌和行李托运手续。清点行李件数，并注意查看行李领取牌，核对是否与所乘航班相符。分发登机牌时，再次强调登机口和登机时间。

3. 填写出境卡

有些国家的出境卡只有在柜台才能拿到，比如澳大利亚、新西兰。领队须指导游客填写出境卡，必要时应代游客填写。

4. 如有要求需购买国际机场税

有些国家的国际机场税是包含在机票内的，如日本。有些国家须在机场现场购买。

5. 通过移民局接受出境检查

进入隔离区后，领队带领游客通过移民局出境检查站接受检查，游客递交护照及出境卡。如果是团队签证必须递交签证原件，团队出境后，团签纸则交移民局留存。

6. 通过安全检查

随身的全部物品均须通过 X 光仪检测，游客则须通过金属探测门。

7. 免税商品的领取及退税

各国机场都设有免税商店。游客购买的免税品可到机场提货，可退税商品的退税手续也在机场办理。

8. 登机

带领游客安全登机，并确保全团人员登机完毕。

## 四、实施旅行计划

### （一）酒店入住服务

（1）领队核实房间数量。

（2）按分房名单分配房间。

（3）注明加床的房间号并提醒酒店尽快落实。

（4）与酒店确认叫早服务及早餐时间。

（5）分发房间钥匙卡。

（6）告知游客酒店内电话的拨号方式及其他设施的使用。

（7）告知游客早餐用餐地点。

（8）将领队的房间号告知游客。

（9）入住后巡查游客房间的情况。

### （二）执行观光计划

（1）与导游见面后核实行程内容有无变动，应严格按照组团社行程计划执行。

（2）如因不可抗力因素造成行程取消，必须告知游客，并得到游客的同意。重大变化必须及时通知组团社外联人员。

（3）行程中的景点安排可视天气及交通的情况调整游览顺序，但不得减少。

（4）行程以外的自选项目以游客自愿为原则，不能强买强卖。

### （三）离店注意事项

（1）提醒游客结清电话费、饮料费等酒店内自费项目的账单。

（2）如需返还钥匙，可交还酒店前台。

（3）提醒游客检查是否有遗漏的物品。

### （四）旅行中的相关服务

游览中一般导游走在前，领队走在后。提醒游客先听导游讲解，然后再拍照。要随时注意团队的去向以免掉队。团队旅游务必遵守时间，要求游客记住车牌号码及车身号码、导游的手机号码以便联系。领队本人必须提前到达集合地点。旅行期间，领队应对单独出行的游客，特别是老人，应多加照顾，提供细微的服务。

## 五、散团及出团情况汇报

### （一）旅行结束的相关操作

当旅行即将结束时，游客的心情往往是亢奋激昂的。既有对旅行即将结束的遗憾，也有等待踏上归途的期盼。此时游客心理比较脆弱，戒备心也较差，不太容易集中注意力。领队首先务必将时间计算清楚，要从容不迫地交代大家需要配合和应当进行的事项，给游客比较充裕的准备时间，引导游客一起行动。

（1）进入航站楼后，要提醒游客看管好行李，不要远离，注意集合时间。

（2）领队携带护照、机票前往柜台办理登机手续。

（3）清点行李数办理托运，核实行李领取牌。

（4）分发登机牌、护照，告知游客登机时间及登机口。

（5）前往移民局办理出境手续。

（6）航班上指导游客填写入境卡。

（7）离开机舱前，再次提醒游客不要遗漏随身携带的物品。

（8）回国后，协助游客办理入境手续。

（9）领取行李，确认没有异常情况后方可离开。

### （二）行程结束后，领队应尽快到派遣单位报到，及时反映团队情况

如果团队在境外有计划外的变更，要将准确情况反馈给出境部外联人员。领队应在规定时间内报账，以便企业及时进行成本核算。

综上所述，领队工作流程可归纳为如图 1－3 所示。

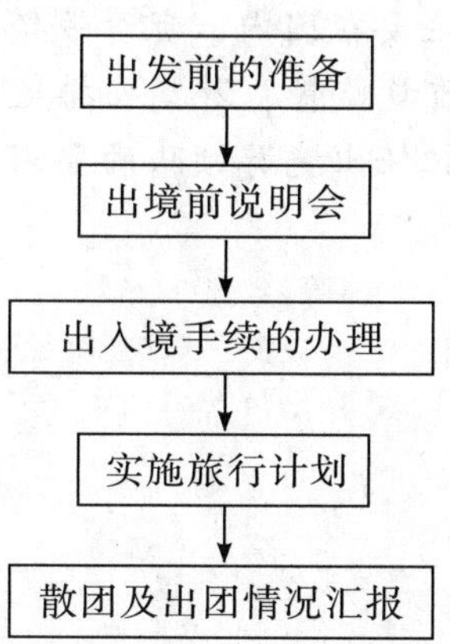


图 1－3　领队工作流程

**【思考与练习】**

一、问答题

1. 领队的工作主要包括哪几个部分？

2. 请对比全陪与领队的异同。

二、实操题

1. 制作一份“团队资料速查表”，这是在出团准备工作中很有实效的一项工作。根据教师给出的相关带团资料，将游客姓名、性别、出生年月、护照号码、证件有效期、签发地、签证号码等分项列出，方便领队在以后工作中快速而准确地填写出入境卡、海关申报单、酒店入住卡等。

2. 根据教师给出的相关带团资料，仔细研究旅游团及接待计划，例如研究旅游团的性质和特点（如夕阳团、学生团、公务团等）、团队成员的基本情况，并从中获取有用信息，拟定后续的带团工作计划。

**【参考答案】**

一、问答题

1. 任务一：准备工作；任务二：召开行前说明会；任务三：办理出境手续；任务四：办理国外入境手续；任务五：落实境外旅游接待事宜；任务六：办理国外离境手续；任务七：办理回国入境手续；任务八：散团及其他事宜。

2. 领队：(1) 领队肩负带领游客前往外国，领略异国风情，工作地点往往是国外。（应变能力、沟通能力，各国知识）。(2) 领队既代表国内组团社，又要保护游客合法权益；既要使团队在旅游过程中尊重所在国的法律、风俗习惯，又要维护祖国的尊严；既要对整个行程的服务质量负责，又要对游客的安全负责。(3) 担任出境游领队的要求比全陪导游的要求更高，具备必需的外语能力，还必需拥有外事方面的常识（包括出入境知识、外事礼仪、外事纪律）。

全陪：(1) 全陪的工作地点主要在国内，负责带领游客游览国内景点。(2) 全陪代表的是组团社，负责国内团队的质量监督、游览安排监督协调等，并不具备对外的一些外事性质。(3) 全陪的要求不如担任出境游领队的要求高，不强调具备外语能力和外事方面的常识。

二、实操题

答案略。

# 项目二
# 短线领队工作

## 任务一　港澳台地区游领队工作

### 学前导语

港澳台地区包括中国香港特别行政区、中国澳门特别行政区和中国台湾地区。因三地在政治、经济体制上大体类似，而又有别于中国大陆（内地）的政治体制，故将中国香港、中国澳门、中国台湾统称为“港澳台地区”。港澳台地区海岸线曲折绵长，海滨海岛资源丰富；山地丘陵地形典型，景观秀丽；中西文化融合，地域风情浓郁；旅游服务业发达，尤其是购物，特色鲜明。

### 知识目标

（1）掌握港澳台地区概况知识、经典线路、领队工作基本程序与服务技巧。
（2）掌握港澳台地区游经典线路、容易出现的意外问题和领队的工作重点。

### 能力目标

（1）提高调研、资料分析及总结的能力。
（2）提高领队的讲解技能。

### 情感目标

（1）培养领队的安全意识、时间意识、保险意识。
（2）培养细心、周密的工作作风和良好的工作习惯。

## 活动1 港澳地区游领队工作

**案例导入**

在出境说明会上，领队向游客提醒了目的地区交通规则与内地相反的情况。但在旅游过程中李女士在穿过马路时，因不适应车辆靠左行驶，被车辆撞伤了，领队帮忙垫付了医疗费。行程结束后，李女士不愿归还医疗费，声称损失是在旅游期间发生的。后经裁定，医疗费全额归还。

**想一想**

出现以上这种情况，说明领队的哪些行为是必要的？

### 一、资讯

**教师指导**

制定清晰的教学目标，指导学生掌握港澳地区游领队工作知识和技能，告知学生获取相关资讯的方式（包括网络、旅行社门店、资深人士等）。

**学生实操**

搜集各大旅行社旅游门店的宣传单和网站上推出的本区域主要线路；通过网络查找和请教资深人士获取主要旅游线路的相关信息；搜索各旅游线路的旅游攻略。

**相关资料**

**中国香港概述**

香港，名称取意“出口香料的港口”，由香港岛、九龙半岛、新界及附近262个离岛组成，其中中国人约占95%，外籍人口主要有菲律宾人、印度尼西亚人、英国人、印度人等。地形以丘陵为主，气候温湿，地理环境优越。香港地区被誉为“动感之都”“美食之都”“购物天堂”等，是亚太地区旅游中心和新兴的国际旅游胜地。香港地区的旅游资源集中于香港岛、九龙半岛及其之间的维多利亚港湾沿岸地带。

香港岛景点有太平山顶、杜莎夫人蜡像馆、海洋公园、浅水湾、金紫荆广场。太平山顶是观赏香港地区璀璨夜景的最佳去处，有“游港第一正选”之称；海洋公园是世界最大的海洋公园之一；浅水湾是香港地区最具代表性的美丽海湾；金紫荆广场是香港地区的标志，回归见证地。

九龙半岛景点有黄大仙祠、星光大道、幻彩咏香江、香港体育馆、维多利亚港。黄大仙祠是香港地区最著名的庙宇之一；星光大道为表扬香港电影界的杰出人士所设的特色景点；幻彩咏香江是香港地区著名的激光音乐会演，是全球最大型的灯光音乐会演。

新界景点有迪士尼乐园和大屿山。大屿山天坛大佛是当今世界上最大的露天青铜坐像。

### 中国澳门概述

澳门，包括澳门半岛、氹仔岛、路环岛。全境属亚热带季风气候，同时亦带有热带气候的特性。为国际自由港，也是世界四大赌城之一。四大经济支柱：出口加工业、旅游博彩业、金融保险业和房地产建筑业，是全球最发达、最富裕的地区之一。东西方文化的融合共存使澳门成为一个风貌独特的城市，留下了大量的历史文化遗迹。澳门历史城区是中西文化交流互补、多元共存的结晶，于2005年7月15日正式列入《世界文化遗产名录》。

澳门半岛景点有大三巴牌坊、妈阁庙、澳门博物馆、葡京酒店等。大三巴牌坊是澳门地区最具代表性的名胜古迹，妈阁庙是澳门地区三大禅院中最古老的一座。

氹仔岛景点有龙环葡韵、威尼斯人度假村、澳氹大桥。龙环葡韵指氹仔海边马路一带的景致，是澳门地区重要的文化遗存；威尼斯人度假村最大的特色是还原了意大利水乡威尼斯的风貌，游客可以在酒店的大运河上乘坐贡多拉船。

路环岛景点有黑沙海滩、妈祖文化村，妈祖文化村象征1999年澳门回归。

## 二、决策

**教师指导**

将大家搜集来的资讯进行汇总、比较，带领学生一起分析各家旅行社线路的优缺点，给出一条参考线路。

**学生实操**

选取一条有代表性的线路，小组内进行角色分配（教师掌握学生的进度和分工情况）。

小提示：目前港澳地区游市场上的常规线路既有港澳地区联游，也有单独香港地区游和单独澳门地区游。香港地区游分纯玩游线路和购物游线路两种，纯玩游线路既有全景游，也有单独的香港迪士尼乐园游、香港海洋公园游等。澳门地区游有纯玩游线路、购物游线路等。

### 知识链接 1：参考路线

**港澳地区纯玩 3 天游**

第 1 天：早上于指定时间在指定港口集合，乘船前往香港地区，抵达中港城办理入境手续后由香港导游接团，转乘旅游车前往会展新翼（约 30 分钟），参观留影再前往太平山于好望角（约 20 分钟）饱览维多利亚港口美景，后前往香港海洋公园（包门票，约 4 小时，为方便游玩，午餐自理）。于指定时间集合，晚餐后前往码头乘观光船游览维多利亚港（约 30 分钟），沿着九龙半岛及港岛北面海岸畅游维多利亚港夜景。游毕送回酒店。

第 2 天：早餐后前往香火鼎盛的黄大仙祠（约 40 分钟）→尖沙咀海滨公园→星光大道（约 30 分钟），后前往商业区自由活动，自行返回酒店。

第 3 天：早餐后乘船前往澳门地区，抵达后前往参观妈祖庙（约 20 分钟），后参观澳门地区具有标志性建筑的圣保罗教堂遗迹大三巴（约 30 分钟）。乘车前往澳门回归场地金莲花广场，并于盛世莲花前拍照留念（约 15 分钟），午餐（约 30 分钟）后参观澳门地区首个主题文化创意娱乐旅游结合体——渔人码头（约 60 分钟），后前往葡京酒店自由参观（约 35 分钟），继而前往威尼斯人度假村（约 45 分钟）。指定时间地点集合，晚餐后乘车送至澳门地区关口散团，游客自行过关，行程结束。

## 三、计划

**教师指导**

进行知识的解构和重构。从领队工作岗位出发，结合本条线路，提取各环节需要掌握的相关知识、可能出现的意外问题及处理办法，重构为一个完整的工作过程，并简要讲授给学生。

**学生实操**

分析本条带团线路，总结本条线路容易出现的意外问题和领队的工作重点。

### 知识链接 2：港澳地区游领队工作流程要点

（1）召开港澳地区游行前说明会。

（2）办理内地出境手续。

（3）办理港澳地区入境手续。

（4）落实港澳地区旅游接待事宜。

(5) 办理离境手续。
(6) 办理入境手续。
(7) 散团及其他事宜。

## 四、实施和检查

根据实践导向的原则，体现“做中学”的教学理念，设计互动性的实践活动。

### (一) 行前说明会

**教师指导**

(1) 行前说明会形式、内容及重点。
(2) 范本展示。

**学生实操**

分组模拟行前说明会，在此过程中，学生应主动学习港澳地区游概况知识，包括民俗风情、海关规定、行程中包含的景点等，并研究行程，分析总结本条线路的注意事项，确定工作重点，然后模拟召开说明会情景（其他组学生扮演游客）。

### (二) 本线路领队工作模拟情景

包括出入境手续办理、重要景点简单介绍、意外问题处理、导购工作、投诉处理等。

**教师指导**

(1) 本条线路领队工作重点（和学生一起总结）。
(2) 讲解技能训练目标要求。

**学生实操**

将本线路的领队工作进行细分，分解成多个工作情景，让学生进行模拟实操。

**工作情景实操 1：广州白云国际机场集合和出境登机过程情景模拟**

实操说明和要求：把学生分为若干小组，分别扮演领队、游客、机场工作人员、空乘服务人员等角色，进行机场集合和登机过程模拟实操，小组角色可以轮流互换，让学生熟知领队如何安排机场集合和登机工作服务内容。

实操要点：(1) 集合时，领队需要准备的物品，如导游旗、领队证和游客资料等。(2) 集合完毕后，领队需要带领游客办理登机手续和行李托运，并把港澳通行证等相关

证件派发给每个游客。（3）出境登机过程，带领游客过好“三关”①，清点人数。（4）登机后的相关服务。

**工作情景实操 2：机场入境过程情景模拟**

实操说明和要求：把学生分为若干小组，分别扮演领队、游客、机场工作人员等角色，进行机场入境过程模拟实操，小组角色可以轮流互换，让学生熟知领队带领游客入境港澳工作服务内容。

实操要点：首先要看往来港澳通行证的签注是“G”还是“L”，如果是“G”签注就直接排队，走“中国公民”通道，香港地区或者澳门地区的入境走“访港旅客”通道。如果是“L”签注必须由领队按照中国内地居民赴香港特别行政区、澳门特别行政区旅游团队名单表的顺序排队逐个地过关。港澳地区的出关没有什么限制的，直接前往“访港旅客”或者“访澳旅客”通道排队过关就可以了。入境就走“中国公民”通道即可。

**工作情景实操 3：港澳地区机场集合登车后，领队致欢迎词，介绍出入境手续及港澳概况情景模拟**

实操说明和要求：把学生分为若干小组，分别扮演领队、游客、地陪和司机等角色，进行旅游车上致欢迎词、介绍如何办理出入境手续、港澳地区概况介绍模拟实操，小组角色可以轮流互换，让学生熟知领队在港澳地区境内如何致欢迎词、介绍出入境手续及港澳地区概况。

实操要点：（1）致欢迎词前的工作。（2）欢迎词的 5 个必备要素。（3）掌握出入境手续。（4）掌握港澳地区概况。

**工作情景实操 4：全程协调讲解和活跃气氛片段情景模拟**

实操说明和要求：把教室当作一辆旅游车，学生分为若干小组，分别扮演领队、游客、地陪和司机等角色，进行领队旅游车讲解和娱乐活动模拟实操，小组角色可以轮流互换，让学生熟知领队在旅游车上的协调工作的服务内容。

实操要点：（1）当你认为地陪讲解不够深入或者需要补充讲解时，才协调讲解，讲解前，要知会地陪，以示尊重。（2）挑选本条线路中最重要的景点进行简单介绍，驱动学生学习港澳地区游旅游资源，并挑选重要景点做讲解准备（将讲解技能训练融入工作过程中）。（3）车上娱乐活动的形式多种多样，领队要适时调节和活跃气氛。

**工作情景实操 5：特色餐饮介绍与日常巡餐情景模拟**

实操说明和要求：把教室当作一家餐厅，学生分为若干小组，分别扮演领队、游客、地陪和餐厅工作人员等角色，进行特色餐饮介绍与日常巡餐模拟实操，小组角色可以轮流互换，让学生熟知领队如何进行特色餐饮介绍和日常巡餐。

实操要点：（1）特色餐饮介绍的内容要点。（2）什么时候巡餐、巡餐几次较为合理，以及巡餐时需要做什么。（3）巡餐时，必须每一桌游客都要照顾到，一视同仁。

---

① “三关”即卫生检疫、海关、边防检查。

### 工作情景实操 6：安排游客入住与分房技巧情景模拟

实操说明和要求：把教室当作一间酒店，学生分为若干小组，分别扮演领队、游客、地陪和酒店工作人员等角色，进行安排游客入住和分房模拟实操，小组角色可以轮流互换，让学生熟知领队如何协助地陪办理入住手续和如何合理分房。

实操要点：（1）办理酒店入住需要收齐游客的证件。（2）分发房卡的技巧。（3）判断是否需要巡房。

### 工作情景实操 7：旅途中常见突发事件情景模拟

实操说明和要求：学习、分析、思考这条线路容易发生哪些问题，怎样处理及怎样预防，选取最常见的突发事件进行情景模拟，分别扮演不同的角色进行模拟，边做边讲解说明，便于其他组学生和教师理解，让学生熟知领队如何解决这种突发事件。

实操要点：（1）领队发现这种突发事件的反应。（2）合理处理突发事件的技巧和要点。

### 工作情景实操 8：港澳地区全天自由活动的行程推荐与安排情景模拟

实操说明和要求：港澳地区游一般会安排自由活动，有很多项目供游客选择，请学生模拟相关服务工作情景。

实操要点：（1）酒店的接送工作。（2）自由活动的安排协调。（3）领队与司机的沟通合作。

### 工作情景实操 9：港澳地区知名商场和奢侈品牌攻略展示、模拟退税工作场景

实操说明和要求：很多游客去港澳地区旅游都会购买奢侈品，把学生分为若干小组，分别利用网络去搜索港澳地区知名商场和奢侈品牌，然后分小组扮演领队角色向游客进行展示和介绍，并模拟退税工作场景，以便为游客提供相关服务。

实操要点：（1）攻略尽可能齐全。（2）介绍与展示的技巧把握。（3）了解退税操作程序。

### 工作情景实操 10：港澳地区出境和入境过程模拟

实操说明和要求：把学生分为若干小组，分别扮演领队、游客、地陪和港澳地区机场工作人员等角色，进行港澳地区出境和入境过程模拟实操，小组角色可以轮流互换，让学生熟知领队在港澳地区如何出境和入境的过程。

实操要点：（1）港澳地区出境的行李托运和手续办理。（2）港澳地区出境的“过关”检查。（3）入境的提醒工作，比如禁止携带入内地的物品。

**小资料**

1. 须带物品及证件

（1）有效签注的《港澳通行证》及身份证原件。

（2）港澳地区酒店多数不提供一次性洗漱用具，请自备日常生活用品。

（3）港澳地区的电源插头与内地不同，请自备转换插头。

2. 注意事项

（1）遵守交通法规。港澳地区机动车靠马路左侧行驶，过马路时，请先看右再看左，留意信号灯，走人行横道。

（2）文明用语，室内严禁吸烟，地铁车厢内不能饮食，不要随地吐痰、乱扔垃圾等，否则会被罚款港币 1 500 元（约合人民币 1 200 元）。

（3）出入境物品规定。香港地区规定每位年满 18 周岁的游客最多只可携带 19 支香烟入境。出境物品限额为香烟 200 支、雪茄 100 支、烟丝 250 克，酒 1 瓶（不超过 0.75 升）。金银饰品超过 50 克要填申报单，向海关申报。烟草制品、酒精制品、照相机、摄像机、手机、电脑等 20 种商品不在免税范围内。人民币进出境限额为 20 000 元。

想一想：你认为召开行前说明会的主要内容和作用是什么？还有需要补充的内容吗？

## 知识链接 3：讲解技能训练目标要求

讲解内容要正确和清楚，善于使用肢体语言，掌控语调和音量。

## 知识链接 4：港澳地区游领队工作重点

1. 带领游客顺利过关

提醒游客预留充足时间过关，不管是从深圳还是从珠海过关，人流量都非常大，这种情况下我们要提高警惕，注意人身及财产安全，更要防止踩踏事件发生。同时避免因人多排队过关而耽误回程时间。提醒游客拒绝替陌生人托运物品过境，以防不法分子借机托运违禁物品。

2. 提醒游客遵守当地交通法规，注意安全，讲文明

港澳地区机动车是靠马路左侧行驶的，过马路时，请先看右再看左。提醒游客注意行为文明。

3. 处理好住宿环节

（1）港澳地区的酒店多为美式酒店，不提供牙膏、牙刷、拖鞋等个人卫生用品，提醒游客自行携带。（2）酒店内有收费电视，如果收看该种电视，请离店时到前台付费结账。（3）酒店房间内小冰箱里的食品是不含在团费中的，如果享用了这些食品，请离店时到前台付费结账。

4. 处理好购物环节

因为港澳地区有很多购物热点，香港更被誉为“购物天堂”，地陪有可能会带游客去旅游行程以外的地方购物，这时候，领队就要与地陪严正交涉，确保游客的利益。提醒游客在购物时到贴有“香港旅游协会”“香港零售协会”或“优”标志的商店购物，这样比较有保障。

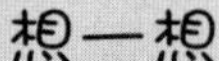

想一想

你认为本条线路领队工作重点还有要补充的内容吗？

**小情景**

海关：先生您好，请打开您的行李检查一下。

游客：好的，请看。

海关：您好，您的行李里有一把小水果刀，根据规定刀具是不能随身带上飞机的。

游客：啊，太可惜了。我这把瑞士军刀是朋友去瑞士旅游给我带回来的。

海关：在广州白云国际机场是有提供免费寄存的，时间允许的话您可以办理寄存手续。

游客：好的。

海关：请把这张表格填写一下。回程的时候在工作日的上班时间都可以到寄存处取回，1个月内有效。

游客：好的，谢谢。表格填好了。

海关：表格您留一份，回程后凭表格取回物品。

想一想：这是什么地点哪个工作环节的对话？携带物品登机还有哪些规定？

**知识链接5：港澳地区常规游领队操作攻略**

第1天：杭州萧山国际机场集合，8：00飞往动感之都——香港，沿途游览香港地区标志性建筑——青马大桥（不下车），游览最具代表性的美丽海湾——浅水湾（20分钟）、东南亚最大的水族馆——海洋公园（2～3小时），晚上登上久负盛名的太平山顶欣赏灯光璀璨的香港迷人夜景（15分钟）。

分析：

（1）当领队领取到计划书后请仔细核对团队名单表及个人签注名单与通行证、电子机票、港澳地区往返船票上所有信息是否一致，至少核对两遍以上，确保无误。

（2）向计调或销售员询问团队游客情况，以达到初步了解游客的目的。

（3）若团队人数在20人以上的，电话通知游客务必在6：00到达杭州萧山国际机场国际出发大厅A1门集合。此时需要再次检验通行证信息与本人是否相符。告知游客每人只可托运一件重量在20千克内的行李，超过100毫升的液体类和打火机、刀具必须放入行李箱托运。遵守香港地区的法律法规，特别要注意公共区域抽烟要罚款港币5 000元。

（4）收齐游客港澳通行证到指定柜台换登机牌，换好后连同港澳通行证返还游客让其办理行李托运。

（5）过海关时请游客按名单表的顺序排队，领队第一个过海关，出示名单表、通行证和领队证，过关后在黄线后等候并指引游客进行安检。直到最后一位游客通过海关，取回盖好章的名单表。（未上名单表的游客可自行过关）

（6）飞机离起飞前10～15分钟关闭舱门，前期时间安排一定要合理与紧凑。

(7) 到达后进航站楼有指示牌或工作人员会告知行李在哪个转盘，一般情况下航空公司代号为 KA、CA 在 5 号转盘，HO 在 4 号转盘。

(8) 请根据“入境大厅”或“入境检查”的指示牌前往入境大厅“访港旅客”通道出示港澳通行证办理入境手续，途中可能会需要乘坐机场地铁，请按指示牌通行。

(9) 到指定转盘提取行李后带游客按指定的 A 或 B 出口出去，导游会手持名牌迎接团队一行，从下飞机到等车时间大概需要 1 小时。

(10) 怎么拨打香港地区电话？方法一：领队可事先在营业厅开通国际漫游业务，支付押金 1 000 元或充值 1 000 元即可开通。方法二：领队可购买一张 40 元的电话卡，拨打内地手机按“+86 + 手机号码”、固话按“00186 + 区号 + 号码”。澳门地区可使用珠海信号拨打电话。

(11) 到达香港地区后一般都会先去景区游览后才回酒店。香港地区酒店一般都备有宽脚的转换器，你只需找总台借用即可。

第 2 天：游览香火鼎盛的黄大仙祠（30 分钟），世界经典建筑——香港会议展览中心（不入内）+ 金紫荆广场 + 香港回归祖国纪念碑（20 ~ 30 分钟），香港珠宝展示中心（1 ~ 2 小时），钻表城（1 ~ 1.5 小时），九龙国际免税店（1 ~ 1.5 小时），DFS 免税店（1 ~ 2 小时）。特别赠送：船游维多利亚港（40 分钟）。

分析：地陪会根据行程适当调整景区的游览顺序，这是合理的。香港地区的室内或车内空调温度一般都开得比较低，内地游客一时很难适应，领队可告知游客加件外套。

第 3 天：全天自由活动。

分析：第 3 天为自由活动时间，游客都会询问领队可以上哪里去玩或购物。一般会安排游客 9：30 出发，在酒店附近找一家茶餐厅用餐，让他们感受一下香港早茶文化。用餐后推荐去海港城或铜锣湾的时代广场周边游览，首先推荐乘坐小巴士，白天票价为港币 4.5 元/人，不设找零，晚上 00：00 后票价为港币 11 元/人。其次是乘坐地铁，最后选择的士，的士起步价为港币 18 元，超过 2 千米后每 200 米提价港币 2.2 元，搭乘的士需要费用约为港币 100 元。

第 4 天：乘船前往澳门地区，抵达后游览澳门地区标志——大三巴牌坊（20 分钟），沿途欣赏海光山色的主教山（不下车），澳门最古老的庙宇——妈祖庙（20 分钟），参观娱乐城（30 分钟 ~ 1 小时），盈昌珠宝（1 小时），亨达百货（1 小时），手信店满香园（1 小时）。特别赠送：澳门离岛游（20 分钟）。

分析：这一天的重点是领队如何带领游客坐船前往澳门地区。

开船时间一般为 8：00，送关导游（送关导游会在车上推销纪念品，每份价格为港币 100 元）会安排我们 5：30 起床，6：00 出发，带队到码头享用早餐，行李集中放好由领队看管。

第 5 天：返回温馨的家。

分析：返程时间领队一定要安排好。前一天领队已确认返程船票时间，一般在 13：30 左右，澳门地区酒店退房时间为 12：00，导游和司机都希望早点送团队到码头。通知游客 11：30 集合出发，上午的时间自由安排，中午餐应提前安排好，因为新码头没有饭店。船抵达香港国际机场后，直接带领游客去办理行李托运和过关。香港国际机场很大，若离起飞时间还早需要自由活动的话，必须告诉游客需要提前半小时到达登机口候机。到达杭州萧山机场后，出示港澳通行证就能顺利入境。

**【思考与练习】**

一、填空题

1. 香港地区由________、________、新界及附近262个离岛组成。
2. 香港素有________、________等美誉。
3. 香港购物区主要分为________、________两个地段。
4. 澳门地区包括________、________、路环岛。
5. 位于澳门半岛的________于2005年7月正式列入《世界文化遗产名录》。
6. 澳门为著名的________港。

二、选择题

1. 中国政府于（　　）年恢复对香港行使主权。

A. 1997　　B. 1999

C. 1998　　D. 1995

2. 香港岛的购物热点有（　　）。

A. 尖沙咀　　B. 佐敦

C. 旺角　　D. 中环

3. 九龙半岛的购物热点有（　　）。

A. 尖沙咀　　B. 佐敦

C. 旺角　　D. 金钟

4.（　　）已成为澳门的象征式建筑。

A. 妈阁庙　　B. 耶稣会纪念广场

C. 议事亭前地　　D. 大三巴牌坊

5. 澳门地区两个最大的离岛是（　　）。

A. 路环岛　　B. 长洲岛

C. 南丫岛　　D. 氹仔岛

6. 澳门半岛的景点有（　　）。

A. 大三巴牌坊　　B. 妈阁庙

C. 妈祖文化村　　D. 龙环葡韵

7. 香港岛的主要景点有（　　）。

A. 黄大仙祠　　B. 太平山顶

C. 海洋公园　　D. 浅水湾

8. 九龙半岛位于新界与（　　）之间，是组成香港繁华市区不可或缺的一部分。

A. 维多利亚港　　B. 大屿山　　C. 长洲　　D. 香港岛

9. 香港属（　　）地区，气候多为和暖宜人，拥有丰富的生物种类。

A. 热带　　B. 温带　　C. 亚热带　　D. 寒带

10. (　　) 是香港政治、经济、文化中心，也是开埠最早发展的地区。

A. 香港岛　　B. 九龙

C. 新界　　D. 长洲

三、实操题

香港入境卡填写，如图 2-1 所示。

IMMIGRATION DEPARTMENT HONG KONG　　I. D. 93 (5/97)

香港入境事务处　　IMMIGRATION ORDINANCE (Cap. 115)

ARRIVAL CARD 旅客抵港申报表　　入境条例（第 115 章）

All travellers should complete this card except Hong Kong identity Card holders　　Section 5 (4) and (5)

除香港身份证持有人外，所有旅客均须填写此申报表　　第 5 (4) 及 (5) 条

| Family name (in capitals) 姓（请用正楷填写） | Sex 性别 |
|---|---|
| Given names (in capitals) 名（请用正楷填写） | |
| Travel document No. 旅行证件号码 | Place and date of issue 发出地点及日期 |
| Nationality 国籍 | Date of birth 出生日期<br>/　　/<br>day 日　month 月　year 年 |
| Place of birth 出生地点 | Address in Hong Kong 香港地址 |
| Home address 住址 | |
| Flight No. /Ship's name 班机编号/船名 | From 来自 |
| Signature of traveller<br>旅客签署 | |

Please write clearly

请用端正字体填写

Do not fold

切勿折叠

KN171102

图 2-1　香港特区入境卡

**【参考答案】**

一、填空题

1. 香港岛　九龙半岛
2. "东方之珠" "美食天堂"
3. 香港岛　九龙

4. 澳门半岛　氹仔岛
5. 澳门历史城区
6. 自由贸易
二、选择题
1. A　2. D　3. ABC　4. D　5. AD　6. AB　7. BCD　8. A　9. C　10. A
三、实操题
答案略。

## 活动2　台湾地区游领队工作

**案例导入**

在旅途中，许女士发现随身携带的挎包中500美元不翼而飞，之前只有应女士自愿帮忙背过挎包。应女士听说后，把自己所有行李物品倒出来，并脱掉外套让许女士过目。领队及时制止了应女士，又批评了许女士，并要求她向应女士道歉。事后应女士一直情绪不稳定，鉴于这种情况，领队决定召集全团游客开协调会，许女士再次向应女士道歉，应女士也承认脱衣之举是自愿的。之后领队将事件经过写成书面材料，并让双方当事人和其他团员签字证明。回国后，应女士起诉许女士和领队应承担侵权责任，最终法院驳回。

**想一想**

出现这种情况，说明领队应具备哪些意识和注意哪些行为？

### 一、资讯

**教师指导**

制定清晰的教学目标，指导学生掌握台湾地区游领队工作知识和技能，告知学生获取相关资讯的方式（包括网络、旅行社门店、资深人士等）。

**学生实操**

搜集各大旅行社旅游门店的宣传单和网站上推出的主要线路；通过网络查找和请教资深人士获取主要旅游线路的相关信息；搜索各旅游线路的旅游攻略。

相关资料

### 中国台湾概述

台湾是中国不可分割的一部分，台湾岛是中国第一大岛。由于地处热带及亚热带气候之交界，气候夏长无冬，美丽富饶。自然景观与生态资源丰富多元。台湾文化是中华文化的重要组成部分，近现代又融合世界文化，呈现多元风貌。

台湾地区由台湾岛、澎湖列岛、钓鱼岛、赤尾岛等大小海岛组成。台湾地区人口 2 000 多万，祖籍多为福建和广东，少数民族主要有高山族。主岛台湾，岛上多山。平原以台西平原最大，多火山温泉，岛东岸花莲附近是断层崖，兼有山川之险、水天之胜。

北部风光包括大台北地区和桃源县、新竹县、新竹市、苗栗县及宜兰县，景点有台北故宫博物院、台北 101 大楼、士林官邸、士林夜市等，台北有“亚太之都”之称。台北故宫博物院收藏之丰举世公认。台北 101 大楼曾是世界第五高楼。

东岸雄姿包含花莲县及台东县，誉为“台湾最后一块净土”，景点有太鲁阁公园、东部海岸风景区、七星潭、清水断崖等。“太鲁阁”是赛德克族之亚族德路固族所使用的台湾南岛语言，意思是“伟大的山脉”；东海岸是台湾地区面积最大的风景区；清水断崖气派雄伟，号称世界第二大断崖。

中部奇观包含台中县、台中市、南投县、彰化县、云林县，景点有日月潭、中台禅寺等。日月潭是台湾地区最大的天然湖泊。

南滨胜景以高雄市和台南市为中心，景点有阿里山、垦丁、六合夜市。高雄市是南台湾的政治、经济、文化中心，为台湾地区第二大城市。

想一想

去台湾地区旅游需要哪些证件呢？

## 二、决策

**教师指导**

将大家搜集来的资讯进行汇总、比较，带领学生一起分析各家旅行社线路的优缺点，给出一条参考线路。

**学生实操**

选取一条有代表性的线路，进行小组内角色分配（教师掌握学生进度和分工情况）。

小提示：现在市场上台湾地区游的线路主要分半岛游和环岛游两种。半岛游线路主要

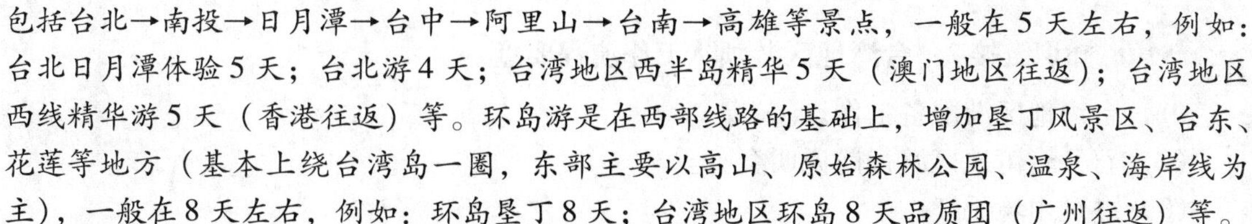


包括台北→南投→日月潭→台中→阿里山→台南→高雄等景点，一般在5天左右，例如：台北日月潭体验5天；台北游4天；台湾地区西半岛精华5天（澳门地区往返）；台湾地区西线精华游5天（香港往返）等。环岛游是在西部线路的基础上，增加垦丁风景区、台东、花莲等地方（基本上绕台湾岛一圈，东部主要以高山、原始森林公园、温泉、海岸线为主），一般在8天左右，例如：环岛垦丁8天；台湾地区环岛8天品质团（广州往返）等。

**知识链接1：参考路线**

### 魅力台湾地区风情5天半岛游

第1天：广州→高雄。

游客于8：00在广州白云国际机场集中，乘机飞往台湾地区（飞行时间约2小时）。抵达后，到酒店用餐。14：00游览西子湾（约1小时）。晚餐后，游览高雄六合夜市（自由安排时间）。

第2天：高雄阿里山风景区→嘉义。

早餐后，前往参观台湾地区八景之首的阿里山风景区，参观园区中的景点：阿里山神木、三代木、云海、桧木林区等胜景。随后，赴嘉义住宿。

第3天：嘉义→日月潭→中台禅寺→台北。

早餐后，前往南投日月潭（约45分钟）。往中台禅寺游览（约40分钟），随后，专车前往台北，抵达后，升恒昌免税店自由活动（约1小时）。晚餐后游览台北知名夜市，自费品尝台湾地区当地风味美食（约1小时）。

第4天：台北中山纪念馆→台北故宫博物院→野柳风景区→台北101大楼。

早餐后，参观台湾著名糕饼生产商建筑的“观光工厂”——维格凤梨酥梦工场（游览时间约45分钟，接着参观台北中山纪念馆（约20分钟），游览台北故宫博物院（约1.5小时）。下午前往野柳风景区（约1小时）。晚餐后，参观台北101大楼（乘坐世界最高速的电梯登上89楼观景楼，全方位观赏台北美丽景色，约40分钟）。

第5天：台北→中国香港。

早餐后，前往台北国际机场搭乘飞机返回中国香港（飞行时间约2小时），结束令人难忘的宝岛之旅。

## 三、计划

**教师指导**

进行知识的解构和重构。从领队工作岗位出发，结合本条线路，提取各环节需要掌握的相关知识、可能出现的意外问题及处理办法，重构一个完整的工作过程，并简要讲授给学生。

**学生实操**

分析本条带团线路，总结本条线路容易出现的意外问题和领队工作的重点。

### 知识链接2：台湾地区游领队工作流程要点

（1）台湾地区游准备工作。
（2）召开台湾地区游行前说明会。
（3）办理出境手续。
（4）办理台湾地区入境手续。
（5）落实台湾地区旅游接待事宜（高雄→嘉义→台北）。
（6）办理台湾地区离境手续。
（7）办理入境手续。
（8）散团及其他事宜。

## 四、实施和检查

根据实践导向的原则，体现“做中学”的教学理念，设计有互动性的实践活动。

### （一）行前说明会

**教师指导**

行前说明会形式、内容及重点。

**学生实操**

分组模拟行前说明会，在此过程中，学生应主动学习台湾地区游概况知识，包括民俗风情、海关规定、主要景点等，并研究行程，分析总结本条线路的注意事项，确定工作重点，然后召开模拟说明会（其他组学生扮演游客）。

### （二）本线路领队工作模拟

包括重要景点简单介绍、意外问题处理、导购工作、投诉处理等。

**教师指导**

（1）本条线路领队工作重点（和学生一起总结）。
（2）讲解技能训练目标要求。

**学生实操**

将本线路的领队工作进行细分，分解成多个工作情景，让学生进行模拟实操。

### 工作情景实操1：广州白云国际机场集合和出境登机过程模拟

实操说明和要求：把学生分为若干小组，分别扮演领队、游客、机场工作人员、空

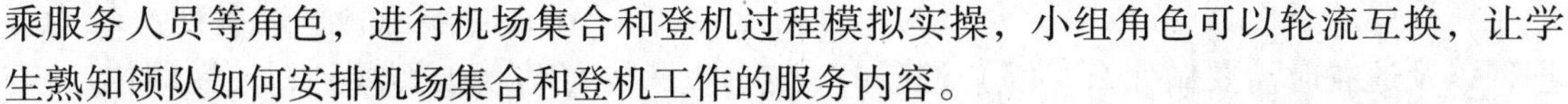

乘服务人员等角色，进行机场集合和登机过程模拟实操，小组角色可以轮流互换，让学生熟知领队如何安排机场集合和登机工作的服务内容。

实操要点：（1）集合时，领队需要准备的物品，如导游旗、领队证和游客资料等。（2）集合完毕后，领队需要带领游客办理登机手续和行李托运，并把相关证件派发给每个游客。（3）出境登机过程，带领游客过好“三关”，清点人数。（4）登机后的相关服务。

**工作情景实操 2：台湾地区游机场入境过程模拟**

实操说明和要求：把学生分为若干小组，分别扮演领队、游客、机场工作人员等角色，进行机场入境过程模拟实操，小组角色可以轮流互换，让学生熟知领队带领游客入境台湾地区工作服务内容。

实操要点：先看游客手上的《大陆居民往来台湾通行证》（简称通行证）里面的签注页是“G”签还是“L”签，如果是“G”签注可以直接排队过关，如果是 L 签则必须由领队带游客按中国公民出境名单表的顺序逐个过关。证件也是分“G”签和“L”签，持通行证的“G”签不一定证件就是“G”签，也有“L”签，而通行证是“L”签的，证件一定不可能是“G”签。所以领队必须要看清楚，如果证件是“G”签，直接入关，如果是“L”签，也需要领队带着过关。

**工作情景实操 3：台湾地区机场集合登车后，领队致欢迎词、介绍出入境手续及台湾地区概况情景模拟**

实操说明和要求：把学生分为若干小组，分别扮演领队、游客、地陪和司机等角色，进行旅游车上致欢迎词、介绍如何办理出入境手续、介绍台湾地区概况模拟实操，小组角色可以轮流互换，让学生熟知领队在台湾地区如何致欢迎词、介绍出入境手续及台湾地区概况。

实操要点：（1）致欢迎词前的工作。（2）欢迎词的 5 个必备要素。（3）掌握出入境手续。（4）掌握台湾地区概况。

**工作情景实操 4：全程协调讲解和活跃气氛片段情景模拟**

实操说明和要求：把教室当作一辆旅游车，学生分为若干小组，分别扮演领队、游客、地陪和司机等角色，进行领队旅游车讲解和娱乐活动模拟实操，小组角色可以轮流互换，让学生熟知领队在旅游车上协调工作的服务内容。

实操要点：（1）当你认为地陪讲解不够深入或者需要补充讲解时，才协调讲解，讲解前，要知会地陪，以示尊重。（2）挑选本条线路中最重要的景点进行简单介绍，驱动学生学习台湾地区游旅游资源，并挑选重点景点做讲解准备（将讲解技能训练融入工作过程中）。（3）车上娱乐活动的形式多种多样，领队要适时调节和活跃气氛。

**工作情景实操 5：特色餐饮介绍与日常巡餐情景模拟**

实操说明和要求：把教室当作一家餐厅，学生分为若干小组，分别扮演领队、游客、地陪和餐厅工作人员等角色，进行特色餐饮介绍与日常巡餐模拟实操，小组角色可以轮流互换，让学生熟知领队如何进行特色餐饮介绍和日常巡餐。

实操要点：（1）特色餐饮介绍的内容要点。（2）什么时候巡餐、巡餐几次较为合理，以及巡餐时需要做什么。（3）巡餐时，必须每一桌游客都要照顾到，一视同仁。

### 工作情景实操 6：安排游客入住与分房技巧情景模拟

实操说明和要求：把教室当作一间酒店，学生分为若干小组，分别扮演领队、游客、地陪和酒店工作人员等角色，进行安排游客入住和分房模拟实操，小组角色可以轮流互换，让学生熟知领队如何协作地陪办理入住手续和如何合理分房。

实操要点：（1）办理入住酒店需要收齐游客证件。（2）分发房卡的技巧。（3）判断是否需要巡房。

### 工作情景实操 7：旅途中常见突发事件情景模拟

实操说明和要求：学习、分析、思考这条线路容易出现哪些问题，怎样处理及怎样预防，选取最常见的突发事件进行情景模拟，分别扮演不同的角色，边做边讲解说明，便于其他组学生和教师理解，让学生熟知领队如何解决突发事件。

实操要点：（1）领队发现这种突发事件的反应。（2）合理处理事件的技巧和要点。

### 工作情景实操 8：台湾地区游全天自由活动的行程推荐与安排情景模拟

实操说明和要求：台湾地区游一般会安排自由活动，有很多项目供游客选择，请学生模拟相关服务工作情景。

实操要点：（1）酒店的接送工作。（2）自由活动的安排协调。（3）领队与司机的沟通合作。

### 工作情景实操 9：台湾地区知名商场和品牌攻略展示、模拟退税工作场景

实操说明和要求：很多游客去台湾地区都会购买品牌商品，学生分为若干小组，分别利用网络去搜索台湾地区知名商场和品牌，然后分小组扮演领队角色向游客进行展示和介绍，并模拟退税工作场景，以便为游客提供相关服务。

实操要点：（1）攻略尽可能齐全。（2）介绍与展示的技巧把握。（3）了解退税操作程序。

### 工作情景实操 10：台湾地区出境和入境过程模拟

实操说明和要求：把学生分为若干小组，分别扮演领队、游客、地陪和台湾地区的机场工作人员等角色，进行台湾地区出境和入境过程模拟实操，小组角色可以轮流互换，让学生熟知领队在台湾地区如何出境和入境的过程。

实操要点：（1）台湾地区出境的行李托运和手续办理。（2）台湾地区出境的“过关”检查。（3）入境的提醒工作，比如禁止携带入大陆境内的物品。

### 知识链接 3：行前说明会参考要点

1. 需要携带的物品、证件

（1）检查证件，包括身份证（儿童请带好户口本）、大陆居民赴台湾地区旅游通行证。

（2）携带防寒衣物、防晒用品、药品等。餐厅、旅游车等空调温度较低，需准备多

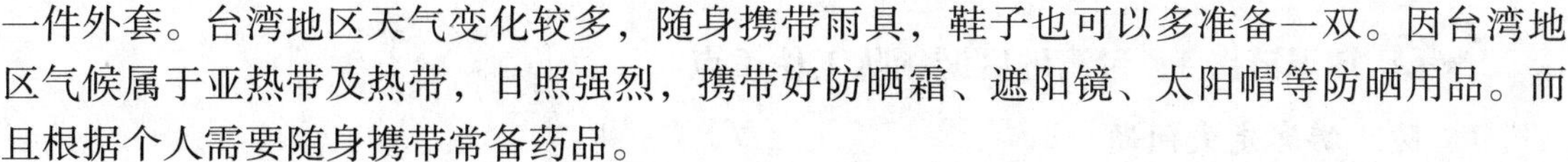

一件外套。台湾地区天气变化较多，随身携带雨具，鞋子也可以多准备一双。因台湾地区气候属于亚热带及热带，日照强烈，携带好防晒霜、遮阳镜、太阳帽等防晒用品。而且根据个人需要随身携带常备药品。

2. 旅游须知

（1）交通和治安。

① 在台湾岛内垃圾都是按时回收的，所以建议随手把垃圾打包装好，带回车上放进垃圾桶内，由司机统一处理。

② 行人穿越马路或不遵守交通信号标志会被处以罚金。

（2）餐饮和住宿。

① 在指定的餐厅内用餐，餐厅均禁止吸烟，如在公共场所吸烟罚款新台币 1 万元（约人民币 2 000 多元）。早餐则在酒店内进行，如是自助式，请自行取用，切勿浪费，浪费食物者酒店有权收取罚金。

② 酒店一般不提供牙刷、牙膏、拖鞋等一次性物品，请自行准备。

③ 如取用房间冰箱内的饮料、食品，退房时需到柜台结账。

④ 部分饭店设有收费频道和付费宽带上网服务，请了解后再使用，如有需要也要在退房时另行付费。

⑤ 酒店房间内的固定电话费用较高，建议使用电话卡，一般便利店都有售卖。

⑥ 游客在进入旅馆办理入住手续时，随身携带的大型行李应由服务生代送至房间，按一般国际惯例，均会给予小费，每间房每次约新台币 50 元或 2 美元。

（3）购物。

① 台湾地区的计重单位与大陆计重单位有些不同，大陆 1 斤是 500 克，也就是 10 两，1 两是 50 克；台湾地区 1 斤是 600 克，也就是 16 两，1 两是 37.5 克，所以在台湾地区仍旧是“半斤八两”，购买以重量计价的物品时要记得换算。

② 在台湾地区游览观光时要表现出大陆人民的良好素质，任何场所不要大声喧哗，不随地丢垃圾，不随地吐痰，不随便用手指指向任何人或建筑物，不在任何场合谈及与政治有关的话题（包括在酒店内）及行业机密话题等，对大陆的有关信息注意保密。

③ 在台湾地区遇见任何突发事件如集会、公开演说、游行等活动，请游客切记“不围观、不参与、不抗议、不发表任何评论”。

3. 台湾地区的禁忌

（1）讨厌有人冲自己眨眼，认为这是不礼貌行为。

（2）忌讳数字“4”，因与“死”谐音，说时要么避开，要么改为“两双”。

（3）阿美人十分忌讳打喷嚏，他们认为遇到有人打喷嚏是很不吉利的事。

**想一想**

你认为召开行前说明会的主要内容和作用是什么？还有需要补充的内容吗？

### 知识链接 4：台湾地区游领队工作重点

1. 防止游客走失问题

台北故宫博物院展馆多，客流量多，游客容易走失，要提前提醒游客留意导游的行走路线，告知游客如果不小心走失不要慌张，立即打电话与导游联系。必要时可提前留一张纸条，上面写明集合的时间、地点和车号以及酒店名称和电话号码，以备不时之需。

2. 引导游客文明行为

提醒游客排队、用餐时注意一些不文明行为。

3. 禁忌问题

要提醒游客注意不要碰触到一些特殊的禁忌。比如不要随便问当地人的政治倾向。又如，农历七月，台湾习惯称为“鬼月”，在此期间不要在当地人面前说鬼故事、说死人的事，不要乱拍别人的肩膀和后背。

4. 退税问题

游客在标有退税标志（TRS）的商店，单日消费总金额达新台币 3 000 元以上，于离境前 30 天内可享有退税优惠。旅客须向店家索取退税明细申请表，并加盖店家统一发票印章。出境时，须将退税申请表格、统一发票收执联正本及所购买的可退税物品，一并携至机场或港口的退税柜台办理。

### 知识链接 5：讲解技能训练目标要求

善于使用肢体语言，把握语速和语气，控制停顿和节奏。

**小情景**

领队：大家好，欢迎参加我们的旅游团，我是大家这次台湾地区 6 天游的领队。在这里首先代表旅行社感谢各位的支持。我会在 6 天的旅途中全程陪同大家。我会用心服务好大家。大家有任何建议都可以向我们提出。

想一想：这是哪个工作环节的对话？还缺少了哪些要素？

## 五、评价和提升

学生互评：每组模拟后，派代表再次把本组带团过程中出现的意外问题的处理步骤和措施完整陈述一遍，便于大家加深印象，系统掌握。

小组互评：指出模拟过程中不尽完善的地方，有利于大家相互学习。

教师评价：结合自身的理论知识和丰富的实际工作经验，对学生模拟进行点评，总结整体存在的问题，提出解决方案，如哪些方面需要锻炼，如何锻炼。然后结合学生具体情况予以个性化点评指引，使大家的认识进一步深化，从知其然走向知其所以然，从技术实践知识走向技术理论知识，最后师生一起总结本条线路领队工作重点。

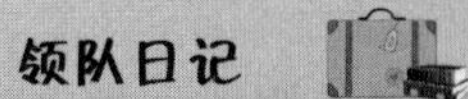

## 台湾地区环岛8日游

2010年6月5日，6：30在太原武宿机场候机大厅集合，可能由于组团社的原因，游客在7：00才到齐，首先做自我介绍，让游客自由提问，在此期间让游客签合同和确认行程，等游客提问结束后开始办理行李托运，送游客过安检。

深圳导游接到游客后，安排上车，在机场附近的一家客家饭店用餐。午饭后赴深圳蛇口码头，途中给游客重新做了自我介绍并且分析了行程以及再一次向游客强调注意事项，让游客真正地认识和信任领队，确定自己的领队的作用，确保导游工作能够顺利进行。到达蛇口码头，深圳导游去办理船票，这时领队就把游客集中在一起，同时提醒游客不要走远。深圳导游办好船票后交付给领队，然后一起问询托运和办理登记牌的时间，用通行证打印登记牌，等候到16：00后办理行李托运，17：10分开始检船票，然后过边检，按游客名单表顺序排队，游客持通行证一一登船（按香港地区的要求，开船的时间和飞机起飞的时间间隔最短为2.5小时）。18：00准时抵达，下船到达旅客等待区集中，持通行证和登机牌过香港地区安检。按旅客等待区电子显示屏显示的登机口选择坐一次或两次地铁前往登机口登机。

到达桃园国际机场后，集中游客按入境的指示标识方向前行。到达证照检验处分发证件，验证通过后去取行李。取回行李后集中游客到达出口，当地导游在机场出口处迎接。在大厅办理兑换台币和购买电话卡。

乘车到台北市国联大饭店，分房后与地接核对行程并巡房。巡房时要注意提醒游客房间内的免费物品和设备使用情况，比如一定要提醒防滑垫的使用。

2010年6月6日，7：30起床，8：00吃早餐，8：30车上集中。第一个景点去的是台北故宫博物院，截至2014年底，馆藏文物达69.6万余件，的确让人大开眼界。由于展馆客流量大，为了方便游客了解历史，进入博物院的每位游客都可以领到一个耳机。但是很多时候由于游客对琳琅满目的展品驻足过久，容易走失，所以需提前提醒游客要留意导游的行走路线。参观结束后用午餐，游客反映用餐满意。午餐后去参观台北的地标建筑——台北101大楼（上楼前要提醒游客集合时间和集合地点，防止走失）。之后去了自由广场。参观台北中山纪念馆，欣赏了精彩的卫兵换岗仪式。晚餐后去士林夜市品尝各类小吃。

2010年6月7日，早餐后登车，请游客检查随身行李物品是否带齐，之后奔赴中台禅寺。参观结束后在埔里镇用午餐。午餐结束后赴日月潭参观。日月潭是台湾的“天池”，十分美丽，湖岸周长35千米，水域9平方千米，为台湾地区最大的天然湖泊，也是中国著名的高山湖泊之一。随后入住嘉义玉山国际大饭店。

2010年6月8日，7：00起床，7：30取行李，游客用早餐时进行查房等，8：00出发。首先参观茶厂，品尝了阿里山高山茶，让游客了解台湾地区高山茶文化，随后换乘本地的两辆小车前往阿里山森林公园，由于山高路陡，所以要提前提醒游客吃晕车药。因季节和天气的变化须提醒游客带长袖衣服。到达后欣赏了姊妹潭、受镇宫、三代木等景观。最后，前往高雄，晚餐后夜游爱河，去六合夜市品尝小吃。下榻饭店的设施让游客感觉非常满意。

2010年6月9日，早餐后参观了西子湾风景区，西子湾以黄澄沙滩、碧蓝海水浴场、迷人的夕阳美景及天然礁石而闻名。随后去参观高雄85大楼。接着下一站去参观垦丁公园风景区，看到了船帆石、鹅銮鼻灯塔、猫鼻头，由于这几个景点全部是近海的，所以需提醒游客要注意安全。从垦丁公园开始，所行驶的方向由南往北，由于全部行走在中央山脉的边缘，山路崎岖，容易晕车，因此应提醒游客携带晕车药，以防身体不适。晚餐后在东游季温泉泡汤，解除旅途的疲劳，随后入住台东开达沓里商旅酒店。

2010年6月10日，早餐后从台东出发赴花莲，途中参观了珊瑚博物馆，让游客了解了珊瑚宝石的形成和价值。途中游览了三仙台（三仙台海边的石头很漂亮，游客一般都会想捡几颗带回去，但要提醒游客不能捡石头，可能会被罚款）、八仙洞、石梯坪、北回归线等。中餐后赴花莲，参观了花莲石雕博物馆，欣赏美轮美奂的大理石制品，随后去参观大理石的王国——太鲁阁国家风景区，由于下雨，游客未能充分欣赏到大自然的鬼斧神工所雕琢的这些美丽的石头，有点可惜。在欣赏游览大自然景色时，应要求游客在徒步参观时必须戴安全帽和行走在景区划定的红线之内，以免发生意外。晚餐后欣赏了阿美人的歌舞表演，入住花莲统帅大饭店。

2010年6月11日，早餐后前往台北，途中在细雨朦胧中欣赏了清水断崖，而且看到了台湾地区的云海，穿越雪山隧道抵达野柳风景区，接着去了和昌免税店。晚上入住桃园景园大饭店。

2010年6月12日，5：30起床，带着酒店准备好的便当赶往桃园国际机场。集中游客然后安排游客用早餐，与陈导去办理登机牌，办好后分发登机牌、证件。办理行李托运之后协助游客去兑换钞票和退税。通过证照检查和安检后等候登机（收回游客的证件），在登机口领取在升恒昌免税店购买的物品。飞机在8：15起飞，10：05降落在香港国际机场。抵达香港地区后按入境指示标识前行（最好能在飞机上填写申报表），持申报表和通行证入境（这时候一定要求游客验证通过后先集中，不管有没有行李），最后一起去取行李。从之前与香港地区接站司机联系好的第二航站楼13～14号出口上车。大约1小时后到达深圳湾，抵达后游客携带自己全部的行李到入境大厅，持通行证和申报表过关，按游客名单表顺序分别通过海关，出海关在深圳机场附近进中餐。11：50抵达太原武宿机场，结束行程。

（资料来源：大同国旅导游之家的博客）

**【思考与练习】**

一、填空题

1. 台湾地区由________、________、钓鱼岛、赤尾岛等海岛组成。

2. 台湾地区面积为________。

3. 台湾地区人口祖籍多为________，少数民族主要有高山族。

4. 台湾地区平原以________最大。

二、选择题

1. 阿里山、玉山、日月潭等风景均位于（　　）区。

A. 台中旅游区　　B. 台北旅游区　　C. 台南旅游区　　D. 台东旅游区

2. 台湾地区北部旅游区以台北市为中心，以（　　）为特色。

A. 现代都市风貌　　B. 自然公园　　C. 文物古迹　　D. 民俗风情

3. 台湾地区属于（　　）季风气候区，常年气候宜人。

A. 热带　　B. 温带　　C. 亚热带　　D. 雨林

4. 台湾地区动植物资源丰富，更有（　　）之美誉。

A. 动物王国　　B. 昆虫王国　　C. 蝴蝶王国　　D. 海上翠微

**【参考答案】**

一、填空题

1. 台湾岛　澎湖列岛　2. 3.6 万平方千米　3. 福建和广东　4. 台西平原

二、选择题

1. A　2. ABC　3. AC　4. CD

# 任务二　东南亚游领队工作

## 学前导语

东南亚国家具有风光秀丽的自然景色，浓郁的南洋风情，丰富的海岛资源，经过多年的旅游开发，很多的旅行社已经开辟了多条经典的东南亚旅游线路。东南亚旅游已经成为我国南方游客出境旅游的首选。目前市场上的线路主要包括泰国游、新马游及一些海岛游，如巴厘岛、普吉岛、苏梅岛等，随着东南亚旅游的蓬勃发展，东南亚游领队人员的需求也日益增长，同时，对东南亚游领队工作的要求也越来越高，因此，要成为一名称职的东南亚游领队，不但需要掌握领队工作的基本技能，还需要结合东南亚游的特点，为游客提供更专业、更个性化的领队服务。

## 知识目标

（1）掌握东南亚概况知识、经典线路、领队工作基本程序与服务技巧。
（2）掌握东南亚游经典线路容易出现的意外问题和领队工作重点。

## 能力目标

（1）提高调研、资料分析及总结的能力。
（2）提高领队讲解技能。

## 情感目标

（1）培养领队的安全意识、时间意识、保险意识。
（2）培养细心、周密的工作作风和良好的工作习惯。

## 活动1　泰国游领队工作

### 案例导入

章先生参加了某旅行社组织的境外游，徒步行走中不慎扭伤了脚，领队询问他是否需要去医院，章先生觉得不太疼，要求领队为他提供红花油即可。回国后渐觉伤势变得严重，经医院检查发现脚踝关节骨折。章先生遂要求旅行社赔偿医药费、误工费、交通费、营养费等共计11 300元，理由是在旅游行程中受到伤害。虽然旅行社为旅游团队购买了人身意外险，但因没有当地医院医治报告，保险公司以分不清游客受伤地点为由拒绝赔偿。协商未果，章先生向旅游管理部门投诉，在管理部门的协调下，旅行社赔偿了章先生3 790元，章先生撤回投诉。

### 想一想

这个案例旅行社赔偿了部分费用，想一想领队在意外发生后应如何处理？应具备什么意识？

## 一、资讯

**教师指导**

制定清晰的教学目标，指导学生掌握泰国游领队工作知识和技能，告知学生获取相关资讯的方式（包括网络、旅行社门店、资深人士等）。

**学生实操**

搜集各大旅行社旅游门店的宣传单和网站上推出的主要线路；通过网络查找和请教资深人士获取主要旅游线路的相关信息；搜索各旅游线路的旅游攻略。

**相关资料**

### 泰国概述

泰国是世界闻名的旅游胜地之一，拥有充满佛教特色的寺庙、浪漫迷人的沙滩岛屿、神秘而独特的历史文化、特色的美食佳肴、身心放松的泰式按摩、现代化的繁华都市以及成就“微笑之国”美誉的热情友善的人民。

泰国有2 000 多年佛教史，有3 万多座充满神话色彩的古老寺院和金碧辉煌的宫殿。大多数泰国人信奉四面佛。佛教徒占全国人口的90%，在世界上素有“佛教之国”的称誉。

泰国旅游资源丰富，有500 多个景点，主要旅游城市和旅游区有“天使之城”曼谷、“泰北玫瑰”清迈、“东方夏威夷”芭堤雅、“泰国明珠”普吉岛、“椰林海岛”苏梅岛和“金汤城池”大城等。拥有独特的文化传统和民族风俗，如丰富多彩的各种节日，水上人家的清新生活，闻名于世的古典舞和民族舞，别具一格的泰拳、斗鸡、玩鱼等。

## 二、决策

**教师指导**

将大家搜集来的资讯进行汇总、比较，带领学生一起分析各家旅行社线路的优缺点，给出一条参考线路。

**学生实操**

选取一条有代表性的线路，进行小组内角色分配（教师掌握学生的进度和分工情况）。

### 知识链接1：泰国游经典路线推荐

泰国曼谷、芭堤雅、桂河6天；
泰国曼谷、芭堤雅双飞5天；
泰国华欣、芭堤雅皇室度假6天；
泰国清迈、清莱特惠5天（广州直飞）；
泰国曼谷、芭堤雅、沙美岛+海底世界6天（香港地区往返或广州往返）。

### 知识链接2：参考线路

**泰国曼谷、芭堤雅、沙美岛+海底世界超值6天（广州往返）**

第1天：广州→曼谷。

于广州白云国际机场国际出发大厅7号门集中，办理出境手续后搭乘国际航班飞往曼谷（飞行时间约2.5小时），抵达后前往餐厅用餐，后送酒店休息。

第2天：曼谷。

早餐后游览大皇宫及玉佛寺（约2小时），后前往码头乘船游览湄南河水上人家（约40分钟）体验泰国特色民间生活，后前往阿兰达国家博物馆（女士需穿长裙）（约30分钟），续往参观泰国五世皇柚木行宫（约45分钟）；后前往观赏歌舞表演（约1小时），后入住酒店休息。

第3天：曼谷→沙美岛。

早餐后自由活动（约2.5小时）。继而前往罗勇府码头（车程约2.5小时），抵达码头乘船前往沙美岛国家公园，晚餐安排享用岛上风味餐。

第4天：沙美岛→芭堤雅。

早餐后欣赏浪漫宁静的沙美岛海边风光，约15：00回到岸边乘船往罗勇府码头，继而驱车前往芭堤雅，前往游览四大奇观：七珍佛山、九世皇庙、舍利子塔、蜡像馆（以上四个景点游览时间约30分钟）；晚餐后享用芭堤雅风月步行街自由活动。

第5天：芭堤雅。

早餐后，前往皇家寺参加泰国佛教最重要的加持许愿。您可参观泰国著名的四面佛（共约45分钟），续往体验丛林骑大象，然后参观芭堤雅乐羊家园（约1小时），前往芭堤雅最新开放景区四合镇水乡（约45分钟），后前往芭堤雅海底世界（约40分钟），晚上安排举世闻名的正宗泰式古法按摩（约1.5小时），后送酒店休息。

第6天：芭堤雅→曼谷→广州。

早餐后返回曼谷（约2.5小时车程），途中自由活动（约1.5小时），后前往机场，办理出境手续后乘机返回广州，抵达机场后散团，结束愉快的旅程！

## 三、计划

**教师指导**

进行知识的解构和重构。从领队工作岗位出发，结合本条线路，提取各环节需要掌握的相关知识、可能出现的意外问题及处理办法，重构为一个完整的工作过程，并简要讲授给学生。

**学生实操**

分析本条带团线路，总结本条线路容易出现的意外问题和领队工作的重点。

**知识链接3：泰国游领队工作流程要点**

（1）泰国游准备工作。
（2）召开泰国游行前说明会。
（3）办理中国出境手续。
（4）办理泰国入境手续（注意落地签办理）。
（5）落实境外旅游接待事宜（曼谷→沙美岛→芭堤雅）。
（6）办理泰国离境手续。
（7）办理回国入境手续。
（8）散团及其他事宜。

## 四、实施和检查

根据实践导向的原则，体现“做中学”的教学理念，设计互动性的实践活动。

### （一）行前说明会

**教师指导**

行前说明会形式、内容及重点（行前说明会内容参考）。

**学生实操**

分组模拟行前说明会，在此过程中，学生必定主动学习泰国游概况知识，包括民俗风情、海关规定、行程所涉及景点等，并研究行程，分析总结本条线路的注意事项，确定工作重点，然后模拟召开说明会（其他组学生扮演游客）。

### （二）本线路领队工作模拟

包括出入境手续办理、重要景点简单介绍、意外问题处理、导购工作、投诉处理等。

**教师指导**

（1）本条线路领队工作重点（和学生一起总结）。

（2）景点讲解训练目标要求。

**学生实操**

将本线路的领队工作进行细分，分解成多个工作情景，让学生进行模拟实操。

**工作情景实操1：广州白云国际机场集合和出境登机过程模拟**

实操说明和要求：把学生分为若干小组，分别扮演领队、游客、机场工作人员、空乘服务人员等角色，进行机场集合和登机过程模拟实操，小组角色可以轮流互换，让学生熟知领队机场集合和登机工作服务内容。

实操要点：（1）集合时，领队需要准备的物品，如导游旗、领队证和游客资料等。（2）集合完毕后，领队需要带领游客办理登机手续和行李托运，并把护照等相关证件派发给每个游客。（3）出境登机过程，带领游客过好“三关”，清点人数。（4）登机后的相关服务。

**工作情景实操2：泰国机场入境过程模拟**

实操说明和要求：把学生分为若干小组，分别扮演领队、游客、泰国机场工作人员等角色，进行泰国机场入境过程模拟实操，小组角色可以轮流互换，让学生熟知领队带领游客入境泰国工作服务内容。

实操要点：涉及落地签，需要游客持护照白本（没有新的国家签注页或者没有新签国家签证）和泰国的机票出境，抵达泰国之后找 Visa on Arrival，协助游客填写落地签申请表，具体表格在泰国使领馆网站可以下载，贴上照片和付 1 000 泰铢办理护照签注（需要提前准备好），缴纳人民币 20 元的通关小费，填写好出入境表就可以了。

**工作情景实操3：泰国机场集合登车后，领队致欢迎词、介绍出入境手续及泰国概况情景模拟**

实操说明和要求：把学生分为若干小组，分别扮演领队、游客、地陪和司机等角色，进行旅游车上致欢迎词、介绍如何办理出入境手续、介绍泰国概况模拟实操，小组角色可以轮流互换，让学生熟知领队在泰国境内如何致欢迎词、介绍出入境手续及泰国概况。

实操要点：（1）致欢迎词前的工作。（2）欢迎词的 5 个必备要素。（3）掌握办理出入境手续。（4）掌握泰国概况。

**工作情景实操4：全程协调讲解和活跃气氛片段情景模拟**

实操说明和要求：把教室当作一辆旅游车，把学生分为若干小组，分别扮演领队、游客、地陪和司机等角色，进行领队旅游车讲解和娱乐活动模拟实操，小组角色可以轮流互换，让学生熟知领队在旅游车上的协调工作服务内容。

实操要点：（1）当你认为地陪讲解不够深入或者需要补充讲解时，才协调讲解，讲解前，要知会地陪，以示尊重。(2) 挑选本条线路中最重要的景点进行简单介绍，驱动学生学习泰国游旅游资源，并挑选重点景点做讲解准备（将讲解技能训练融入工作过程中)。(3) 车上娱乐活动的形式多种多样，领队要适时调节和活跃气氛。

**工作情景实操5：特色餐饮介绍与日常巡餐情景模拟**

实操说明和要求：把教室当作一间餐厅，学生分为若干小组，分别扮演领队、游客、地陪和餐厅工作人员等角色，进行特色餐饮介绍与日常巡餐模拟实操，小组角色可以轮流互换，让学生熟知领队如何进行特色餐饮介绍和日常巡餐。

实操要点：(1) 特色餐饮介绍的内容要点。(2) 什么时候巡餐、巡餐几次较为合理，以及巡餐时需要做什么。(3) 巡餐时，必须每一桌游客都要照顾到，一视同仁。

**工作情景实操6：安排游客入住与分房技巧情景模拟**

实操说明和要求：把教室当作一间酒店，学生分为若干小组，分别扮演领队、游客、地陪和酒店工作人员等角色，进行安排游客入住和分房模拟实操，小组角色可以轮流互换，让学生熟知领队如何协作地陪办理入住手续和如何合理分房。

实操要点：(1) 办理入住酒店需要收齐游客护照。(2) 分发房卡的技巧。(3) 是否需要巡房。

**工作情景实操7：旅途中常见突发事件情景模拟**

实操说明和要求：学习、分析、思考这条线路容易发生哪些问题，怎样处理及怎样预防，选取最常见的突发事件进行情景模拟，分别扮演不同的角色进行模拟，边做边讲解说明，便于其他组学生和教师理解，让学生熟知如何解决这种突发事件。

实操要点：(1) 领队发现这种突发事件的反应。(2) 合理处理事件的技巧和要点。

**工作情景实操8：泰国游全天自由活动的行程推荐与安排情景模拟**

实操说明和要求：泰国游一般会安排一天自由活动，有很多项目供游客选择，请学生模拟相关服务工作情景。

实操要点：(1) 酒店的接送工作。(2) 自由活动的安排协调。(3) 领队与司机的沟通合作。

**工作情景实操9：泰国知名商场和奢侈品牌攻略展示、模拟退税工作场景**

实操说明和要求：很多游客去泰国都会购买奢侈品牌商品，把学生分为若干小组，分别利用网络去搜索泰国知名商场和奢侈品牌，然后分小组扮演领队角色向游客进行展示和介绍，并模拟退税工作场景，以便为游客提供相关服务。

实操要点：(1) 攻略尽可能齐全。(2) 介绍与展示的技巧把握。(3) 了解退税操作程序。

**工作情景实操10：泰国出境和入境中国过程模拟**

实操说明和要求：把学生分为若干小组，分别扮演领队、游客、地陪和泰国机场工作人员等角色，进行泰国出境和入境中国过程模拟实操，小组角色可以轮流互换，让学生熟知领队在泰国如何出境和入境中国的过程。

实操要点：（1）泰国出境的行李托运和手续办理。（2）泰国出境的过关检查。（3）入境中国的提醒工作，比如禁止携带入中国境内的物品。

**小资料**

1. 出发前准备

（1）护照、身份证等有效证件。

（2）个人生活用品（包括洗漱用品、转换插头等）。

2. 货币规定

泰国出境携带外币不准超过2 000美元。入境可携带泰铢金额不得高于5万泰铢（人民币1元≈5泰铢），不得带少于人民币4 000元的现金或等值。

3. 泰国风俗习惯和禁忌

（1）泰国社交礼仪：互相打招呼时，不采用握手方式，而是双手合十，状似祷告；泰国人称“wai”。一般来说，年幼者先向年长者打招呼，而年长者随后回礼合十。泰国人认为“头部”是身体的最高部位，因此，他们是不容许任何人抚摸头部，纵使是友善的表现。认为脚是身体的最低的部分，别用你的脚指向人或对象，这是不礼貌的行为，别用你的脚碰任何人。

（2）泰国人对皇室成员怀有深厚的敬仰之情。到访游客应对泰皇、泰后及其儿女表示尊重。比如：每天8：00和18：00，在公共场合，当泰国国歌奏响时，应当站立。若参与皇室成员出席的公开场合，最佳的做法就是观察及仿效在场人士的礼仪。

4. 有关泰国佛教的禁忌

（1）在泰国佛寺，袒胸露背者及穿短裤、背心者是禁止入内的，甚至衬衣没束进裤子、袖管翻卷在胳膊上的人也禁止入内。游客在进入佛殿前必须脱鞋，否则会被视为玷污佛堂。游客如果对佛庙、佛像、和尚做出轻率的举动，就被视为罪恶滔天。拍摄佛像尤其要小心，禁止爬上佛像拍照。

（2）不要触摸佛像，不攀爬佛像。

（3）女士若想将东西奉给僧侣，宜托男士转交。

（4）遇到女尼时，男士亦要小心不要触碰到她们身体。

（5）在给僧侣拍照前，应先征得其同意，拍照后应有礼貌地表示谢意。

5. 特别注意事项

（1）泰国当地的电压是220伏，频率50赫。

（2）泰国当地时间比北京时间晚1小时。

想一想：你认为召开行前说明会的主要内容和作用是什么，本内容还有需要补充的内容吗?

### 知识链接4：泰国游领队工作重点

1. 泰国落地签办理

出发前事先下载并打印泰国落地签证表格（英文版本），填写完整（需英文填写）后贴上照片。出发前需要跟中国银行预约换好泰铢，准备好1 000泰铢办理护照签注。

抵达泰国国际机场后，寻找 Visa on Arrival 标识的柜台，把准备好的落地签表格及 1 000 泰铢和护照交给柜台。

2. 入境海关特殊规定应对

为确保团队能顺利进入泰国境，提醒所有参团游客随身携带人民币 4 000 元以上或等值的其他货币，以备泰国移民局检查。泰国海关规定：不允许游客携带超过一条以上的香烟入境，违者将有可能被泰国海关责以重罚。

3. 出海安全保护工作

线路含有出海或者海上活动等游乐项目时，领队应提醒游客在参加前务必充分了解游乐项目的安全须知，参加出海活动时，务必穿着救生衣。在海里活动时，严禁触摸海洋生物，避免被其蜇伤。在海边游玩时，注意保管好随身携带的贵重物品。在海岛旅游时，常有不少不法分子利用各种手段（例如用低价吸引旅客出海或者参加海上活动，在完成出海或者海上活动后向旅客收取更高的费用）欺骗游客。领队必须特别提醒游客，出海时，一定要与旅行社的领队或当地导游同行，不要轻信不明人士的推介。出海前要跟船务公司确认船的性能是否安全，装载人数是否不超上限。提醒游客上下船的时候要当心。晕船的游客要记得坐船尾，并提醒游客带好相关药品。

4. 提醒游客注意风俗禁忌

泰国是信仰佛教的国家，提醒游客切勿触犯禁忌。进入供奉有佛像的寺庙之前必须脱鞋、脱帽，当内有宗教聚会时请不要进入。穿着干净得体，无袖衬衫和短上衣、短裙或是高于膝盖的短裙及热裤等皆不适宜。此外，女性请勿触碰和尚。打招呼时要双手合掌，不可以用脚指人或物。头部为身体较神圣部分，不要随便摸别人的头部。泰国人对泰皇相当尊敬，女士进入皇宫时不可穿短裙和无袖上衣，男士必须穿有领子的上装，不得穿拖鞋，服装应整齐、端庄，最好不要穿短裤。

### 想一想

你认为本条线路领队工作重点还有需要补充的内容吗？

### 知识链接 5：讲解技能训练目标要求

（1）学会使用体态语，运用丰富的表情。

（2）学会使用体态语，善于使用手势和肢体语言。

**小情景**

领队：早上好，请问广州飞曼谷航班号 CZ360 的团队可以在这个柜台办理手续吗？

工作人员：可以，请问一共几位游客？麻烦把护照和机票给我检查一下。

领队：好的，总共 25 位游客，加上我共 26 位，这是护照和机票。

工作人员：好的，谢谢。有行李托运的请游客本人凭护照登机牌过来这里办理托运手续。请告诉游客所有液体必须办理托运手续，贵重物品随身携带。

领队：另外游客张三是素食者，请帮忙准备一下。谢谢！

想一想：这是什么地点哪个工作环节的对话？体现了领队工作的什么特点？

## 五、评价和提升

学生互评：每组模拟后，派代表再次把本组带团过程中出现的意外问题处理步骤和措施完整陈述一遍，便于大家加深印象，系统掌握。

小组互评：指出模拟中不尽完善的地方，有利于大家一起得到提升。

教师评价：结合自身的理论知识和丰富的实际工作经验，对学生模拟进行点评，总结整体存在的问题，提出解决方案，哪些方面需要锻炼，如何锻炼。然后结合学生具体情况予以个性化点评指引，使大家的认识进一步深化，从知其然走向知其所以然，从技术实践知识走向技术理论知识，最后师生一起总结本条线路领队工作重点。

**趣味讨论**

在泰国旅游时，在文明旅游方面应该注意什么？

**领队日记**

### 新加坡、马来西亚、泰国10日游（上）

出发之前做了很多的准备工作，包括各个国家著名景点的概况、货币的使用、通信方式、酒店和餐饮的情况、各国入境手续的办理、购物等。我们团队是从杭州飞香港地区转飞曼谷。在机场换好杭州→香港→曼谷的登机牌，行李可直接托运到曼谷。到达后看好转机登机口，无须出站，要再次过安检，水是不可以带进去的，不过里面有饮用水提供。香港地区飞泰国的飞行时间是3小时。在飞机上填好入境卡和落地签表格（此团是要办落地签的），事先告知游客办落地签会比较慢，要快的话需付小费。下机前把填好的入境卡和落地签表格发给游客，让游客把办落地签表格的照片贴好，返程机票夹在护照内。到了泰国，下机后沿到达通道往前走，地陪会协助办理落地签，一般是1 000泰铢一本证。看到有一个很大的电子显示屏，上面有显示行李在几号转盘，告诉游客过了移民局在几号行李转盘处集合。前行至办落地签的地方，准备好照片、表格、离泰机票，重要的是要给小费，办好落地签后过移民局，取回行李。等所有的游客取齐行李，集合后清点好人数一起走。请游客跟随地陪上车，自己一定要在最后面清点好人数。去酒店的途中，导游简单介绍了一下泰国概况，然后就是兑换泰铢，这个我也事先跟游客说过，比在银行兑换的汇率要低，但汇率每天会有波动，跟刷卡的汇率是不一样的，根据自己的需要兑换。泰国的酒店一般都没有热水供应的，需要热水可呼叫房务中心，但需要付20泰铢小费。

第2天早上先去湄南河。湄南河是泰国的母亲河，湄南河上的水上市场也是一大奇观（以前陆地交通比较落后时，水上交通就成为居民生活中最重要的交通工具，后来小贩聚集的地方就成了水上市场，他们主要卖椰子、榴梿、菠萝、香蕉和蔬菜等），还可远眺郑皇庙。随后参观大皇宫，这天的着装很重要，一定要穿长裤和有衣领、袖子的衣服，否则进不去，未曾准备的游客可以在门口租一件纱笼。大皇宫门口也有提供拍集体照服务，出来就可以直接购买的，150泰铢一张，拍得很不错，一般游客都会光顾。参观泰国第一国宝——玉佛寺。这里对游客入内参观要求甚严，须注意佛国礼节，不可举止无礼穿着随便。途经皇家田，继而游览五世皇柚木行宫（不许携带挎包、照相机、摄像机入内），行宫搭建完全不用钉子镶接而成，展品如象牙、银器、水晶等，让游客了解泰国王室的生活；随后参观了皇家御用马车博物馆。用过中餐后，导游带领我们观看精彩的人鳄大战表演。

第3天早上赶往芭堤雅。

第4天可以说是最轻松的一天，也是最好玩的一天，早上起来不会很早，然后在酒店借一条浴巾（不用付押金，但不能弄丢，弄丢了要赔偿）。这一天穿的裤子一定要高过膝盖，乘快艇的时候没有码头的，要趟水上去；要带一件薄的长袖外套，太阳非常厉害，穿拖鞋或凉鞋。先去一个平台区域，游客可以坐降落伞；然后去一个小岛，可以去潜水，坐摩托艇。然后才到达金沙岛（中餐在岛上用）。去岛上观光要提醒游客的是，禁止在沙滩上扔烟蒂，不要在金沙岛上乘摩托艇，不然容易上当受骗。一般当地人会在你下海的地方做手势，跟你说水过腰了，要用救生圈，然后就给你一个，随之马上向你索要费用，所以要让导游事先租好救生圈，以免产生纠纷。同时，嘱咐游客下水时间不要太久。紫外线非常强，一定要提醒游客搽防晒霜。中午享用海鲜餐。

第5天导游会带领游客去两个购物点，回来的路上先去一个土特产店，然后去蛇药专卖店，随后去了一间皮具店，东西相对贵。随后吃晚饭。结束泰国行程。

**【思考与练习】**

问答题

1. 泰国的宗教有什么特点？并因此有什么美称？
2. 泰国的节庆日有哪些？主要与什么有关？

**【参考答案】**

问答题

1. 泰国具有2 000多年佛教史，有3万多座充满神话色彩的古老寺院和金碧辉煌的宫殿。大多数泰国人信奉四面佛。佛教徒占全国人口的90%，在世界上素有“佛教之国”等称誉。

2. 泰国是个节庆活动比较多的国家，有的节庆欢快热烈，有的节日庄严神圣；有的是固定的，有的是随意而定的。大多数节庆活动与佛教、农耕和国王有关，如佛祖生日、万佛节、宋干节、春耕礼、水灯节等。

## 活动2　新马游领队工作

**案例导入** 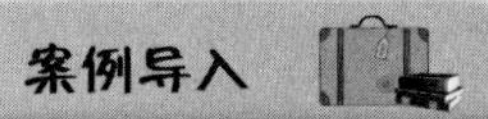

公司计调通知小李6：00接团，他5：30和司机如约赶到机场，却发现团队一直未到，原来接团时间是18：00。

**想一想**

案例中出现的情况说明什么问题，在工作中应该如何避免？

### 一、资讯

**教师指导**

制定清晰的教学目标，指导学生掌握新马游（新加坡、马来西亚）领队工作知识和技能，告知学生获取相关资讯的方式（包括网络、旅行社门店、资深人士等）。

**学生实操**

搜集各大旅行社旅游门店的宣传单和网站上推出的主要线路；通过网络查找和请教资深人士获取主要旅游线路的相关信息；搜索各旅游线路的旅游攻略。

相关资料

### 新加坡和马来西亚概述

新加坡是一个城市国家。新加坡原意为狮城，公元 14 世纪，苏门答腊的“室利佛逝王国”王子乘船前往小岛环游，看见岸边有一头异兽，当地人告知为狮子，他认为这是一个吉兆，于是决定建设这个地方。新加坡地处热带，特别适合旅游。新加坡在城市保洁方面效果显著，干净整洁又充满都市气息，故亦有“花园城市”之美称。圣淘沙岛等就是本着度假胜地的宗旨发展起来的。新加坡的自然生态保护得如此之好，很难相信在一个现代都市中能环抱着一个天然保护区，并拥有着世界上首个夜间动物园。

马来西亚境内自然资源十分丰富，橡胶、棕榈油及胡椒的产量和出口量居世界前列。旅游资源也十分丰富，阳光充足，气候宜人，拥有很多高质量的海滩、奇特的海岛、原始热带丛林、珍贵的动植物、千姿百态的洞穴、古老的民俗民风、悠久的历史文化遗迹以及现代化的都市。吉隆坡是马来西亚的首都，是一座新旧辉映、东方色彩与西方文明有机融合的新兴国际大都市。马六甲是马来西亚的一个州，在马来半岛南部，濒临马六甲海峡。槟城亦称“槟州”，有“印度洋绿宝石”之称。槟城首府乔治市于2008 年 7 月 7 日被联合国教科文组织列入《世界文化遗产名录》。

## 二、决策

**教师指导**

将大家搜集到的资讯进行汇总、比较，带领学生一起分析各家旅行社线路的优缺点，给出一条参考线路。

**学生实操**

选取一条有代表性的线路，进行小组内角色分配（教师掌握学生的进度和分工情况）。

### 知识链接 1：新马游经典线路推荐

新马环球影城、海洋馆 5 天；

新加坡、刁曼岛、热浪岛、新加坡、巴生港、新加坡 5 晚 6 天；

新加坡、槟城、兰卡威、新加坡、马六甲、新加坡 5 晚 6 天（新加坡往返）；

新马海洋馆乐享 5 天（先马后新）；

马来风情——刁曼岛、新加坡全新体验5天；

新马河川生态园5天（广州往返）等。

### 知识链接2：参考线路

**新马超值5天（广州往返，新入马出）**

第1天：广州→新加坡。

广州白云国际机场集合，由专业领队办理登机手续后，搭乘豪华客机飞往新加坡（飞行时间约4小时），抵达后由专业的新加坡导游接待→前往克拉码头→乘船游新加坡河（约30分钟），观赏岸上风光→晚餐后前往游览新加坡著名岛屿——圣淘沙岛名胜世界：节庆大道、梦之湖等（约1小时）。随后送往酒店，行程结束。

第2天：新加坡→鱼尾狮公园→新加坡政府大厦→花芭山→马六甲。

早餐后，进行英国风情之旅——鱼尾狮公园、伊丽莎白公园、高等法院、政府大厦（外观约35分钟），游览新加坡最新落成的滨海湾花园（外观约15分钟），游览印度庙（约15分钟）、新加坡最高的山——花芭山（约30分钟）。午餐后驱车途经柔佛长堤进入马来西亚马六甲（新加坡→马六甲车程约2.5小时），送往酒店。

第3天：马六甲→云顶高原。

早餐后，参观马六甲圣保罗教堂、荷兰红屋坊、红教堂（约45分钟），游三宝井+三宝庙（约30分钟）。下午乘车前往最闻名的避暑胜地——云顶高原酒店（车程约1.5小时，停留约3小时）。晚餐后送回酒店休息。

第4天：吉隆坡→太子城。

早餐后，参观太子城（车程约60分钟，停留约40分钟）→首相府、行政中心、财政部等重要的机构（外观约20分钟）→坐落在湖上的粉红色水上清真寺（外观约20分钟）。游览全世界排行高度第二的建筑物国油双峰塔（约60分钟进内参观+拍照）。送返酒店休息，当日行程结束。

第5天：吉隆坡→广州。

早餐后，参观国家皇宫（车程约20分钟，外观约15分钟）→马来文化博物馆（车程约15分钟，停留约30分钟）→马来高脚屋（约20分钟）→参观国家清真寺外观（约20分钟），国家英雄纪念碑（约30分钟），当然不忘一游独立广场（约20分钟）以及广场一系列具有上百年历史的伊斯兰风格建筑，这些建筑是吉隆坡市的象征，也是马来西亚旅游业的标志。乘车往吉隆坡机场，乘机返回广州白云国际机场后散团（飞行时间约4小时），结束愉快旅程。

## 三、计划

**教师指导**

进行知识的解构和重构。从领队工作岗位出发，结合本条线路，提取各环节需要掌握的相关知识、可能出现的意外问题及处理办法，重构为一个完整的工作过程，并简要讲授给学生。

**学生实操**

分析本条带团线路，总结本条线路容易出现的意外问题和领队工作重点。

### 知识链接3：新马游领队工作流程要点

（1）新马游准备工作。
（2）召开新马游行前说明会。
（3）办理中国出境手续。
（4）办理新加坡入境手续。
（5）落实境外旅游接待事宜（新加坡→马六甲→云顶高原→吉隆坡）。
（6）办理马来西亚离境手续。
（7）办理中国入境手续。
（8）散团及其他事宜。

## 四、实施和检查

根据实践导向的原则，体现“做中学”的教学理念，设计有互动性的实践活动。

### （一）行前说明会

**教师指导**

行前说明会形式、内容及重点。

**学生实操**

分组模拟行前说明会，在此过程中，学生应主动学习新马游概况知识，包括民俗风情、海关规定、行程中包含的景点等，并研究行程，分析总结本条线路的注意事项，确定工作重点，然后模拟召开说明会（其他组学生扮演游客）。

### （二）本线路领队工作模拟

包括入境手续办理、重要景点简单介绍、意外问题处理、导购工作、投诉处理等。

**教师指导**

（1）本条线路领队工作重点（和学生一起总结）。

（2）讲解技能训练目标要求。

**学生实操**

将本线路的领队工作进行细分，分解成多个工作情景，让学生进行模拟实操。

**工作情景实操1：广州白云国际机场集合和出境登机过程模拟**

实操说明和要求：把学生分为若干小组，分别扮演领队、游客、机场工作人员、空乘服务人员等角色，进行机场集合和登机过程模拟实操，小组角色可以轮流互换，让学生熟知领队机场集合和登机工作的服务内容。

实操要点：（1）集合时，领队需要准备的物品，如导游旗、领队证和游客资料等。（2）集合完毕后，领队需要带领游客办理登机手续和行李托运，并把护照等相关证件派发给每个游客。（3）出境登机过程，带领游客过好“三关”，清点人数。（4）登机后的相关服务。

**工作情景实操2：新马机场入境过程模拟**

实操说明和要求：把学生分为若干小组，分别扮演领队、游客、新马机场工作人员等角色，进行新马机场入境过程模拟实操，小组角色可以轮流互换，让学生熟知领队带领游客入境工作的服务内容。

实操要点：如果要先入新加坡境应手持团签证，在入境的时候领队需排第一个过关，告知移民官是团签，最好排队过关。另外新出马入（新加坡出关马来西亚入关）或者马出新入（马来西亚出关新加坡入关）的操作会有不同，由于两边的当地导游不能带过关，这里只有靠领队。

新加坡出马来西亚入：新加坡的旅游车接送到新加坡的出关边境，所有游客下车随身带上贵重物品，其他行李可以放在车上，出新加坡的关口，上回原来的车，车会开到马来西亚入关口，要求游客把所有的行李取下车，在关口前找马来西亚当地导游并带着游客入马来西亚关口，换乘马来西亚的旅游车继续前往旅游。

马来西亚出新加坡入：马来西亚的旅游车接送到马来西亚出关口，所有游客下车随身带上贵重物品，然后出马来西亚的关口，上回马来西亚的旅游车，车会开到新加坡关口前，要求游客把所有行李拿下车后排队入新加坡的关口，同样要告诉边境人员，你们是团队签证。之后过关口集中，没有导游接站，领队需要带领游客走到关口的停车场，留意旅游车的车牌号码，带领游客换乘新加坡旅游车。

**工作情景实操3：新马机场集合登车后，领队致欢迎词、介绍出入境手续及新马概况情景模拟**

实操说明和要求：把学生分为若干小组，分别扮演领队、游客、地陪和司机等角色，

进行旅游车上致欢迎词、介绍如何办理出入境手续、介绍新马概况模拟实操，小组角色可以轮流互换，让学生熟知领队在新马境内如何致欢迎词、介绍出入境手续及新马概况。

实操要点：（1）致欢迎词前的工作。（2）欢迎词的5个必备要素。（3）掌握出入境手续。（4）掌握新马概况。

**工作情景实操4：全程协调讲解和活跃气氛片段情景模拟**

实操说明和要求：把教室当作一辆旅游车，把学生分为若干小组，分别扮演领队、游客、地陪和司机等角色，进行领队旅游车讲解和娱乐活动模拟实操，小组角色可以轮流互换，让学生熟知领队在旅游车上的协调工作的服务内容。

实操要点：（1）当你认为地陪讲解不够深入或者需要补充讲解时，才协调讲解，讲解前，要知会地陪，以示尊重。（2）挑选本条线路中最重要的景点进行简单介绍，驱动学生学习新马游旅游资源，并挑选重点景点做讲解准备（将讲解技能训练融入工作过程中）。（3）车上娱乐活动的形式多种多样，领队要适时调节和活跃气氛。

**工作情景实操5：特色餐饮介绍与日常巡餐情景模拟**

实操说明和要求：把教室当作一间餐厅，学生分为若干小组，分别扮演领队、游客、地陪和餐厅工作人员等角色，进行特色餐饮介绍与日常巡餐模拟实操，小组角色可以轮流互换，让学生熟知领队如何进行特色餐饮介绍和日常巡餐。

实操要点：（1）特色餐饮介绍的内容要点。（2）什么时候巡餐、巡餐几次较为合理，以及巡餐时需要做什么。（3）巡餐时，必须每一桌游客都要照顾到，一视同仁。

**工作情景实操6：安排游客入住与分房技巧情景模拟**

实操说明和要求：把教室当作一间酒店，学生分为若干小组，分别扮演领队、游客、地陪和酒店工作人员等角色，进行安排游客入住和分房模拟实操，小组角色可以轮流互换，让学生熟知领队如何协助地陪办理入住手续和如何合理分房。

实操要点：（1）办理入住酒店需要收齐游客护照。（2）分发房卡的技巧。（3）判断是否需要巡房。

**工作情景实操7：旅途中常见突发事件情景模拟**

实操说明和要求：学习、分析、思考这条线路容易发生哪些问题，怎样处理及怎样预防，选取最常见的突发事件进行情景模拟，分别扮演不同的角色进行模拟，边做边讲解说明，让学生熟知领队如何解决这种突发事件。

实操要点：（1）领队发现这种突发事件的反应。（2）合理处理事件的技巧和要点。

**工作情景实操8：新马游全天自由活动的行程推荐与安排情景模拟**

实操说明和要求：新马游一般会安排自由活动，有很多项目供游客选择，请学生模拟相关服务工作情景。

实操要点：（1）酒店的接送工作。（2）自由活动的安排协调。（3）领队与司机的沟通合作。

### 工作情景实操9：新马知名商场和奢侈品牌攻略展示、模拟退税工作场景

实操说明和要求：很多游客去新马都会购买奢侈品牌商品，把学生分为若干小组，分别利用网络去搜索新马知名商场和奢侈品牌，然后分小组扮演领队角色向游客进行展示和介绍，并模拟退税工作场景，以便为游客提供相关服务。

实操要点：(1) 攻略尽可能齐全。(2) 介绍与展示的技巧把握。(3) 了解退税操作程序。

### 工作情景实操10：新马出境和入境中国过程模拟

实操说明和要求：把学生分为若干小组，分别扮演领队、游客、地陪和新马机场工作人员等角色，进行新马出境和入境中国过程模拟实操，小组角色可以轮流互换，让学生熟知领队在新马如何出境和入境中国过程。

实操要点：(1) 新马出境的行李托运和手续办理。(2) 新马出境的“过关”检查。(3) 入境中国的提醒工作，比如禁止携带入中国境内的物品。

**小资料**

1. 必带物品

(1) 护照、身份证原件、无身份证的儿童需要带户口本原件。

(2) 必备药（感冒药、肠胃药、晕船药、防中暑药、创可贴及自身疾病所需药物）。

(3) 雨伞、拖鞋、太阳眼镜、长衫、长裤、折扇、短衣、短裤、毛巾、牙具等。

2. 天气与衣着

新加坡和马来西亚平均气温在30 ℃左右，请注意带好遮阳物品和防晒霜。

3. 注意事项

◆新加坡

(1) 新加坡是世界上罚款最重的国家，任何公共场所严禁吸烟、吐痰、乱丢垃圾，穿睡衣、拖鞋上街，不走人行道、横穿马路、使用公厕不冲水等视为违法。

(2) 新加坡海关规定，入境游客需随身携带人民币3 000元以上，否则有可能拒绝入境。

(3) 新加坡海关规定，不能带一包以上（含一包）的香烟入境，明确规定香烟及烟草制品是不允许免税带入新加坡。

◆马来西亚

(1) 如参观马来西亚云顶赌场，男士要穿长衣长裤、皮鞋。

(2) 游客若步行至马来西亚海关查验证件，注意不要帮陌生人带任何东西，马来西亚对毒品查验是最严格的国家之一。

(3) 马来西亚是“崇右”的国家，注意要用右手传递物品。

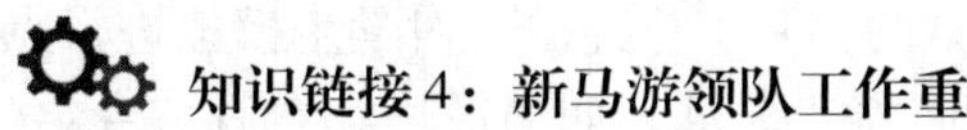

### 知识链接4：新马游领队工作重点

（1）引导游客文明旅游。

提醒游客注意，新加坡是违规罚款相当严厉的国家。如不允许携带香烟、口香糖入境，一经查出，必定重罚。带香烟入境罚款新币2 000～5 000元，折合人民币10 000～25 000元。随地吐痰、丢东西要罚款新币1 000元。新加坡主张禁烟，公共汽车、剧场、影院等一切非露天的地方都禁止吸烟，如需要必须到指定地点方可吸烟，违禁者要罚款新币500元。行人必须走人行横道，横穿马路、翻越栏杆罚款新币50元。

（2）提醒游客注意相关事项。

马来西亚人认为左手是不洁的，故游客勿以左手触摸物体和递送物体等，而且不可向女士先伸手要求握手，更不可触摸他人的头部或用食指指向别人。

（3）提醒游客注意交通规则，提防摩托骑士抢包、小偷盗窃。

新马的交通为靠左行车，与我国相反。马来西亚有相当数量的摩托车，当地马路没有划出摩托车专用车道，摩托车穿梭于马路之中，抢劫游客时有发生，甚至危及生命。提醒游客尽量避免前往偏远、人少的地方，应结伴出行。

**想一想**

你认为本条线路领队工作重点还有需要补充的内容吗？

### 知识链接5：讲解技能训练目标要求

学会使用导游讲解手法，在讲解中运用分段讲解法、突出重点法；运用触景生情法、虚实结合法。

**小情景**

领队：各位辛苦了，请过来集中一下。请检查一下自己的行李，有没有破损的，有没有遗漏的。我们人齐后再走。

（游客齐了）各位，我们团里面有几位老人，请各位发扬美德，把车上靠前的座位留给他们，好吗？

（看到地陪手举的接站牌）您好！我是××旅行社的领队，您是××地接社接我们的导游吗？我们总共25位游客都到齐了，请问您贵姓？

地陪：辛苦了，我姓张。

想一想：这是什么地点哪个工作环节的对话？这里需要注意预防什么意外问题？

## 五、评价和提升

学生互评：每组模拟后，派代表再次把本组带团过程中出现的意外问题处理步骤和措施完整陈述一遍，便于大家加深印象，系统掌握。

小组互评：指出模拟中不尽完善的地方，有利于大家一起得到提升。

教师评价：结合自身深入的理论知识和丰富的实际工作经验，对学生模拟进行点评，总结整体存在的问题，提出解决方案，哪些方面需要锻炼，如何锻炼。然后结合学生具体情况予以个性化点评指引，使大家的认识进一步深化，从知其然走向知其所以然，从技术实践知识走向技术理论知识，最后师生一起总结本条线路领队工作重点。

## 领队日记

### 新加坡、马来西亚、泰国10日游（下）

第6天泰国飞新加坡。在去机场的路上，要把护照全部收好，由于我们前往新加坡乘坐的是廉价航班，在飞机上，不允许吃自己携带的零食，并且如果要喝饮料、吃点心、租毛毯都是需要乘客自费的，应提前和游客说明这个情况。

到了机场后有一个小弟帮忙去办理登机手续，要留意小弟去哪个柜台，然后我们就可以让游客整理好东西后直接到那个柜台，把行李排队列好。在托运行李之前要检查提货单，千万不要放进行李箱，否则就不能提货了。要退税的游客，先去海关把物品给工作人员看，然后盖章，再托运行李，通过海关后一直往登机口走，在免税店提货点的旁边就是办理退税的地方。一定要本人持护照和退税单才能办理，不能代办。如果用信用卡买，就退回卡上，用现金付款才可以退现金。等小弟帮大家办好登机牌后，就把登机牌和护照都发给游客，然后让游客凭登机牌托运行李，随后带领游客进移民局，过移民局后让游客在等候区等候，因为要排队，所以也不需要等全部游客到齐才走。最后确认游客是否已经提货完毕，有没有遗漏商品。清点人数，确认所有游客已经通过移民局，再次提醒要退税的游客办理退税手续。在泰国飞往新加坡的飞机上我把新加坡的入境卡填写好，飞机大概飞2小时到达新加坡。把填好的入境卡发给游客，让游客凭入境卡和护照过新加坡海关。下午游览圣陶沙公园，花芭山，市区观光（狮身鱼尾像，高等法院等）。新加坡是花园城市，高楼大厦林立，好多地方都有狮身鱼尾像，也许是因为它是新加坡的标志。

第7天植物园，印度庙、印度人早期的宗教事迹，就是在新加坡不同地区兴建印度庙，其中大部分是以南印度的风格为主。然后去珠宝店和百货店。用过午餐，新加坡司机送我们前往马来西亚，新加坡跟马来西亚很近，两国海关的关口是相连的。出新加坡关提醒游客拿护照下车，不需拿行李，出关后仍旧上新加坡旅游车。到了马来西亚关口，让司机协助找马来西亚导游。找到马来西亚导游，让游客拿好行李和护照，导游会协助游客进马来西亚关，随后带领游客上旅游车，开始我们最后一站马来西亚之旅。经过约3小时的车程到达马六甲。游览三宝山、三宝庙、三宝井、荷兰红屋、古城堡、圣保罗教堂，观望马六甲海峡。

第 8 天马六甲→云顶高原。云顶赌场，里面云集了形形色色的人，我们大家也去体验了一番……（进入云顶赌场也有要求，男士需穿戴整齐，要穿有领的衣服，不能穿拖鞋或凉鞋及短裤；女士不能穿拖鞋）。

第 9 天马来西亚政治中心——吉隆坡。浏览国家清真寺、国家皇宫、独立广场、双子塔、锡器工厂、珠宝店等。

第 10 天吉隆坡→中国香港→杭州。帮助游客办理好乘机手续，让游客拿好护照出关，带游客到登机口。到达香港地区后带领游客前往转机登机口。离境安检，不用出机场。到达杭州萧山国际机场后让游客保管好自己的护照，按团队名单顺序排队入境。

10 天的新马泰游总体来说还是挺顺利的，我与游客也相处愉快！

（叶瑛　浙江旅游职业学院）

**【思考与练习】**

问答题

1. 吉隆坡的游览景点有哪些？
2. 马来西亚的主要禁忌有哪些？

**【参考答案】**

问答题

1. 吉隆坡的游览景点主要有苏丹皇宫、国会大厦、国家博物馆、黑风洞和云顶高原等。
2. （1）视左手为不洁。（2）忌食猪肉。（3）不饮烈性酒。

# 任务三　日韩游领队工作

## 学前导语

据有关数据统计，从目的地结构来看，中国出境旅游选择短线游的比较多，亚洲仍然是首要选择，不过热点目的地从东南亚转向东北亚的韩国和日本。近几年来，便捷的交通、优惠的价格、特色的体验及丰富的购物，使中国赴日韩旅游的游客数迅速增长。中国游客赴日韩旅游已经从起初的走马观花式团体旅行逐步转变为主题型、深度型观光。日韩虽然与中国同属东亚文化圈，但在文化风俗层面却有较大差别，所以要成为一名合格的日韩线领队，需要掌握更多的技能和积累更丰富的经验，只有这样，才能很好地带好日韩线的出境团队，赢得游客的赞许。

## 知识目标

（1）掌握日韩国家概况知识，日韩游的经典线路和领队工作的基本程序与服务技巧。
（2）掌握日韩游经典线路容易出现的意外问题和领队工作重点。

## 能力目标

（1）提高调研、资料分析及总结的能力。
（2）提高领队的讲解技能。

## 情感目标

（1）培养细心、周密的工作作风及良好的工作习惯。
（2）培养领队的安全意识、时间意识、保险意识。

### 活动 1　日本游领队工作

**案例导入**

黄英是一名资深的日本游领队，经常带团去日本，对日本的旅游及文化风情了解颇多，因此，每次在召开出团说明会的时候，总是能够轻松地回答游客们提出的种种问题，这也得益于黄英领队平时注意积累各种知识和及时了解最新新闻动态。近日，黄英在一次“日本关西四大古都 2F（双飞）5 天线路”的出团说明会上，一位游客提出“为什么现在很多中国人去日本旅游，弃购马桶盖，而转向购买家用药品呢？那我们去日本旅游有什么值得购买的物品呢？”对于这样的问题，黄英通过结合最新的日本购物情况，给游客提供了一些参考意见。

**想一想**

如果你是黄英，你会怎样回答游客的问题呢？从这个案例，我们可以得到什么启发？

## 一、资讯

**教师指导**

制定清晰的教学目标，指导学生掌握日本游领队工作知识和技能，告知学生获取相关资讯的方式（包括网络、旅行社门店、资深人士等）。

**学生实操**

搜集各大旅行社旅游门店的宣传单和网站上推出的日本主要线路；通过网络查找和请教资深人士获取主要旅游线路的相关信息；搜索各旅游线路的旅游攻略。

**相关资料**

### 日本概述

日本，全称日本国，位于亚洲东部、太平洋西北。国名意为“日出之国”，领土由本州、四国、九州、北海道四大岛及7 200多个小岛组成，总面积37.8万平方千米。主体民族为大和族，通用日语，总人口约1.26亿。

日本以温带和亚热带季风气候为主，夏季炎热多雨，冬季寒冷干燥，四季分明。全国横跨纬度达25°，南北气温差异十分显著。日本海岸线全长33 889千米。由于日本是一个岛国，因此其海岸线十分复杂。西部日本海一侧多悬崖峭壁，港口稀少，东部太平洋一侧多入海口，形成许多天然良港。

日本是一个高度发达的资本主义国家，是仅次于美国、中国的世界第三大经济体。其资源匮乏并极端依赖进口，发达的制造业是其国民经济的主要支柱。科研、航天、制造业、教育水平均居世界前列。此外，以动漫、游戏产业为首的文化产业和发达的旅游业也是其重要象征。日本在环境保护、资源利用等许多方面堪称典范，其国民普遍拥有良好的教育、生活水平和较高的国民素质。至今，其仍较好地保存着以茶道、花道、书道等为代表的日本传统文化。一般西方人的观念是日本食品只有牛肉火锅和寿司，日本的主菜是鱼所以很多游客到日本也会去品尝新鲜的鱼及肉质鲜嫩的炸虾。“生鱼片”“寿司”是唐代时由中国传入日本，经过日本人改良，在日本很受欢迎的一种食物，比起烹煮，生食更能减少鱼肉中营养物质的流失。日本人烹煮鱼类的方法多为低温煮熟、清蒸等，并且选用的鱼类都是海鱼。

日本旅游资源十分丰富，海岸线漫长曲折，境内山地崎岖、河谷交错，景色优美壮丽。那里有山中积雪的湖泊、怪石嶙峋的峡谷、湍急的河流、峻峭的山峰、雄伟的瀑布以及大大小小的温泉，这些引人入胜的旅游景点常年吸引着大量游客到日本观光。日本有著名的富士山——日本第一高峰，有759年为中国唐朝高僧鉴真所建的唐招提寺，有修建于14世纪的金阁寺，有建于1958年的东京铁塔等闻名世界的名胜。北海道樱花林、名古屋精品街、东京美术馆、大阪居酒屋等也是游客不可错过的景点。传统文化方面，樱花、和服、俳句与武士、清酒、神道教构成了传统日本的两个方面——菊与刀。在日本有著名的“三道”，即日本民间的茶道、花道、书道。

东京，是日本的首都，也是日本政治、经济、文化、教育中心和海陆空交通的枢纽。作为亚洲第一大城市，东京与美国纽约、英国伦敦并列为“三大世界级城市”。东京位于日本本州岛关东平原南部，东京下辖23个特别区及27个市、5个町、8个村以及伊豆群岛和小笠原群岛，人口约1 350万。东京的著名观光景点有东京铁塔、皇居、东京国会议事堂、浅草寺、浜离宫、上野公园与动物园、葛西临海公园、台场与彩虹大桥、东京迪士尼乐园、代代木公园、日比谷公园、新宿御苑、幕张奥特莱斯、奥多摩湖、Hello Kitty主题乐园、明治神宫、忍野八海、池袋、涩谷、升仙峡、丰田汽车馆、筑地市场、千鸟之渊、秋叶原、二重桥、隅田公园等。

名古屋市，是日本中部爱知县的首府，也是日本三大都市圈（东京大都市圈，京阪神大都市圈，名古屋大都市圈）之一，名古屋大都市圈的中心城市，属于日本第二次世界大战前规定的国内六大都市之一。作为重要的港口城市，名古屋港也是日本的五大国际贸易港之一。

大阪，位于日本西部近畿地方大阪府的都市，虽然其面积在日本全国的都道府县中最小，但人口与人口密度却仅次于东京、横滨。是大阪府的首府和关西地区的工商业和水陆空交通中心。

横滨，是神奈川县的县厅（行政中枢）所在地，日本第二大城市。东临东京湾，南与横须贺等城市毗连，北接川崎市。面积426.7平方千米，人口368万多。分为18个行政区，其中中区和西区是市中心，县、市政府以及横滨银行、高岛屋等重要地标汇集于此。

## 二、决策

**教师指导**

让学生搜集各大旅行社经典的日本游线路，将大家搜集来的资讯进行汇总、比较，带领学生一起分析各家旅行社线路的优缺点，给出一条参考线路。

**学生实操**

选取一条有代表性的线路，进行小组内角色分配（教师掌握学生进度和分工情况）。

### 知识链接1：经典日本游线路推荐

东阪五大名城经典2F 6天 特惠B 深深①

冲绳海边度假2F 4天 特惠A 香香

九州关西古都联游2F 5天 精选B 广广

东京北海道函馆青森温泉美食4F 7天 顶贵 广广

【秋约】东阪五大名城经典2F 6天 精选B 广广

【秋约】日本关西四大古都2F 5天 特惠B

【秋约】东京北海道函馆青森温泉美食红叶4F 7天 顶贵 广广

【秋约】日本周游本北4F 7天 顶贵 广广

【秋约】东京一天自由行轻井泽鬼怒川温泉度假2F 5天 精选B

日韩联游首尔北海道全景美食温泉4F 7天 特惠A

### 知识链接2：参考线路

**东阪五大名城经典2F 6天 精选B 香香**

第1天：中国香港国际机场（飞机）→中国台湾台北国际机场（飞机）→日本东京成田机场。参考航班时间：中国香港飞台北10：00—13：00之间，飞行时间约7小时。

行程说明：于指定时间在广州市内指定地点集中，乘车前往东莞码头或深圳码头，乘船前往香港地区的机场。乘坐中华航空国际航班前往台北国际机场，后于台北国际机场乘坐国际航班飞往日本东京成田机场，抵达后入住酒店。

---

① 本教材有关旅游线路的推荐采用行业内约定俗成的表达方式表述，“2F 6天 特惠B 深深”表示“包含2次飞行，6天，特别优惠B团，深圳往返”；“2F 5天 精选B 广广”表示“包含2次飞行，5天，精明选择B团，广州往返”，以此类推。其中，“$n$F（$n \geq 1$）”表示“包含$n$次飞行”，“特惠/顶贵/精选/……N（N为大写英文字母）”表示“特别优惠/顶级贵宾/精明选择……N团”，“××（×为城市名首字）”代表“×城市往返”。全书同，不再另做说明。

用餐：早、午、晚餐自理。

住宿：日本东京成田机场酒店。

第2天：东京。

行程说明：参观雷门观音寺，然后于仲见世商店街自由活动（两处景点共停留约1小时）。商店街内除了保留了传统日本店铺装修风格外，团友也可在此搜罗到极具日本传统风格的各式商品。乘坐东京湾游船（停留约20分钟），欣赏东京湾迷人景色。前往台场（停留约90分钟），游客可于台场海滨公园、AQUA（台场水之城）娱乐总汇、丰田汽车馆（逢周一休馆）自由活动。前往新宿，登45层楼高的东京都厅，俯瞰东京全景（停留约20分钟）。随后畅游新宿歌舞伎町街（停留约40分钟）。

用餐：包含早、午、晚餐。

住宿：东京市区或横滨市区酒店。

第3天：东京（汽车）（车程约133千米）→富士山区。

行程说明：游览东京皇居（外苑）、二重桥（两处景点共停留约30分钟）。到东京最高级购物区银座购物大道自由逛街（停留约1小时），这里集中了LAOX电器大厦，松阪屋、三越等著名百货公司，国际品牌专卖店，动漫爱好者更可在银座的玩具博物馆内参观和选购丰富的动漫游戏产品。前往日本第二大城市横滨，参观日本最大的华人聚居地横滨中华街（停留约30分钟）。随后入住温泉酒店，品尝地道日式料理，沐浴日式传统温泉。

用餐：包含早、午、晚餐。

住宿：富士山地区或石和地区或热海地区温泉酒店。

第4天：富士山区（汽车）（车程约268千米）→丰桥/小牧/名古屋。

行程说明：前往参观富士山五合目（停留约45分钟）（如因天气原因不能登山则改为参观富士山资料馆，逢周一闭馆）。前往位于富士山麓的大型游乐中心——以多项吉尼斯世界纪录著名的富士急乐园（特别赠送入园门票，含用餐时间停留约90分钟），园内有多项惊心动魄的过山车和游乐设施，更有以深受儿童喜爱的火车头为主题的“托马斯乐园”。可以漫步于园内照相取景，感受刺激的游乐气氛，也可自由选择丰富的游乐项目，之后游览有“日本九寨沟”之美誉的忍野八海（停留约45分钟）。

用餐：包含早、午、晚餐。

住宿：名古屋或丰桥或小牧酒店。

第5天：丰桥/大垣/名古屋（汽车）（车程约135千米）→京都（汽车）（车程约54千米）→大阪。

行程说明：游览古朴清幽的清水寺，站在清水舞台上一览美丽景色。清水寺正殿旁有一山泉，称为音羽瀑布，流水清洌，终年不断，被列为日本十大名水之首，清水寺因此而得名。通往清水寺的寺前怀旧街，汇集了京都当地手工艺品，可以于此购买特色手信（以上两处共停留约50分钟）。随后乘车前往大阪历史圣地大阪城公园（停留约45分钟）。再到大阪心斋桥和道顿堀食街（以上两处景点共停留约1小时），心斋桥商业街是大阪最繁华的商业步行街，此处汇集了著名的百货店、药妆店、时尚服饰，日本人常说“吃在大阪”，在道顿堀一定不可错过这里的特色小吃。（如入住神户指定酒店，先乘船

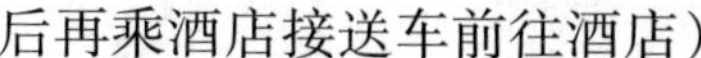

后再乘酒店接送车前往酒店）

用餐：包含早、午餐，晚餐自理。

住宿：关西地区或和歌山地区或神户地区酒店。

第6天：大阪关西国际机场（飞机）→中国台湾台北国际机场（飞机）→中国香港国际机场，飞行时间约7小时。

行程说明：早餐后前往大阪关西机场，乘坐中华航空国际航班飞返台北国际机场，后于台北国际机场搭乘国际航班飞回香港国际机场。抵达香港国际机场后散团，结束愉快的日本之旅！

用餐：包含早餐，午、晚餐自理。

住宿：无。

## 三、计划

**教师指导**

进行知识的解构和重构。从领队工作岗位出发，结合本条线路，提取各环节需要掌握的相关知识、可能出现的意外问题及处理办法，重构为一个完整的工作过程，并简要讲授给学生。

**学生实操**

分析本条带团线路，总结本条线路容易出现的意外问题和领队工作的重点。

### 知识链接3：日本游领队工作流程要点

（1）做好日本游领队准备工作。

（2）召开日本游行前说明会。

（3）办理出境手续（包括乘汽车到码头段的讲解服务工作，乘船手续和提前办理托运行李，在香港国际机场办理出境手续等环节）。

（4）带领游客入境日本。

（5）落实境外旅游接待事宜。

（6）办理日本离境手续（包括协助游客办理退税和登机手续）。

（7）带领游客回国入境，提醒游客入境禁止携带的物品。

（8）散团及其他事宜。

## 四、实施和检查

根据实践导向的原则，体现“做中学”的教学理念，设计两个有互动性的实践活动。

### （一）行前说明会

**教师指导**

行前说明会形式、内容及重点。

**学生实操**

分组模拟行前说明会，在此过程中，学生应主动学习日本游概况知识，包括民俗风情、海关规定、行程所涉及景点等，并研究行程，分析总结本条线路的注意事项（尤其是宗教和礼仪禁忌），确定工作重点，然后模拟召开说明会（其他组同学扮演游客）。

### （二）日本游领队工作模拟

包括日本入境手续办理、重要景点简单介绍、意外问题处理、导购工作、投诉处理等。

**教师指导**

（1）本条线路领队工作重点（和学生一起总结）。

（2）领队服务技巧。

**学生实操**

将本线路的领队工作进行细分，分解成多个工作情景，让学生进行模拟实操。

**工作情景实操 1：香港国际机场集合、出境登机过程和台北国际机场转机环节模拟**

实操说明和要求：把学生分为若干小组，分别扮演领队、游客、工作人员、空乘服务人员等角色，模拟进行香港国际机场集合和登机过程实操以及模拟台北国际机场转机环节，小组角色可以轮流互换，让学生熟知领队集合和登机工作服务内容。

实操要点：（1）集合时，领队需要准备的物品，如导游旗、领队证和游客资料等。（2）集合完毕后，领队需要带领游客办理登机手续和行李托运，并把护照等相关证件派发给每个游客。（3）出境登机过程，带领游客过好“三关”，清点人数。（4）登机后的相关服务。（5）在台北国际机场转机时，注意转机的衔接工作。

**工作情景实操 2：日本机场入境过程模拟**

实操说明和要求：把学生分为若干小组，分别扮演领队、游客、日本机场工作人员等角色，进行东京成田机场入境过程模拟实操，小组角色可以轮流互换，让学生熟知领队带领游客入境日本工作服务内容。

实操要点：（1）入境日本时，每个游客需要准备好护照和签证。（2）日本入境时，因为是团签，要团进团出，需要遵守规则，排队等候入境。（3）入境后，与地陪的会合工作。

**工作情景实操3：东京成田机场集合登车后，领队致欢迎词情景模拟**

实操说明和要求：把学生分为若干小组，分别扮演领队、游客、地陪和司机等角色，进行旅游车上致欢迎词的模拟实操，小组角色可以轮流互换，让学生熟知领队在日本境内如何致欢迎词。

实操要点：（1）致欢迎词前的工作。（2）欢迎词的5个必备要素。

**工作情景实操4：全程协调讲解和活跃气氛片段情景模拟**

实操说明和要求：把教室当作一辆旅游车，把学生分为若干小组，分别扮演领队、游客、地陪和司机等角色，进行领队旅游车讲解和娱乐活动模拟实操，小组角色可以轮流互换，让学生熟知领队在旅游车上的协调工作服务内容。

实操要点：（1）当你认为地陪讲解不够深入或者需要补充讲解时，才协调讲解，讲解前，要知会地陪，以示尊重。（2）挑选本条线路中最重要的景点进行简单介绍，模拟讲解当地旅游景点，培养讲解技能与技巧。（3）车上娱乐活动的形式多种多样，领队要适时调节和活跃气氛。（4）日本比较缺乏中文流利和经验丰富的地陪，如果遇到讲解能力较弱的地陪，领队需要补充以完善讲解工作。

**工作情景实操5：特色餐饮介绍与日常巡餐情景模拟**

实操说明和要求：把教室当作一家餐厅，把学生分为若干小组，分别扮演领队、游客、地陪和餐厅工作人员等角色，进行特色餐饮介绍与日常巡餐模拟实操，小组角色可以轮流互换，让学生熟知领队如何进行特色餐饮介绍和日常巡餐。

实操要点：（1）特色餐饮介绍的内容要点。（2）什么时候巡餐、巡餐几次较为合理，以及巡餐时需要做什么。（3）巡餐时，必须每一桌游客都要照顾到，一视同仁。

**工作情景实操6：安排游客入住与分房技巧情景模拟**

实操说明和要求：把教室当作一间酒店，把学生分为若干小组，分别扮演领队、游客、地陪和酒店工作人员等角色，进行安排游客入住和分房模拟实操，小组角色可以轮流互换，让学生熟知领队如何协助地陪办理入住手续和如何合理分房。

实操要点：（1）办理入住酒店需要收齐游客护照。（2）分发房卡的技巧。（3）判断是否需要巡房。

**工作情景实操7：旅途中常见突发事件情景模拟，选取本线路最典型事件模拟实操**

实操说明和要求：选取日本游程中最常见的突发事件进行情景模拟，如"在日本温泉景区中，泡温泉时，遇到游客身体不适该怎么办"，分别扮演不同的角色进行模拟，让学生熟知领队如何解决这种突发事件。

实操要点：（1）领队发现突发事件的反应。（2）合理处理事件的技巧和要点。

**工作情景实操8：日本知名商品和特产展示**

实操说明和要求：把学生分为若干小组，分别利用网络去搜索日本知名品牌商品和特产，然后分小组扮演领队角色向游客进行展示和介绍，让学生掌握更多有关知识，以便日后为游客提供相关服务。

实操要点：(1) 介绍尽可能齐全。(2) 把握介绍与展示的技巧。

### 工作情景实操9：日本购物退税过程模拟

实操说明和要求：在日本大型商场购物，消费达到一定金额时，可以申请退税，把全班分为若干小组，分别扮演商场服务人员、游客和领队等角色，模拟退税过程。

实操要点：(1) 提醒游客在日本商店消费付款时向店员索要退税单。记得在购物时携带护照，因为所有的购物退税都需要出示护照。(2) 在大多数的百货商店，可以带上所有的购物单据去退税柜台或客户服务台，出示所购商品、单据及护照后，办理退税款。(3) 消耗品在店里面结账或退税柜台，将会有专用的免税包装，类似于机场购买液体物品的包装，是塑封的，这个包装是不能拆的，否则在离开日本时，可能会被海关工作人员检查（因为所有免税单据，都会钉在护照上，过海关时由工作人员撕掉）。

小提示：日本从2014年10月1日开始实施新的免税制度。此前的免税项目为家电、服饰、皮包等，游客在店铺当天消费1万日元以上方可免税。

新免税制度生效后除了传统免税项目免税规定不变外，新增以下规定：

(1) 原为非免税品的食品、药品、化妆品等消耗品也可以免税购买。消耗品（食品、饮料、药品、化妆品等）需要每人每天在同一家免税店内购买金额达5 001～50万日元的商品方可退税。

(2) 一般商品（家用电器、服饰品、箱包等，以及消耗品之外的商品）需要每人每天在同一家免税店内购买金额超过1万日元的商品方可退税。

(3) 购买的免税商品必须在购买30天内携带出日本境。免税品（包括食品、药品、化妆品等消耗品）需包装完好，不可在旅行途中使用和拆封。

新免税制度适用人群为持旅游签证短期访日的旅行者，在日本工作的人员或者在日本停留期间为6个月以上的外国人不能享受免税待遇。

免税店只限定店外带有“Japan. Tax-Free Shop”标志的店家，购买金额以及购买商品种类符合上述要求的旅行者可以在免税店的收银台出示护照后，在“购买者誓约书”上签名，购买商品全额免除日本消费税。

### 工作情景实操10：日本出境和入境中国过程模拟

实操说明和要求：把学生分为若干小组，分别扮演领队、游客、地陪和日本机场工作人员等角色，进行日本出境和入境中国过程模拟实操，小组角色可以轮流互换，让学生熟知领队在日本如何出境和入境中国的过程。

实操要点：(1) 日本出境的行李托运和手续办理。(2) 日本出境的过关检查。(3) 转机注意事项。(4) 入中国境内的提醒工作，比如禁止携带入中国境内的物品。

### 知识链接4：行前说明会参考要点

(1) 登记核实游客名单，并派发有关资料和礼品。

(2) 自我介绍和欢迎游客参加说明会。

(3) 介绍出发前需要准备的物品。

(4) 简单介绍行程和提醒日本游的注意事项。

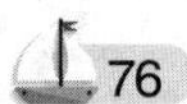

（5）强调出发和集合的时间及地点。

（6）自由提问环节。

**小资料**

**日本游注意事项**

（1）习俗禁忌：不要自带饮料进餐厅；不要自行打开出租车车门，日本的出租车司机一般会在车子停稳后下车或通过特殊装置为乘客开门；未经艺妓允许不要拍照；不要随意触摸民房，因为稍有不注意就有可能损坏国宝级的财产，屋主或会要求索取赔偿；街上行走尽量不要并排走；不要随便停放自行车；不要随地乱扔垃圾，一旦管理人员发现有随地乱扔垃圾的行为，将被处以3万日元/次的罚款；不要穿鞋踩踏榻榻米；不要酒后骑自行车，在日本某些地区酒后骑自行车是违法的，并会被重罚；乘坐电车或公交车一般不可以打电话；进屋或进宾馆要脱鞋换鞋。

（2）日元兑换：可直接凭身份证于国内的中国银行进行兑换（需要提前预约），无需提供护照。日本机场或酒店内也可以兑换日元，但汇率存在波动。

（3）电话使用：因制式不同，中国手机即使开通国际漫游项目在日本也无法使用（3G手机除外）。游客可使用酒店房间电话或在日本购买电话卡使用公用电话。

（4）时差：日本时间比北京时间快1小时。如北京时间10：00，日本当地时间为11：00。

（5）电压：日本的电压为110伏，因此，由中国内地或香港带来的电器在日本不能直接使用，如要使用，则需准备220伏转110伏的变压器。另外，日本的电源插口一般为两齿，最好根据各地区的具体情况和需要，准备三齿转两齿的插座。

（6）根据日本陆运局规定，旅游大巴运营需在20：00前结束，敬请游客理解与配合。

（7）一般跟团旅游，日本旅游签证为团体签证，参加日本团队游客须随团旅游，团进团出，不可进行探亲访友、商务等其他活动，同时保证不离团。

### 知识链接5：日本游领队工作重点

（1）日本游线路所乘飞机航班可能涉及中途转机，注意中转航班有关事项。

（2）日本旅游签证一般为团体签证，提醒游客随团旅游，团进团出。

（3）行前说明会上重点提醒游客在日本旅游，注意其风俗禁忌，避免谈及政治敏感问题。

（4）日本地陪一般为普通话或粤语导游，有时语言表达不是很流畅时，领队要做好翻译和补充工作。

（5）因为大多游客喜欢在日本购买当地商品，领队需要协调好有关事项，合理恰当地进行导购工作。

（6）在日本购物后会产生退税问题，领队务必告知游客有关退税的事项，并协助游客办理退税手续。

（7）如果线路涉及日本温泉，要提醒泡温泉的注意事项。

**小情景**

领队：王先生，看来您这趟日本之旅收获不少啊，您买了这么多东西！

游客：是啊，难得来一趟日本，亲友都托我购买一些日本商品回去。

领队：哦，是的，日本确实有很多东西值得购买，对了，在购买可以退税的商品时，是否拿齐有关票据？

游客：拿齐了，谢谢，请问怎样办理退税啊？

领队：好的，让我慢慢跟您解释退税的流程。

想一想：日本购物后办理退税的流程是怎样的？

## 五、评价和提升

学生互评：每组模拟后，派代表再次把本组带团过程中出现的意外问题处理步骤和措施完整陈述一遍，便于大家加深印象，系统掌握。

小组互评：指出模拟中不尽完善的地方，有利于大家一起得到提升。

教师评价：结合自身的理论知识和丰富的实际工作经验，对学生模拟进行点评，总结整体存在的问题，提出解决方案，指出哪些方面需要锻炼及如何锻炼。然后结合学生具体情况予以个性化点评指引，使学生的认识进一步深化，从知其然走向知其所以然，从技术实践知识走向技术理论知识，最后师生一起总结本条线路领队工作重点。

**趣味讨论**

日本的温泉世界闻名，如何科学合理和健康舒适地泡温泉，需要注意些什么？

**领队日记**

**日本游领队日记**

日本的餐厅是没有提供热水的，很多地方禁止吸烟，车厢内禁止饮食，泡温泉时不可以穿衣服。到处都是自动售货机，提供热饮，非常方便。每间酒店都提供和服式睡衣，也可以自己带睡衣。日元一定要事先兑换好，导游不提供兑换的服务，街上也很少有兑换点。机场设有兑换点，但是汇率比国内高很多。在便利店的柜员机可以取现，每次只要100日元的手续费，还是很合算的。

我们是从杭州直接飞大阪的，飞行时间2小时，日本入境手续比较简便，走外国人通道，先过移民局，在柜台前有一台小电脑，上面有中文提示，是取指纹用的，年满12周岁或以上的人都要提供双手的食指指纹信息，按压时力度不能太重，也不能太轻，用正常的力度，而且要提示音播放完再操作。过了移民局往前走，电脑有显示行李在几号转盘，取完行李后过海关，不可以携带肉制品，可以几个人一起通过。但据说有时要抽检游客的行李，我带的团没被抽到，很顺利就过关了。地陪是个香港人，接送游客用的是酒店的车，晚上入住酒店，房间虽然很小，但是很干净。酒店二楼有温泉，女宾要有一张密码纸，输入密码才可以进入，这样安全点。在房间把衣服换好，到浴场，先洗干净，再泡温泉，日本的温泉要求什么都不穿才可以进去泡的，浸泡时间控制在20分钟以内。酒店的总台有电话卡出售，面值为1 000日元/张，使用酒店电话通话费用最划算，可以通话88分钟，而且不收市话费，公用电话不是很划算，只能通话15分钟。拨好电话，输入密码，后直接拨86571，不用加001，这个要告诉游客。电视能收看上海东方台。酒店提供清洁用品六小件，就是一次性拖鞋质量不好。

第2天，6：30起床，8：00出发，酒店会派代表上车感谢大家入住酒店，提醒游客不要落下个人物品。然后司机自我介绍，告诉大家垃圾放哪里，到晚上下车的时候会统一处理。行驶1小时到达大阪城，参观日本开世博会时的建筑，这是一个半球型的建筑物，由松下电器集团承建的。随后到心斋桥游览，这是一个商业区，自由活动1.5小时，最好把护照给游客，因为有的店直接凭护照退税的，午餐在一家太阳楼酒店用餐。然后开车30分钟到新大阪站乘新干线到京都站，用时15分钟，车速跟我们的动车差不多。我们在2号车厢，3号车厢是可以吸烟的。然后开车30分钟到达和服馆，在15：15有表演，舞台很小，大家只能站着观看节目，15：30表演结束。乘车40分钟到达清水寺，车停在外面，游客要步行到山顶，山不算很高，一路都是小吃店，有一家Hello Kitty的店铺，很受游客喜爱。然后开车3小时到达蒲郡，晚餐在酒店用餐。

第3天，8：00出发，提醒游客要提前上好洗手间，车辆行驶途中是不停车的。2小时后到静冈休息区，然后开车大约20分钟，穿过隧道，马上看到富士山了，再行驶30分钟左右就开始上山了，有晕车的游客一定要提前吃晕车药。到达大涌谷，和新西兰的毛利村差不多，是个活火山口，但没有新西兰的壮观，相比之下显小，上山走7~8分钟。山上有卖鸡蛋，5个一袋，价格500日元，味道不错，几乎所有游客都买来品尝。下山后可以买冰激凌，有两种味道，一种鸡蛋味，一种芥末味的，游客都说鸡蛋味的好吃，很香。下山车程需要30分钟，餐厅门口是拍摄雪山的最佳位置。然后开车5分钟就到平和公园，在樱花盛开的时候很漂亮。马路对面有一座红房子，是法拉利汽车博物馆。从舍利塔

右手边下山，可以看到三座观音像。因为车到不了五合目，时间也晚了，就直接回酒店，需要1小时的车程。入住的酒店叫庆山，酒店有4间榻榻米的房间，其他都是标间，晚餐为日式餐，游客都觉得还不错，换了和服吃饭，气氛比较好。21：00在酒店大堂有一场表演，最后和游客有互动环节，值得一看，游客要求拍照也可以，演员很配合的。这是温泉区，游客说在室外泡温泉最舒服了，空气很好。

第4天，8：00出发，开车1.5小时到达东京市区，大约40分钟到新宿，很一般，转了一圈，到一家中餐馆吃饭，菜一般，五菜一汤，但够吃了。然后开车40分钟到横滨，游览山下公园、唐人街、银座，银座名气大，东西不多，价格也相对较高。

第5天，上午去了浅草寺和秋叶原电器一条街，电器没有必要在这里买，比国内还贵。后来游客反馈说其他商店的东西比这里便宜很多，之后带团的时候要注意。迪士尼乐园很不错，15：00有一场游园活动，很壮观，也很漂亮，建议游客去看下。18：30在广场有一场迪士尼舞台剧，灯光很美。19：30是晚上的游园活动，和白天的游园节目是不重复的，推荐游客观看。20：30有烟火会演。据说烟火很漂亮，值得一看。

第6天，今天就要回国了，游客估计也想家了，很早就在酒店大堂集合好，从酒店到机场大约10分钟车程，是酒店的车接送的，在办理登机牌的时候，就有一个工作人员过来给游客发有关表格。先过移民局，然后过安检，要搭乘小火车的，2~3分钟就到了。机场的标示很清楚，只要时间充足，可以让游客自由活动。

（杨永勤　浙江省中国旅行社集团有限公司）

**【思考与练习】**

一、选择题

1. 日本的国花是（　　）。

A. 菊花　　B. 牡丹　　C. 玫瑰　　D. 兰花

2. 日本的三大名园不包括（　　）。

A. 偕乐园　　B. 兼六园　　C. 后乐园　　D. 前乐园

3. 日本第一高峰是（　　）。

A. 岚山　　B. 富士山　　C. 狼牙山　　D. 青山

二、判断题

1. 日本人喜欢樱花、乌龟、仙鹤、松竹梅图案。忌讳荷花、狐、獾、金眼猫或银眼猫的图案，不喜欢淡黄色或白色花卉图案。（　　）

2. 日本饮食的主食以大米为主，多用海鲜、蔬菜，讲究清淡与味鲜，避免油腻。（　　）

3. 京都是日本的政治、经济、文化中心，是第一大城市。(　　)

三、问答题

1. 日本被称为“国技”的体育项目是什么？

2. 日本的三大绝景、三大名园、三大古城分别是什么？

**【参考答案】**

一、选择题

1. A　2. D　3. B

二、判断题

1. √　2. √　3. ×

三、问答题

1. 相扑。一种类似摔跤的体育活动，秦汉时期叫角抵，南北朝到南宋时期叫相扑。大约在唐朝时传入日本，现为流行于日本的一种摔跤运动。

2. 日本三大绝景分别为松岛、宫岛和天桥立，并称“日本三景”；日本三大名园分别是茨城县水户市县立公园中的“偕乐园”、石川县金泽市街中央的“兼六园”、冈山县冈山市的“后乐园”，景致各有特色，秀丽迷人；日本三大古城分别为奈良、京都、镰仓，现为古都保护区，是日本三大“历史博物馆”和国际性观光城市，其中京都规模最大，历史文化遗产资源最为丰富，被称为日本的“文化摇篮”。

## 活动2　韩国游领队工作

**案例导入**

韩国是各国游客青睐的购物地，可供购买的商品种类多样，特别是韩国的化妆护肤品，深受游客喜爱。也因为这样，一些韩国游领队们在带团之余，也充当代购。35岁的姜某从事导游行业多年，是某旅游公司出境游领队，2016年8月17日，姜某从韩国回来时，拖着一个大行李箱，通关时她神情显得有些紧张，海关人员将她拦下检查。行李箱一打开，里面简直就是一个小店铺，装满了各式各样韩国时下流行的化妆品，经过清点，姜某未申报通关但随身携带的化妆品多达597件，加上一部新款的苹果手机，一次从韩国携带入境的物品价值近20万元人民币，姜某随后被移送机场海关缉私分局，未申报带入境的物品全被查扣，并接受处罚。

**想一想**

如果你是领队，你会充当代购吗？从案例中，你得到什么启发？

## 一、资讯

**教师指导**

制定清晰的教学目标，指导学生掌握韩国游领队工作知识和技能，告知学生获取相关资讯的方式（包括网络、旅行社门店、资深人士等），同时，通过视频学习方式了解韩国旅游景点。

**学生实操**

搜集各大旅行社旅游门店的宣传单和网站上推出的韩国主要线路；通过网络查找和请教资深人士获取主要旅游线路的相关信息；搜索各旅游线路的旅游攻略。

**相关资料**

### 韩国概述

大韩民国，简称韩国，成立于1948年8月15日，是位于东亚朝鲜半岛南部的共和国，国名来源于古代朝鲜半岛南部的三韩部落（辰韩、马韩、弁韩），英文名Korea源于古名“高丽”。人口超过5 000万，以韩民族（朝鲜族）为主体民族，是一个单一民族的国家。韩国是20国集团（G20）和经济合作与发展组织（简称经合组织，OECD）成员之一，是亚洲太平洋经济合作组织（简称亚太经合组织，APEC）和东亚峰会（EAS）的创始国之一，也是亚洲“四小龙”之一。

韩国北部属温带季风气候，南部属亚热带气候，海洋性特征显著。冬季漫长寒冷，夏季炎热潮湿，春秋两季相当短。

韩服是韩国的传统服装。近代被洋服替代，一般只有在节日和有特殊意义的日子里穿着。女性的传统服装是短上衣和宽长的裙子，看上去很宽松；男性以裤子、短上衣、背心、马甲为主，显出独特的风情。白色为基本色，根据季节、身份不同，所选用的材料和色彩不同。在结婚等特别的仪式中，平民也穿戴华丽的衣裳和首饰。

韩食以泡菜文化为特色，一日三餐都离不开泡菜。韩国传统名菜烧肉、泡菜、冷面已经成了世界名菜，主食是米饭。韩国饮食由各种蔬菜、肉类、鱼类共同组成。泡菜（发酵的辣白菜）、海鲜酱（盐渍海产品）、豆酱（发酵的黄豆）等各种发酵保存食品，以特别的味道而闻名。

韩国新旧并存、古今融合；它举办过1988年夏季奥运会、有着现代文明的风采；它具有较悠久的文化传统，至今仍保留着部分古代东方文明的精髓。这里风景引人入胜，人民诚挚坦率，是个理想的度假胜地，它拥有独特的文化和历史遗产，包括山岳、湖泊、温泉、海滨、皇宫、寺庙、宝塔、古迹、民俗村及博物馆等，共有2 300余处。韩国社会自古以来，以家族血统为中心，虽然这种倾向在现代社会逐渐淡化，但对亲属的基本礼仪与忠诚恪守不移。

韩国主要旅游点有首尔景福宫、德寿宫、昌庆宫、昌德宫、国立博物馆、国立国乐院、世宗文化会馆、湖岩美术馆、南山塔、国立现代美术馆、江华岛、民俗村、板门店、庆州、济州岛、雪岳山等。韩国第一大岛济州岛是著名的旅游胜地，岛上有瀑布、海滩、浴场等自然风光，韩国最高峰——海拔1 950米的汉拿山也屹立于此。截至2015年，韩国拥有9处世界文化遗产和1处世界自然遗产，被收录进世界遗产的韩国文化遗产包括：首尔宗庙（1995年），海印寺（1995年），佛国寺和石窟庵（1995年），水原华城（1997年），昌德宫（1997年），庆州历史遗址区（2000年），高敞、和顺、江华支石墓遗址（2000年），朝鲜王陵40座（2009年），安东河回村（2010年），南汉山城（2014年），百济历史遗迹地区（2015年）。

首尔，全称首尔特别市，旧称汉城，大韩民国首都，是朝鲜半岛最大的城市，亚洲主要金融城市之一，也是韩国的政治、经济、科技、文化中心。

庆州市是韩国庆尚北道的其中一座城市。古代新罗王国首都金城在此地，现在是韩国主要观光城市。佛国寺和石窟庵、庆州历史遗址区均被列入世界遗产名录。

济州岛是韩国最大的岛屿，位于朝鲜半岛最南端，是有着神秘的自然景观和固有的传统文化的美丽岛屿，被称为“和平之岛”。济州火山岛和熔岩洞，2007年被联合国教科文组织定为世界自然遗产，亦是世界新七大自然奇观之一，其拥有奇特的火山柱状节理海岸。济州岛不仅具有独特的海岛风光，而且还传承了古耽罗王国独特的民俗文化，素有“韩国的夏威夷”之称。

## 二、决策

**教师指导**

将大家搜集来的资讯进行汇总、比较，带领学生一起分析各家旅行社线路的优缺点，给出一条参考线路。

**学生实操**

选取一条有代表性的线路，进行小组内角色分配（教师掌握学生进度和分工情况）。

**知识链接1：经典韩国游线路推荐**

【大邱包机】韩国全景潮玩2F 5天　特色
【大邱包机】韩国全景潮玩+济州4F 6天　特惠B
【江原道包机】韩国潮玩2F 5天　特色
全景直飞釜山泰迪温泉4F 6天　特惠B
首尔洲际雪岳山2F 5天　精选A
釜济时尚4F 4天　特惠B
首尔半自由行悠闲购物2F 5天　特惠B

**知识链接2：参考线路**

**直飞釜山韩国全景4F 6天　精选B**

第1天：广州（飞机）→釜山金海国际机场，去程航班参考起飞时间为13：00—17：30，具体时间待定，飞行约3.5小时。

行程说明：是日于指定时间在指定地点集中，乘国际航班飞往韩国釜山金海国际机场，抵达后由导游带领前往庆州（行车距离约84千米）→大邱（行车距离约109千米）→釜山（行车距离约18千米）入住酒店休息。

用餐：早、午餐自理，包含晚餐。

住宿：庆州或大邱或庆尚南北道地区豪华酒店。

第2天：庆州→釜山/大邱（飞机）→济州（内陆航班待定，飞行约1小时，起飞时间待定）。

行程说明：前往庆州历史遗址区中的古老的天文观测台——“瞻星台”（停留约30分钟，如遇到休息则改至雁鸭池）。瞻星台建于7世纪，是亚洲最早的天文台之一，也是新罗古老文化的象征。参观世界文化遗产之一的佛国寺（停留约40分钟），秋天时节，寺内漫山遍野红叶璀璨、醉美迷人（红叶欣赏具有一定的季节性，若遇观赏效果不理想，请游客谅解）。后前往参观世界文化遗产之一的良洞村（停留约80分钟），在这里可以观摩朝鲜时代中后期丰富多彩的传统房屋结构，目前大部分房屋都对外开放，可感受当地人的热情与和善。后前往釜山/大邱，由领队带领乘内陆航班飞往蜜月胜地济州岛。

用餐：包含早、午、晚餐。

住宿：济州豪华酒店。

第3天：济州环岛游。

行程说明：前往海中火山岛，世界自然遗产——济州的“城山日出峰”（停留约60分钟），随后前往济州的尽头——“沙池岬地海岸”（停留约30分钟）。前往泰迪熊博物馆（停留约60分钟）。后前往济州Hello Kitty主题公园（停留约60分钟）。前往亚洲首家个人汽车博物馆——济州世界汽车博物馆（停留约40分钟）后前往观看“幻彩DRAWING-SHOW”（又名涂鸦秀）（含入场费，停留约80分钟），如遇休场或满场改为

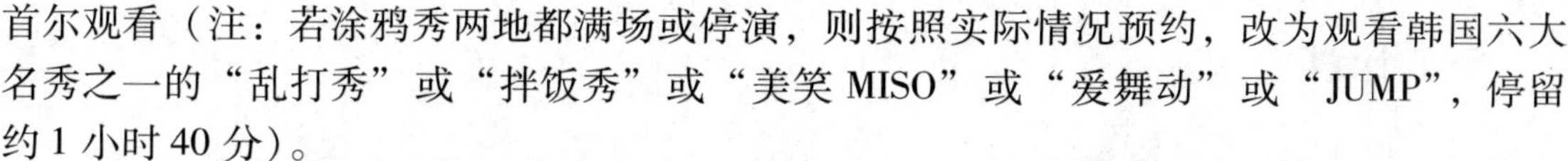



首尔观看（注：若涂鸦秀两地都满场或停演，则按照实际情况预约，改为观看韩国六大名秀之一的“乱打秀”或“拌饭秀”或“美笑 MISO”或“爱舞动”或“JUMP”，停留约 1 小时 40 分）。

用餐：包含早、午、晚餐。

住宿：济州豪华酒店。

第 4 天：济州（飞机）→首尔（内陆航班飞行约 1 小时，起飞时间待定）。

行程说明：由导游带领乘内陆航班飞返首尔，抵达“北村韩屋村 + 三清洞文化街”（以上两处共停留约 1 小时 30 分钟）后，前往韩国政府历时 3 年投资 3 600 亿韩元重修的旧城新貌“文化地标”——白天宁静悠闲、晚上灯光璀璨的清溪川和新地标——光化门广场（以上两处共停留约 40 分钟）。继而前往汉江游船（停留约 45 分钟），后前往新罗免税店（停留约 60 分钟）。新罗免税店是韩国最大的免税店之一，是外国游客必逛的地方，本地人出国旅游前也喜欢到此选购心仪的免税商品。前往首尔传统市场广藏市场（停留约 90 分钟，当天晚餐自理）。此处有各式韩国传统美食，如紫菜包饭、米肠汤、炒年糕等，可尽情体验韩国的小吃文化！

用餐：包含早、午餐，晚餐自理。

住宿：首尔或仁川或京畿道豪华酒店。

第 5 天：首尔。

行程说明：前往世界文化遗产——昌德宫（停留约 60 分钟，如遇休息则改游景福宫），此处是著名的赏红叶胜地（红叶欣赏具有一定的季节性，若遇观赏效果不理想，请游客谅解）。前往位于首尔南山公园山顶的“N 首尔塔 + 情人锁墙”（含上塔门票，停留约 60 分钟），这里是情侣浪漫约会的必到圣地。春天樱花时节，上山沿路樱花盛放，浪漫醉人；秋天红叶时节，漫山遍野美不胜收。随后于指定地点自由购物（约 4 小时，详见行程附件购物说明）。后前往时尚潮流尽显的购物区明洞（停留约 2.5 小时，当天晚餐自理）自由活动，此处汇聚了各色品牌店、特色小食以及韩流明星周边商品等。

用餐：包含早、午餐，晚餐自理。

住宿：仁川或首尔或京畿道豪华酒店。

第 6 天：仁川国际机场（飞机）→广州，回程航班参考起飞时间为 8：00—22：30，具体时间待定，飞行约 3.5 小时。

行程说明：由领队带领前往仁川国际机场，搭乘国际航班飞返广州白云国际机场后散团，结束愉快的韩国旅程！

用餐：无。

住宿：无。

## 三、计划

**教师指导**

进行知识的解构和重构。从领队工作岗位出发，结合本条线路，提取各环节需要掌握的相关知识、可能出现的意外问题及处理办法，重构为一个完整的工作过程，并简要讲授给学生。

**学生实操**

分析本条带团线路，总结本条线路容易出现的意外问题和领队工作的重点。

### 知识链接 3：韩国游领队工作流程要点

（1）韩国游领队准备工作，包括物品、证件和知识的准备等。

（2）召开韩国游行前说明会。

（3）注意本线路的航班是“4F”（4 次飞行），其中去济州岛的是内陆航班，注意处理好航班衔接问题。

（4）协助游客填写韩国入境卡、行李申报单、健康申报表，带领游客入境韩国。

（5）落实境外旅游接待事宜，包括吃、住、行、游、购、娱等方面。

（6）办理韩国离境手续。

（7）办理回国入境手续，注意提醒游客入境禁止携带的物品。

（8）散团及其他事宜。

（9）注意韩国内陆段的飞机手续办理。

（10）协助游客办理退税事项。

## 四、实施和检查

根据实践导向的原则，体现“做中学”的教学理念，设计两个有互动性的实践活动。

### （一）行前说明会

**教师指导**

行前说明会形式、内容及重点。

**学生实操**

分组模拟行前说明会，在此过程中，学生应主动学习韩国游概况知识，包括民俗风情、海关规定、行程所涉及景点等，并研究行程，分析总结本条线路的注意事项（尤其是禁忌），确定工作重点，然后模拟召开说明会（其他组同学扮演游客）。

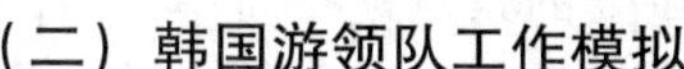

## （二）韩国游领队工作模拟

**教师指导**

（1）本条线路领队工作重点（和学生一起总结）。

（2）领队服务技巧。

**学生实操**

将本线路的领队工作进行细分，分解成多个工作情景，让学生进行模拟实操。

**工作情景实操1：广州白云国际机场集合和出境登机过程模拟**

实操说明和要求：把学生分为若干小组，分别扮演领队、游客、机场工作人员、空乘服务人员等角色，进行机场集合和登机过程模拟实操，小组角色可以轮流互换，让学生熟知领队机场集合和登机工作服务内容。

实操要点：（1）集合时，领队需要准备的物品，如导游旗、领队证和游客资料等。（2）集合完毕后，领队需要带领游客办理登机手续和行李托运，并把护照等相关证件派发给每个游客。（3）出境登机过程，带领游客过好“三关”，清点人数。（4）登机后的相关服务。

**工作情景实操2：韩国机场入境过程模拟**

实操说明和要求：把学生分为若干小组，分别扮演领队、游客、韩国机场工作人员等角色，进行韩国机场入境过程模拟实操，小组角色可以轮流互换，让学生熟知领队带领游客入境韩国工作服务内容。

实操要点：（1）入境韩国时，每个游客需要准备的物品，包括护照、签证。（2）入境韩国时，需要填写韩国入境卡、行李申报单和健康申报表，排队等候入境。（3）入境后，与地陪的会合工作。

**工作情景实操3：釜山金海国际机场集合登车后，领队致欢迎词情景模拟**

实操说明和要求：把学生分为若干小组，分别扮演领队、游客、地陪和司机等角色，进行旅游车上致欢迎词的模拟实操，小组角色可以轮流互换，让学生熟知领队在韩国境内如何致欢迎词。

实操要点：（1）致欢迎词前的工作。（2）欢迎词的5个必备要素。

**工作情景实操4：全程协调讲解和活跃气氛片段情景模拟**

实操说明和要求：把教室当作一辆旅游车，把学生分为若干小组，分别扮演领队、游客、地陪和司机等角色，进行领队旅游车讲解和娱乐活动模拟实操，小组角色可以轮流互换，让学生熟知领队在旅游车上的协调工作服务内容。

实操要点：（1）当你认为地陪讲解不够深入或者需要补充讲解时，才协调讲解，讲解前，要知会地陪，以示尊重。(2) 挑选本条线路中最重要的景点进行简单介绍，模拟讲解当地旅游景点，培养讲解技能与技巧。(3) 车上娱乐活动的形式多种多样，领队要适时调节和活跃气氛。

**工作情景实操 5：特色餐饮介绍与日常巡餐情景模拟**

实操说明和要求：把教室当作一家餐厅，把学生分为若干小组，分别扮演领队、游客、地陪和餐厅工作人员等角色，进行特色餐饮介绍与日常巡餐模拟实操，小组角色可以轮流互换，让学生熟知领队如何进行特色餐饮介绍和日常巡餐。

实操要点：(1) 特色餐饮介绍的内容要点。(2) 什么时候巡餐、巡餐几次较为合理，以及巡餐时需要做什么。(3) 巡餐时，必须每一桌游客都要照顾到，一视同仁。

**工作情景实操 6：安排游客入住与分房技巧情景模拟**

实操说明和要求：把教室当作一间酒店，把学生分为若干小组，分别扮演领队、游客、地陪和酒店工作人员等角色，进行安排游客入住和分房模拟实操，小组角色可以轮流互换，让学生熟知领队如何协助地陪办理入住手续和如何合理分房。

实操要点：(1) 办理入住酒店需要收齐游客护照。(2) 分发房卡的技巧。(3) 是否需要巡房。(4) 韩国住宿的标准和中国星级标准不一样，要注意解释。

**工作情景实操 7：旅途中常见突发事件情景模拟，选取本线路最典型事件模拟实操**

实操说明和要求：选取韩国游程中最常见的突发事件进行情景模拟，分别扮演不同的角色进行模拟，让学生熟知领队如何解决这种突发事件。

实操要点：(1) 领队发现这种突发事件的反应。(2) 合理处理事件的技巧和要点。

**工作情景实操 8：韩国知名商品和特产展示**

实操说明和要求：把学生分为若干小组，分别利用网络去搜索韩国知名商品和特产，然后分小组扮演领队角色向游客进行展示和介绍，让学生掌握更多有关知识，以便为游客提供相关服务。

实操要点：(1) 介绍尽可能齐全。(2) 把握介绍与展示的技巧。

**工作情景实操 9：韩国购物退税过程模拟**

实操说明和要求：游客在韩国贴有“TAX FREE”标志的店铺购买 3 万韩元（约人民币 173 元）以上商品，可以申请退税，把全班分为若干个小组，分别扮演商场服务人员、游客、海关人员、退税窗口工作人员和领队等角色，模拟退税过程。

实操要点：(1) 在韩国购物退税，一般需要在回程时的机场办理退税，如果是在首尔，也可以选择在首尔市中心的 6 个退税点退税。(2) 韩国有两种退税系列，一种是“GLOBAL BLUE TAX FREE（环球蓝联退税）”，另一种是“GLOBAL TAX FREE（全球退税）”。只有在这两种标志下的店铺里购物才可以退税。在标有这两种标志的店铺里购完物后，需要找收银员拿退税单。(3) 在机场办理退税的流程：第一，办理登机牌时告诉值机员是否有需要退税的物品；第二，值机员在行李上挂上行李条，换好登机牌后再将行李取回；第三，到服务台附近的海关退税柜台办理申报手续；第四，海关工作人员确认好物品后在发票上盖海关印章（有时需要开箱检验）；第五，在海关退税柜台旁边托运行李；第六，入关，在登机口旁边的退税柜台办理退税，领取退税金。（4）在首尔市中心办理退税的流程：第一，购物时请记得索取退税单；第二，到退税所出示退税单、护照、国际信用卡；第三，获得返还的退税现金。

小提示：退税所需材料如下。

（1）购买店铺发行的“退税单”。

（2）购物小票（只限原件）。

（3）所购物品（只限未开封、未使用的物品，也就是说开封的商品是不可以退税的）。

（4）登机牌或电子机票。

（5）在首尔市区办理退税，需要有信用卡才能退税。

**工作情景实操 10：韩国出境和入境中国过程模拟**

实操说明和要求：把学生分为若干小组，分别扮演领队、游客、地陪和韩国仁川机场工作人员等角色，进行韩国出境和入境中国过程模拟实操，小组角色可以轮流互换，让学生熟知领队在韩国出境和入境中国工作的过程。

实操要点：（1）韩国出境的行李托运和手续办理。（2）韩国出境的过关检查。（3）入中国境内的提醒工作，比如禁止携带入中国境内的物品。

**知识链接 4：行前说明会参考要点**

（1）登记核实到来游客名单，并派发有关资料和礼品。

（2）自我介绍和欢迎游客参加说明会。

（3）介绍出发前需要准备的物品。

（4）简单介绍行程和提醒韩国游的注意事项。

（5）强调出发集合的时间地点。

（6）自由提问环节。

**小资料**

**韩国游注意事项**

1. 习俗禁忌：如果你去韩国朋友家里做客，就要了解韩国的习惯，比如：倒酒时，一手拿酒瓶，另一手要托住手臂；对主人的敬菜，头一二次要推让，第三次才接受；拒绝别人的敬酒是不礼貌的，如不能喝，就在杯中剩一点酒。韩国人原谅醉酒的人；不能把盘中的菜吃得很干净，否则是对主人的不敬；有长辈在场，不能抽烟，不能戴墨镜。接受物品时要用双手，不当面打开礼物。韩国人喜欢单数，不喜欢双数。礼金要用白色的礼袋，而不是红色的。当你去韩国人家里做客时，必须要脱鞋，不脱鞋是一种非常无礼的表现。韩国人的生活离不开地板，他们坐在地板上，还经常在地板上睡觉。韩国人无法容忍家里的地板变脏。如果外国游客穿着鞋进入他们的客厅，他们会认为这些人是一群未开化的野蛮人。

2. 当地货币参考汇率为人民币：韩币 =1：160。

3. 时差：韩国时间比北京时间快 1 小时。

4. 从 2012 年 1 月 1 日起，对年满 17 周岁，进入韩国的外国游客，在入境韩国时必须按指纹留档案。根据《韩国出入境管理法》的规定，任何人如果拒绝提供指纹和面部拍照，将被拒绝入境。

5. 韩国的饭店在设施及服务各方面均达到国际水平，其种类繁多，价格随所处地区、级别而各有不同。所有观光饭店均按设施、规模、服务质量分为四个等级。

（1）五花特一级（五花 A 级）为金黄色无穷花五朵。

（2）五花特二级（五花 B 级）为绿色无穷花五朵。

（3）一级（四花级）为绿色无穷花四朵。

（4）二级（三花级）为绿色无穷花三朵。

6. 电压：韩国电压一般为 110 伏或 220 伏，一般酒店都可采用 220 伏和 110 伏的电源（中国电压为 220 伏），房间内的插头多为两头圆脚插座，请自备转换插头。酒店亦提供借用转换插头，但数量有限。如向酒店借用，请退房时务必当面退还。

7. 韩国人喜欢泡菜，口味偏辣，多以烧烤方式烹煮食材，注重食材新鲜。喜吃火锅、生鱼片、冷面，菜中少油水。如果在韩国用餐不习惯，可根据口味适当带些榨菜等小食品。

8. 语言：韩语为行政用语，华人华侨亦通普通语。韩国人的英语普遍比较差。

9. 紧急电话服务：匪警 112，紧急处理 129，火灾及救急车 119，询问电话号码 114。

### 知识链接 5：韩国游领队工作重点

（1）韩国的入境手续稍微复杂，需要填写的卡（或表、单）有 3 张，要提前填写好，对年满 17 岁，进入韩国的外国游客，在入境韩国时必须按指纹留档案。济州岛是免签的，手续相对简单点。

（2）行前说明会上重点提醒游客在韩国旅游，注意其风俗禁忌。

（3）韩国的饮食具有特色，团餐尚可，可以多向游客介绍，提高游客的满意度。

（4）和地陪协调沟通，正确处理在韩国购物项目。

（5）协助游客办理购物退税事项。

**小情景**

工作人员：您好，请问需要韩国入境卡吗?

领队：是的，需要，我们是一个旅游团的，我的游客坐在我后面三排。

工作人员：好的，你们团队共有多少个人?

领队：一共 30 人。

工作人员：好的，我给您 30 张入境卡，请您清点下。

领队：好的，谢谢。

想一想：这样的对话场景，一般发生在什么地方?

## 五、评价和提升

学生互评：每组模拟后，派代表再次把本组带团过程中出现的意外问题处理步骤和措施完整陈述一遍，便于大家加深印象，系统掌握。

小组互评：指出模拟中不尽完善的地方，有利于大家一起得到提升。

教师评价：结合自身丰富的理论知识和实际工作经验，对学生模拟进行点评，总结整体存在的问题，提出解决方案，指出哪些方面需要锻炼及如何锻炼。然后结合学生具体情况予以个性化点评指引，使学生的认识进一步深化，从知其然走向知其所以然，从技术实践知识走向技术理论知识，最后师生一起总结本条线路领队工作重点。

**趣味讨论**

韩国的整形技术高超，整形美容成为韩国人的大众时尚，你对整形是什么态度？有多少了解？

**领队日记**

**韩国济州岛之旅**

2014 年 8 月 19 日晚上，我踏上了韩国济州岛之旅，这次带领的游客有 32 人。印象深刻的原因有两个。第一，这是我第一次去韩国，第二，这次是济州岛包机之旅，整个包机一共 5 个团队，都是 × × 国旅的团队，我们 5 个领队当中，3 个是 × × 国旅日韩线的专职领队，2 个是大学老师，在整个过程中，我们协调合作，非常愉快。

出发前，我做好了各个方面的准备工作，包括提前拿到韩国入境卡、行李申报单、健康申报表，并一一让游客填写好。虽然之前没有去过韩国，但是我对韩国的信息了解颇多，又提前做了准备，所以，出发带团时，感觉很轻松。记得包机是 20 日凌晨 2 点多起飞的，飞到济州岛时，已经是当地时间 6 点多了，一切很顺利，团队入境韩国济州岛，在机场与济州岛地陪房先生会合，开始了第 1 天的行程。在这里，我想特别说明一下，当时的地陪房先生是一个 50 多岁的老导游，从事导游行业已经有 20 多年了，有礼貌，但全程没有讲解，每天只会重复简单的行程，让人有点失望。

第 1 天到达济州岛后，我们先去享受韩式桑拿“汗蒸幕”，这是韩国最具代表性的传统蒸汽浴，有 600 多年的历史，停留了 4 小时，让大家可以休息一下，然后再去吃午餐。下午去参观泰迪熊动物王国，里面有很多动物造

型，可爱至极，然后再去“神奇之路”，晚上用完晚餐后，观看了韩国非常火爆的“乱打秀”表演。随后入住酒店。

第2天早上，在酒店用完自助早餐后，出发至“药泉寺”游览，然后去“将军岩”，它也是著名的“济州偶然小路”的一个出发点，景色优美，我们可以休闲地漫步1小时。下午去了中文海水浴场，游客可以自由地在沙滩玩耍。

第3天的行程是世界自然遗产——城山日出峰，这确实是济州岛品质最高的旅游景点，需要用1小时走上观景台，周围景色非常迷人。吃完午餐后，主要活动是进购物点购物。

第4天，用完早餐，我们先去了龙头岩参观，然后把游客送到济州岛最大的免税店——新罗免税店，让游客自由选购免税商品，晚上乘搭飞机返回广州，结束行程。

总体来讲，济州岛之旅还是很顺利和成功的，就是地陪的讲解不尽如人意，我及时在车上做了一些补充讲解，才令游客满意。很多游客去韩国旅游，都会购买很多物品，领队一定要提醒他们打包行李、托运，每人只能免费托运一件行李，重量不能超过20千克，这样可避免产生一些不必要的麻烦。

（卢志海　广东农工商职业技术学院）

**【思考与练习】**

一、选择题

1. 韩国的国兽是（　　）。

A. 狮　　B. 虎　　C. 豹　　D. 马

2. 韩国被誉为千年王都和“没有围墙的文化博物馆”的地方是（　　）。

A. 光州　　B. 原州　　C. 金州　　D. 庆州

3. 汉拿山最高峰位于韩国的（　　）。

A. 仁川　　B. 济州岛　　C. 釜山　　D. 庆州

二、判断题

1. 韩国的单一民族是朝鲜族。“五大姓”是金、李、朴、崔、郑。（　　）

2. 釜山，是韩国最大的海港、第二大城市、对外贸易的门户。（　　）

3. 景福宫位于韩国首都汉城（今首尔），是一座著名的古代宫殿，是李朝始祖——太祖李成桂于1394年开始修建的。（　　）

三、问答题

1. 为什么说韩国人是“活在泡菜缸里的人”？

2. 韩国传统服饰的特点是什么？

**【参考答案】**

一、选择题

1. B　2. D　3. B

二、判断题

1. √　2. √　3. √

三、问答题

1. 因为韩国泡菜是韩国人生活饮食中的必备配菜，韩国人一日三餐中都有泡菜。泡菜甚至超越了美食的范畴，上升到文化品牌的地位。

2. 韩服是从古代服饰演变而来的韩国民族的传统服装，长衣短袄，胸前布带打结，优雅且有品位，是韩国的传统服装，也是韩国优秀的传统文化之一。一般来说韩服的线条兼具曲线与直线之美，尤其是女式韩服的短上衣和长裙上薄下厚，端庄娴雅。男性以裤子、短上衣、背心、马甲显出独特的品位。白色为韩服基本色，根据季节、身份不同，材料和色彩有所不同。

# 项目三 中长线领队工作

## 任务一 “中东非”游领队工作

### 学前导语

中东和非洲虽然是两个不同的地域，但两者之间却有着千丝万缕的关系，中东在地理位置上是指亚洲西部和非洲东北部的地区，包括西亚部分地区和非洲埃及。因此，旅行社也经常会把中东的阿联酋联合非洲北部的埃及一起组合成旅游线路，在领队服务中就自然产生了“中东非”游领队工作了。中东是当今世界政治、经济和军事相对敏感的地区之一，大多数国家都是伊斯兰国家，具有浓郁的宗教色彩；非洲拥有的沙漠面积最大，地理环境复杂，气候多变，文化差异大。这些因素对“中东非”游的领队工作是很大的挑战，因此，“中东非”游的领队比起其他地区的领队需要更为丰富的经验、灵活的应变能力、较强的心理素质和较好的身体素质。

### 知识目标

（1）掌握“中东非”国家概况知识，“中东非”游的经典线路和领队工作的基本程序与服务技巧。

（2）掌握“中东非”各国经典线路容易出现的意外问题和领队工作重点。

### 能力目标

（1）提高调研、资料分析及总结的能力。

（2）提高领队的讲解技能。

### 情感目标

（1）培养细心、周密的工作作风和良好的工作习惯。

（2）培养领队的安全意识、时间意识、保险意识。

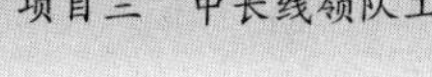

## 活动 1　阿联酋游领队工作

**案例导入**

小张是广州某国际旅行社的一名专职领队，从事东南亚领队工作已经3年了，隶属公司的东南亚组。因为小张具有一定的领队工作经验，公司决定把小张调进“中东非”组，带领“中东非”游的团队。“阿联酋·《速度与激情7》阿提哈德塔尖漫步皇牌美食6天”将是小张带的第一个“中东非”游团队，虽然小张已经具有较丰富的领队经验，但是他还是想提前做好阿联酋游的充分准备，因为这毕竟是他第一次去阿联酋，他觉得“中东非”游的领队工作和东南亚的领队工作还是有一定差别的。

**想一想**

如果你是小张，你会从哪些方面去做准备工作呢？

### 一、资讯

**教师指导**

制定清晰的教学目标，指导学生掌握阿联酋游领队工作知识和技能，告知学生获取相关资讯的方式（包括网络、旅行社门店、资深人士等）。

**学生实操**

搜集各大旅行社旅游门店的宣传单和网站上推出的“中东非”游主要线路；通过网络查找和请教资深人士获取主要旅游线路的相关信息；搜索各旅游线路的旅游攻略。

**相关资料**

**阿联酋概述**

阿拉伯联合酋长国，简称为阿联酋，位于阿拉伯半岛东部，北濒波斯湾，西北与卡塔尔为邻，西和南与沙特阿拉伯交界，东和东北与阿曼毗连，是由阿布

扎比、迪拜、沙迦、哈伊马角、富查伊拉、乌姆盖万和阿治曼7个酋长国组成的联邦国家，首都阿布扎比。

阿联酋本地居民为阿拉伯人，居民大多信奉伊斯兰教。阿联酋是一个以产油著称的西亚沙漠国家，有“沙漠中的花朵”的美称。截至2014年10月，阿拉伯联合酋长国人口约840万，外籍人口约占88.5%，主要来自印度、巴基斯坦、孟加拉、菲律宾、埃及、叙利亚、伊朗、巴勒斯坦等国。

阿联酋是伊斯兰国家，信仰伊斯兰教，但国家实行对外全方位开放的政策，对外国人在衣食住行等方面没有太多的限制，某些超级市场的指定区域可以买到猪肉，基本可满足居住在阿联酋的各国人士的需求，值得注意的有以下几点。

当地每年一次的斋月期间，在日出后和日落前，不许在公共场所和大街上喝水、吸烟、吃东西，当地绝大多数的餐馆和饮品店在这个时期关门停业。

斋月期间，女士们要尽量注意穿长袖衣服和长裤，不要太暴露。大多数公司也会建议前台接待处的女职员穿上相对保守一些的服装。

除在寓所或饭店的客房酒吧内可以喝酒外，其他任何公共场所均不许喝酒。

在与当地人交往中，与男士谈话不能主动问及其夫人的情况，与妇女交往只能简单问候几句，不能单独或长时间地与她们谈话，更不能因好奇而盯住她们的服饰看，也不要给她们拍照。

一般阿拉伯家庭仍是席地用餐，用手抓食，在他们传统观念中，右手是干净的，左手是不洁的，故吃饭时必须用右手将食物直接送进口里。在待人接物方面，譬如递送东西给他人（端水、递茶），或者是接别人递送过来的东西时，必须要用右手，否则就是极大的不恭敬。因此做客时最好入乡随俗。

阿联酋国内节假日较多，还有长达一个月的斋月，虽然斋月期间仍旧工作，但办事效率比平常低。因此，访问或做生意、办展览要尽量避开当地的节假日。

阿联酋美食首选是美味的阿拉伯菜，特别的调味料、烤全羊、用树叶包裹的米饭，以及阿拉伯烤馕等各具特色。

阿布扎比酋长国是阿拉伯联合酋长国7个酋长国中最大的一个，包括大约200个岛屿。城市主要有首府阿布扎比市、东部省省府艾因和西部省省府扎耶德城。阿布扎比市内高楼林立，其高度和造型都让人叹为观止。市中心公园有巨大的喷水池，市区各个角落布满清真寺，其建筑小巧玲珑，各有特色，较大的清真寺一般附设经文学校。规模最大的是阿布扎比的谢赫扎伊德清真大寺，它是一座具有阿拉伯建筑风格及现代化设施的宏伟建筑。阿布扎比市内有几处皇宫，引人注目的是扎耶德酋长居住的曼哈官及其西邻的西宫。除此之外，还有阿莱因国家博物馆、八星级阿布扎比阿联酋皇宫酒店和法拉利主题公园等著名旅游景点。

迪拜从面积上计算是继阿布扎比之后的第二大酋长国。同时又是阿联酋中人口最多的酋长国。迪拜的经济实力在阿联酋也排第一，阿联酋约70%的非石油贸易集中在迪拜，所以习惯上迪拜被称为阿联酋的“贸易之都”，也是中东地区的经济和金融中心。迪拜拥有世界上第一家七星级酒店（帆船酒店）、世界最高的摩天大楼（哈利法塔）、全球最大的购物中心、世界最大的室内滑雪场。重要的贸易港口和金融中心的地位为迪拜带来了巨大的财富，迪拜几乎成了奢华的代名词。伴随着众多产业庞大的建设开发，迪拜以其活跃的房地产、赛事、会谈等近乎世界纪录的特色吸引了全世界的目光。在亚特兰蒂斯酒店，人们可以在房间里欣赏海下的生物与世界，可与鱼群“共眠”。迪拜还拥有总投资超15亿美元的世界最高的建筑哈利法塔，原名迪拜塔，又称迪拜大厦或比斯迪拜塔，162层，总高828米，比台北101大楼足足高出约320米。该项目于2010年1月4日竣工并启用。此外，迪拜新增“公主塔”，“公主塔”有107层，包括6层地库，于2012年9月12日正式交付使用。另外，迪拜遍布清真寺。

沙迦酋长国是仅次于阿布扎比和迪拜的阿联酋第三大酋长国，面积2 590平方千米。沙迦是阿联酋7个酋长国中唯一一个在阿拉伯海湾及阿曼湾均有海岸线的酋长国，首府是沙迦市。沙迦市是沙迦酋长国的政治、经济和文化中心，也是沙迦酋长国王室及主要政府部门的所在地。沙迦是中东地区的文化名城，而著名的古兰经纪念碑广场则是沙迦的文化中心。1998年，联合国教科文组织特授予沙迦“阿拉伯世界文化之都”的称号，以表彰其在文教领域的突出成就。

阿治曼，位于波斯湾沿岸，是阿联酋最小的成员国。阿治曼市为阿治曼酋长国的首府。

## 二、决策

**教师指导**

将大家搜集来的资讯进行汇总、比较，带领学生一起分析各家旅行社线路的优缺点，给出一条参考线路。

**学生实操**

选取一条有代表性的线路，进行小组内角色分配（教师掌握学生进度和分工情况）。

### 知识链接1：经典中东游线路推荐

【迪拜迷情】亚斯岛梦幻世界4F 6天　贵宾

【迪拜迷情】梦幻绝靓沙漠城堡皇宫尊豪游4F 6天　贵宾

【迪拜迷情】亚斯岛梦幻世界皇牌美食·上塔2F 5天　贵宾
【迪拜尊雅】黄金豪情·皇宫巡礼2F 8天　贵宾
【迪拜尊雅】七星帆船酒店·奢餐·水上乐园2F 6天　贵宾
【旅展+1】迪拜空中巨无霸A380超值体验·棕榈岛亚特奢餐2F 5天　精选B
【旅展+1】迪拜皇牌美食超值体验波斯湾观光游轮2F 5天　贵宾
【旅展】埃及迪拜4F 10天　精选A

### 知识链接2：参考线路

**【迪拜迷情】阿提哈德塔尖漫步之皇牌美食（水玫瑰餐厅+上塔）2F 6天贵宾（广州往返）**

第1天：广州（飞机）→迪拜。

行程说明：当日于指定时间（正常是21：00）与领队在广州白云国际机场集合乘坐阿联酋航空公司豪华客机直飞迪拜。迪拜时间约次日4：45（北京时间约8：45）抵达阿联酋航空专用第三航站楼（其他航空公司只能进入第一航站楼）。迪拜入境时，根据规定必须前往指定地点照眼膜（约30分钟），游客请配合领队一同前往，以免耽误大家时间。

用餐：早、午、晚餐自理。

住宿：飞机上。

第2天：迪拜（汽车）→（首都）阿布扎比，约250千米，单程约3小时。

行程说明：清晨抵达机场，稍作休息，与地陪会合，前往阿联酋首都——阿布扎比。参观世界上最奢华的谢赫扎伊德清真大寺（约1小时），车游阿联酋酋长皇宫（因安保禁止下车及拍照）。特别进入被誉为世界上唯一的“八星级酒店”阿布扎比阿联酋皇宫酒店享用奢华自助午餐以及入内参观（价值130美元/人）。

下午参观民族文化村（约30分钟），车游首都之门、国会大厦、阿达尔总部大楼、阿布扎比扎伊德大桥以及文化雕塑广场；前往萨迪亚特岛，遥望国家博物馆以及阿布扎比卢浮宫。前往“沙漠珍珠”亚斯岛，外观全球首家法拉利主题乐园以及全球最大的亚斯水世界乐园（约5分钟），遥望亚斯游艇俱乐部以及横跨在世界一级方程式F1亚斯码头赛道的亚斯岛奢华酒店，前往世界第二大免税殿堂：阿布扎比亚斯岛商场自由购物（约1小时），晚餐自理。

前往酒店办理入住手续，参观阿提哈德酒店300米阿布扎比至佳观景台，开放时间为10：00—18：00，随后自由活动，尽享奢华酒店各种豪华设施。

用餐：早、晚餐自理，包含午餐。

住宿：《速度与激情7》拍摄地——阿提哈德酒店。

第3天：阿布扎比（约200千米，汽车约2.5小时）→沙迦/阿治曼（汽车）→迪拜。

行程说明：早上在阿提哈德酒店屡获殊荣的水玫瑰自助餐厅享用早餐，在附设的宽敞露台欣赏阿拉伯海湾迷人景色。上午前往被评为“阿拉伯世界文化之都”称号的沙迦酋长国，参观文化广场（约5分钟），参观沙迦或民俗博物馆（约30分钟），参观阿治曼酋长国海滨（约20分钟），参观火车头黄金手工艺品市场（约1小时）。外观古兰经纪念碑以及法萨尔王清真寺（约15分钟），车游沙迦酋长皇宫（安保原因禁止下车及拍照）。中午特别安排享用阿拉伯特色自助午餐，满足味蕾的新鲜追求！

下午返回酒店休息，后自由活动。

自由活动期间推荐参加迪拜最具特色休闲项目——沙漠冲沙（自费75美元/人）：参考时间15：30—21：30，含烧烤晚宴。

用餐：包含早、午餐，晚餐自理。

住宿：阿联酋大厦钢笔酒店。

第4天：迪拜。

行程说明：早上特别进入被誉为世界上唯一的“七星级”迪拜帆船酒店享用奢华早餐以及入内参观（价值130美元/人）。车游绿茵豪宅区、茱美拉清真寺、迪拜酋长皇宫（安保原因禁止下车及拍照）。参观迪拜博物馆（约45分钟），乘坐传统水上的士（约5分钟），前往世界最大的室外黄金集市及香料市场自由购物（共约1小时）。进入迪拜游艇区，外观堪称全世界最高最“拧巴”的卡延塔（约5分钟），车游迪拜海滨城。乘坐世界最先进的无人驾驶轻轨俯瞰被誉为“世界第八大奇迹”的棕榈岛，全方位游览各式豪华建筑群，满足感官上的视觉新体验，进入耗资高达15亿美元的被誉为“六星级”著名的亚特兰蒂斯酒店，于万花筒餐厅享用自助午餐及参观失落海底世界大水族馆（价值100美元/人）。

下午返回迪拜，前往世界第一大免税殿堂：迪拜商场（是日下午至21：30集合返回酒店休息前均在此区域自由活动），商场内有世界最大的室内黄金集市以及世界最大的水族馆（外观免费，如需进入通道需排队购票）。商场门口即可欣赏世界最高最大的音乐喷泉，遥望世界最高的迪拜哈利法塔，跨过观光桥梁还可以发现“阿拉伯城堡集市”，商场内有大量国际知名餐厅，你可在此尽享闲情一刻！

特别乘坐世界最快最高电梯登世界最高的哈利法塔124层观景台，俯瞰整个酋长国沙漠城市风光（价值80美元/人）。指定时间返回酒店休息。

用餐：包含早、午餐，晚餐自理。

住宿：阿联酋大厦钢笔酒店。

第5天：迪拜游全天自由活动，不含午、晚餐。

行程说明：早上睡到自然醒，自由享用酒店自助早餐（不用餐不退费）。迪拜拥有国际一流的交通配套系统，出租车一般单程收费人民币40～80元/车，出发前向领队咨询路线以及报备行程，请务必注意安全，希望您在迪拜玩得开心！

自由活动建议如下。

（1）前往世界第一大免税殿堂：迪拜商场，这里一天绝对是逛不完的。

（2）前往世界第三大免税殿堂：阿联酋商场，拥有世界最大室内滑雪场，因游客较少，商品货源也更充足。

（3）前往迪拜六国城商贸商场或迪拜折扣商场。

(4) 各种特色休闲自费项目：私家游艇出海、水上观光飞机、直升机观光、骑马、射箭、高尔夫、热气球等。

(5) 尽情体验舌尖上的迪拜，更多时间自费前往各种奢华知名酒店享用自助餐，如哈利法塔122层氛围餐厅喝下午茶。来自世界各地的不少米其林餐厅也汇聚在此，各种高中低档特色餐厅随君选择，只要你想得到的，这里基本都能找得到。

用餐：包含早餐，午、晚餐自理。

住宿：阿联酋大厦钢笔酒店。

第6天：迪拜（飞机）→广州。

行程说明：享用钢笔酒店奢华自助早餐（正常可享用。如因航班原因无法用餐，则改为外带早餐，敬请谅解）。乘车前往迪拜机场，享受阿联酋航空专用第三航站楼世界级免税购物乐趣。乘坐是日早上迪拜时间约10：55豪华客机返回广州。是日于北京时间约21：45抵达广州白云国际机场，至此结束阿联酋奢华游美好时光。迪拜签证不需要销签，抵达后由游客自己收回护照即可。

用餐：包含早餐。

住宿：无。

## 三、计划

**教师指导**

进行知识的解构和重构。从领队工作岗位出发，结合本条线路，提取各环节需要掌握的相关知识、可能出现的意外问题及处理办法，重构为一个完整的工作过程，并简要讲授给学生。

**学生实操**

分析本条带团线路，总结本条线路容易出现的意外问题和领队工作重点。

### 知识链接3：阿联酋游领队工作流程要点

(1) 阿联酋游领队准备工作。

(2) 召开阿联酋游行前说明会。

(3) 办理广州白云国际机场出境手续。

(4) 办理阿联酋入境手续。

(5) 落实境外旅游接待事宜。

(6) 办理阿联酋离境手续。

(7) 办理回国入境手续。

(8) 散团及其他事宜。

## 四、实施和检查

根据实践导向的原则，体现“做中学”的教学理念，设计两个有互动性的实践活动。

### （一）行前说明会

**教师指导**

行前说明会形式、内容及重点。

**学生实操**

分组模拟行前说明会，在此过程中，学生应主动学习阿联酋游概况知识，包括民俗风情、海关规定、行程所涉及景点等，并研究行程，分析总结本条线路的注意事项（尤其是宗教和礼仪禁忌），确定工作重点，然后模拟召开说明会（其他组同学扮演游客）。

### （二）阿联酋游领队工作模拟

**教师指导**

（1）本条线路领队工作重点（和学生一起总结）。

（2）领队服务技巧。

**学生实操**

将本线路的领队工作进行细分，分解成多个工作情景，让学生进行模拟实操。

**工作情景实操1：广州白云国际机场集合和出境登机过程模拟**

实操说明和要求：把学生分为若干小组，分别扮演领队、游客、机场工作人员、空乘服务人员等角色，进行机场集合和登机过程模拟实操，小组角色可以轮流互换，让学生熟知领队机场集合和登机工作服务内容。

实操要点：（1）集合时，领队需要准备的物品，如导游旗、领队证和游客资料等。（2）集合完毕后，领队需要带领游客办理登机手续和行李托运，并把护照等相关证件派发给每个游客。（3）出境登机过程，带领游客过好“三关”，清点人数。（4）登机后的相关服务。

**工作情景实操2：迪拜机场入境过程模拟**

实操说明和要求：把学生分为若干小组，分别扮演领队、游客、迪拜机场工作人员等角色，进行迪拜机场入境过程模拟实操，小组角色可以轮流互换，让学生熟知领队带

领游客入境迪拜工作服务内容。

实操要点：（1）入境迪拜时，每个游客需要准备的物品，包括护照、迪拜电子签证。（2）入境迪拜时，需要每个游客照眼膜。（3）提示入境注意事项，包括不能对工作人员拍照和需要耐心等候，迪拜工作效率比较慢。（4）入境后，与地陪的会合工作。

**工作情景实操3：迪拜机场集合登车后，领队致欢迎词情景模拟**

实操说明和要求：把学生分为若干小组，分别扮演领队、游客、地陪和司机等角色，进行旅游车上致欢迎词的模拟实操，小组角色可以轮流互换，让学生熟知领队在迪拜境内如何致欢迎词。

实操要点：（1）致欢迎词前的工作。（2）欢迎词的5个必备要素。

**工作情景实操4：全程协调讲解和活跃气氛片段情景模拟**

实操说明和要求：把教室当作一辆旅游车，把学生分为若干小组，分别扮演领队、游客、地陪和司机等角色，进行领队旅游车讲解和娱乐活动模拟实操，小组角色可以轮流互换，让学生熟知领队在旅游车上的协调工作服务内容。

实操要点：（1）当你认为地陪讲解不够深入或者需要补充讲解时，才协调讲解，讲解前，要知会地陪，以示尊重。（2）挑选本条线路中最重要的景点进行简单介绍，模拟讲解当地旅游景点，培养讲解技能与技巧。（3）车上娱乐活动的形式多种多样，领队要适时调节和活跃气氛。

**工作情景实操5：特色餐饮介绍与日常巡餐情景模拟**

实操说明和要求：把教室当作一家餐厅，把学生分为若干小组，分别扮演领队、游客、地陪和餐厅工作人员等角色，进行特色餐饮介绍与日常巡餐模拟实操，小组角色可以轮流互换，让学生熟知领队如何进行特色餐饮介绍和日常巡餐。

实操要点：（1）特色餐饮介绍的内容要点。（2）什么时候巡餐、巡餐几次较为合理，以及巡餐时需要做什么。（3）巡餐时，必须每一桌游客都要照顾到，一视同仁。

**工作情景实操6：安排游客入住与分房技巧情景模拟**

实操说明和要求：把教室当作一间酒店，把学生分为若干小组，分别扮演领队、游客、地陪和酒店工作人员等角色，进行安排游客入住和分房模拟实操，小组角色可以轮流互换，让学生熟知领队如何协助地陪办理入住手续和如何合理分房。

实操要点：（1）办理入住酒店需要收齐游客护照。（2）分发房卡的技巧。（3）判断是否需要巡房。

**工作情景实操7：旅途中常见突发事件情景模拟，选取本线路最典型事件模拟实操**

实操说明和要求：选取阿联酋游最常见的突发事件进行情景模拟，比如"在参观阿布扎比的谢赫扎伊德清真大寺时，有游客穿着短裙该怎么办"，分别扮演不同的角色进行模拟，让学生熟知领队如何解决这种突发事件。

实操要点：（1）领队发现这种突发事件的反应。（2）合理处理事件的技巧和要点。

**工作情景实操8：迪拜全天自由活动的行程推荐与安排情景模拟**

实操说明和要求：迪拜游一般会安排一天自由活动，有很多项目供游客选择，地陪和领队一般会推荐游客自费参加迪拜沙漠冲沙一天游，包括四驱越野车冲沙、晚上烧烤晚餐和阿拉伯风情歌舞表演等项目。需要领队带领游客参加沙漠冲沙一天游，请学生模拟相关服务工作情景。

实操要点：（1）酒店的接送工作。（2）自由活动的安排协调。（3）领队与越野车司机的沟通合作。

**工作情景实操9：迪拜知名商场和奢侈品牌攻略展示**

实操说明和要求：很多游客去迪拜都会购买奢侈品牌商品，把学生分为若干小组，分别利用网络去搜索迪拜知名商场及其介绍和奢侈品牌及其介绍，然后分小组扮演领队角色向游客进行展示和介绍，让领队掌握更多有关知识，以便为游客提供相关服务。

实操要点：（1）攻略尽可能齐全。（2）介绍与展示的技巧把握。

**工作情景实操10：迪拜出境和入境中国过程模拟**

实操说明和要求：把学生分为若干小组，分别扮演领队、游客、地陪和迪拜机场工作人员等角色，进行迪拜出境和入境中国过程模拟实操，小组角色可以轮流互换，让学生熟知领队在迪拜如何出境和入境中国过程。

实操要点：（1）迪拜出境的行李托运和手续办理。（2）迪拜出境的过关检查。（3）入中国境内的提醒工作，比如禁止携带进入中国境内的物品。

**知识链接4：行前说明会参考要点**

（1）登记核实到来游客名单，并派发有关资料和礼品。

（2）自我介绍和欢迎游客参加说明会。

（3）介绍出发前需要准备的物品。

（4）简单介绍行程和提醒迪拜游的注意事项。

（5）强调出发集合的时间地点。

（6）自由提问环节。

**小资料**

**阿联酋游注意事项**

1. 游客应妥善保管个人随身的行李物品（特别是现金、有价证券以及贵重物品等）。

2. 根据中国海关总署的规定，旅客在境外购买的物品，在进入中国海关时可能需要征收关税。详细内容见中华人民共和国海关总署公告2010年第54号文件。

3. 阿联酋气候：阿联酋属热带沙漠气候。夏季（5—10月）炎热潮湿，气温在40～50 ℃；冬季（11月—翌年4月）凉爽宜人，气温在14～30 ℃，偶有大风或沙尘暴。全年降水量约100毫米，多集中在冬季。

4. 货币：阿联酋货币为迪拉姆（Dhs），是7个酋长国统一的货币。一个迪拉姆包含100费尔，迪拉姆汇率与美元直接挂钩，美元：迪拉姆=1∶3.67。

5. 电压为220伏，频率为50赫兹。

6. 时差：阿联酋的时间比北京时间慢4小时，如：北京时间为12：00时，阿联酋时间为8：00。

7. 治安：阿联酋是世界上治安较好的国家之一，但近年来由于外来人口增多，流动性大，偷盗和抢劫案件也偶有发生。因此外出时务必保管好自己的财物，一旦被盗或被抢应及时报案。

8. 阿联酋行为规范。

（1）在信仰方面，禁忌轻视真主的命令，禁忌崇拜偶像，否认圣行。穆斯林只能有一个崇拜偶像，就是真主。

（2）在社会行为方面，禁忌放高利贷、背盟爽约、强占他人财产、参与非穆斯林的宗教活动。

（3）在道德方面，禁忌淫、败坏他人名节、挑拨离间、搬弄是非等；一切按照古兰经中教义的范围来指导日常行动，任何违反教义的举动均视为叛逆，将按照教义给予惩罚。

（4）在饮食生活方面，禁食猪、马、骡、驴、狗、蛇、火鸡、自死肉、浮水鱼以及一切动物的血；禁食虎、狼、狮、豹、熊、象、猴、鹰、鹞等鸷鸟猛兽；禁吸鸦片，禁饮酒等。这也是古兰经中规定的穆斯林饮食范围和习惯等。

（5）在斋月任何人不得在公共场合进行饮食。

（6）在阿联酋不开放的酋长国，不得在住宿公寓阳台上晾晒内衣，不得穿暴露的服装在大街上行走露面，不得与当地的妇女打招呼和讲话。由于不知道具体的风俗和禁忌，被误抓进警局的外国人比比皆是。

9. 应急电话。

（1）中国驻阿联酋大使馆电话：00971－2－4434276。

（2）迪拜报警电话：999。

10. 根据当地法律规定，一律禁止游客对政府机构、王宫、军事安全要地、外国驻阿使领馆等敏感建筑进行拍摄，否则将遭受拘留或入狱等极其严厉的处罚。

### 知识链接5：阿联酋游领队工作重点

（1）阿联酋入境手续办理。阿联酋的签证是电子签，在入境阿联酋境内时，需要照眼膜，务必告知游客配合。

（2）行前说明会上重点提醒游客在阿联酋旅游，注意其风俗禁忌，因为阿联酋是伊斯兰国家，宗教禁忌比较多。

（3）如果夏天去阿联酋，因为当地夏天酷热，在出发前和旅途中，领队时刻应注意提醒游客注意防晒避暑。

（4）和地陪协调沟通，正确处理在阿联酋的自费项目。

（5）因为阿联酋是一个免税国家，所以购物一般不会产生退税的问题。

**小情景**

领队：您好！请问从广州飞迪拜的 EK363 航班的所有托运行李都出来了吗？

工作人员：您好，请稍等，我帮您查下。

领队：好的，谢谢。

工作人员：您好！EK363 航班上所有行李都出来了。请问有什么可以帮到您？

领队：是啊，但我团队中有一位游客在行李输送带上找不到他的托运行李了。

想一想：团队中有游客托运的行李遗失了，领队该怎么办？

## 五、评价和提升

学生互评：每组模拟后，派代表再次把本组带团过程中出现的意外问题处理步骤和措施完整陈述一遍，便于大家加深印象，系统掌握。

小组互评：指出模拟中不尽完善的地方，有利于大家一起得到提升。

教师评价：结合自身丰富的理论知识和实际工作经验，对学生模拟进行点评，总结整体存在的问题，提出解决方案，指出哪些方面需要锻炼及如何锻炼。然后结合学生具体情况予以个性化点评指引，使大家的认识进一步深化，从知其然走向知其所以然，从技术实践知识走向技术理论知识，最后师生一起总结本条线路领队工作重点。

**趣味讨论**

在类似阿联酋这样的阿拉伯国家中，他们的婚嫁习俗有哪些？

**领队日记**

**阿联酋迪拜 6 日游**

考取领队证后，我职业生涯中带的第一个出境团就是××国旅派给我的阿联酋迪拜6日游（香港地区往返）。虽然身为高级导游的我在国内带团的经验已经较为丰富了，但第一次带团出国，还是难免会有些紧张。接到派团任务后，我怀着既激动又紧张的心情，开始了带团前的准备工作，首先是自己上网查阅很多相关资料，包括线路行程、阿联酋概况、注意事项等，然后，找了在××

国旅做“中东非”线领队工作的同学帮忙详细介绍了一下阿联酋迪拜线路的带团流程和技巧，经过几天的准备，我终于胸有成竹，有信心能带好这个迪拜团了。

行前说明会安排在出发前3天下午于公司4楼会议室召开，我早早就来到等候我的客人。开会的时间到了，但还没有一位游客到达，我一一打电话过去询问，得知有2个家庭的成员没空过来开会，有1个家庭的代表正在赶过来，因为我的团队游客不多，主要由3个家庭组合而成，加上我才10个人。没有来的家庭，我在电话中简单跟他们说明了一些注意事项。最后赶过来的家庭代表，我也耐心地说明了相关事项。总体来讲，行前说明会顺利成功。

团队出发的日子是8月8日，很吉利的日子，因此印象很深刻。我们是先在广东省财政厅正门集中，坐公司的旅游大巴去东莞的太平码头，然后坐轮船到香港国际机场，再乘坐飞机去迪拜的。我的团队中由3个家庭组成，一个是一对父女，一个是一对夫妻，另一个是一家5口。而在一家5口那个家庭中，有拿加拿大护照的，有拿中国护照的，也有拿香港特别行政区护照的，也因为拿香港特别行政区护照的游客没有带回乡证，所以在办理登机手续时，遇到了一些阻碍。

我们在香港地区乘坐的是阿联酋航空公司的空客A380宽体机前往迪拜的，作为世界上最大的飞机，果然名不虚传，上下2层共800个座位，机舱的娱乐设施很先进。经过8小时的飞行，我们终于到达了迪拜国际机场，当时已经是晚上了。到达机场后，我带领着大家一起顺利入境迪拜，然后与当地导游会合，一起把游客送去酒店休息。这样就顺利地完成了我的第1天工作。

第2天：参观谢赫扎伊德清真大寺、迪拜人工岛，外观阿布扎比阿联酋皇宫酒店。

第3天：去沙迦，参观文化广场、沙迦博物馆、黄金市场。

第4天：迪拜自由活动——沙漠冲沙。

第5天：阿布扎比，卡延塔。

第6天：返回中国香港。

有了第一次的出境带团经验后，我每年都会带团出国，游客对我的评价也很高，我在享受快乐旅程的同时，也收获了不少其他有用的东西。我寄望未来的领队服务能够更加精益求精。

（卢志海　广东农工商职业技术学院）

**【思考与练习】**

一、选择题

1. 迪拜塔是世界第几高塔？（　　）

A. 第一　　B. 第二　　C. 第三　　D. 第四

2. 阿联酋与北京的时差是（　　）。

A. 3 小时　　B. 4 小时　　C. 5 小时　　D. 6 小时

3. 阿联酋的首都是（　　）。

A. 迪拜　　B. 阿布扎比　　C. 沙迦　　D. 阿治曼

二、判断题

1. 在斋月任何人不得在公共场合进行饮食。（　　）

2. 阿联酋是阿拉伯国家，信仰伊斯兰教，穆斯林吃饭用左手抓食。（　　）

3. 阿联酋货币为迪拉姆（Dhs），是7个酋长国的统一货币。（　　）

三、问答题

1. 为什么穆斯林不吃猪肉？

2. 去迪拜旅游，需要注意哪些禁忌？

**【参考答案】**

一、选择题

1. A　2. B　3. B

二、判断题

1. √　2. ×　3. √

三、问答题

1. 穆斯林不吃猪肉的原因是《古兰经》明文禁止穆斯林吃猪肉，认为猪肉是不洁的食物。

2. 迪拜是伊斯兰国家，有以下禁忌：一是穆斯林不吃猪肉；二是在斋月期间，日出后和日落前不许在公共场所和大街上喝水、吸烟、吃东西，餐厅和饮品店在这段时间关门停业；三是不能对着女性穆斯林拍照。

## 活动 2　南非游领队工作

**案例导入**

南非有“彩虹之国”的美誉，不但拥有美丽的自然和人文风光，还是购物者的天堂。在购物中心，游客可以买到波斯羊皮外套、鳄鱼皮包、古董、编织毯以及用钻石和其他宝石精心制作的饰品。其中最受游客欢迎的是非洲艺术品和钻石。钻石看上去虽然令人怦然心动，购买时却要注意甄别品质。卢导是多年从事非洲游领队工作的老领队，对非洲的艺术品和钻石等名贵物品了解甚多，每次当游客需要咨询或购买时，卢导总可以为游客排忧解难，赢得游客的赞赏。

想一想

如果你是南非游领队，你觉得要怎样做好游客的导购工作？需要掌握什么原则？

## 一、资讯

**教师指导**

制定清晰的教学目标，指导学生掌握南非游领队工作知识和技能，告知学生获取相关资讯的方式（包括网络、旅行社门店、资深人士等）。

**学生实操**

搜集各大旅行社旅游门店的宣传单和网站上推出的南非主要线路；通过网络查找和请教资深人士获取主要旅游线路的相关信息；搜索各旅游线路的旅游攻略。

相关资料

### 南非概述

南非共和国，简称南非，地处南半球，有“彩虹之国”之美誉，位于非洲大陆的最南端，陆地面积为121.9万平方千米，其东、南、西三面被印度洋和大西洋环抱，陆地上与纳米比亚、博茨瓦纳、莱索托、津巴布韦、莫桑比克和斯威士兰接壤。东面隔印度洋和澳大利亚相望，西面隔大西洋和巴西、阿根廷相望。其西南端的好望角航线，历来是世界上最繁忙的海上通道之一，有“西方海上生命线”之称。

南非是非洲第二大经济体，国民拥有较高的生活水平，南非的经济发展相比其他非洲国家是相对稳定的。南非的财经、法律、通信、能源、交通业较发达，拥有完备的硬件基础设施和证券交易市场，黄金、钻石生产量均占世界首位。深井采矿等技术居于世界领先地位。在国际事务中南非已被确定为一个中等强国，并保持显著的地区影响力。

南非拥有三个首都：行政首都（中央政府所在地）为茨瓦内，司法首都（最高法院所在地）为布隆方丹，立法首都（议会所在地）为开普敦。截至2012年，南非共有人口5 177万，分黑人、有色人、白人和亚裔四大种族，分别占总人口的79.6%、9%、8.9%和2.5%。

由于长久以来的种族原因，南非社交礼仪可以概括为“黑白分明”“英式为主”。所谓“黑白分明”是指受到种族、宗教、习俗的制约，南非的黑人和白人所遵从的社交礼仪不同；“英式为主”是指在很长的一段历史时期内，白人掌握南非政权，白人的社交礼仪特别是英国式社交礼仪广泛地流行于南非社会。

南非的鸵鸟肉排是其特色风味美食，另外还有草原特色菜以及可与意大利美食媲美的玉米食品。在沿海城市，品尝海鲜也是件惬意的事情。在印度移民聚居地，人们也可品尝到具有异国情调的食品和南非特色烤肉，很多小商店都出售可供游客品尝的烧烤肉类。南非的烹饪随着欧洲移民、马来族及印度人的到来，逐渐形成了多样融合的烹饪艺术，尤以芳香浓郁的咖喱料理、慢炖拼盘、传统佳肴及本土烧烤最为出名。

南非是一个自然环境和气候条件都比较好的国家，而且黄金、金刚石的储量和产量均居世界第一位。“种族隔离”政策已成为历史，现在所呈现的是一个瑰宝般的新天地，各种不同背景文化百花齐放，也是非洲经济最发达的国家。南非有良好的道路系统、豪华五星级的住宿，完善的旅行服务设施。从旅游资源来看，从国家公园到私人的狩猎保留区，从自然生态保护区到广袤的原野，从动物景观到植物景观，应有尽有。另外，南非本地出产的酒，在国际上大名鼎鼎。

南非旅游四季皆宜。冬季（6—8 月）更加干爽、清凉，是理想的远足和户外探险的时节。在这个季节，丛林不那么茂密，而口渴的动物会聚集在水源地周围，正好让你大饱眼福，因此冬季是观察野生动物的最佳季节。夏季（12 月—翌年 2 月）会带来雨水和迷雾，在低洼地区会出现令人不舒服的炎热天气。在印度洋沿岸是典型的热带气候，闷热难耐，湿度非常大。比天气更值得注意的是学校假期。从 12 月中旬到第二年 1 月，南非一波又一波的度假游客，如同潮水般从城市汹涌而出，与来自欧洲和北美的游客汇成一股度假“洪流”。绝对高峰是在圣诞节到翌月中旬期间，复活节假期紧随其后。届时在旅游区和国家公园，所有住宿酒店全部爆满，同时价格增长一倍有余。春季（9 月—11 月）和秋季（3—5 月）几乎所有地方，旅行条件都非常理想。春季的北开普敦地区被广阔原野鲜花覆盖，是观光的最好时机。

约翰内斯堡是南非共和国最大的城市，位于东北部瓦尔河上游高地上，海拔高度为 1 754 米。它成立于 1886 年，原是一个探矿站，随着金矿的发现和开采，发展为城市。它地处世界最大金矿区和南非经济中枢区的中心。附近 240 千米地带内有 60 多处金矿，周围还有众多工矿业城市，合占南非工业总产值一半左右。主要景点有太阳城、金矿城、兰德精炼厂和克鲁格国家公园。

茨瓦内，又名比勒陀利亚、茨瓦尼或茨瓦纳，是位于南非豪登省北部的城市，亦是南非的行政首都。南非总统府位于这个城市，各国使馆亦集中于此城

的使馆街，所以事实上茨瓦内是南非的政治决策中心。城市建于1855年，原先以布尔人领袖比勒陀利乌斯的名字命名，2005年更名为茨瓦内。市内种满不同的花草树木，故又有“花园城”的美誉。

开普敦，是南非第二大城市，南非立法首都，西开普省省会，开普敦都会城区的组成部分。开普敦以其美丽的自然景观及码头而闻名于世，知名的地标有被誉为“上帝之餐桌”的桌山，以及印度洋和大西洋的交汇点——好望角。

## 二、决策

**教师指导**

将大家搜集来的资讯进行汇总、比较，带领学生一起分析各家旅行社线路的优缺点，给出一条参考线路。

**学生实操**

选取一条有代表性的线路，进行小组内角色分配（教师掌握学生进度和分工情况）。

### 知识链接1：经典南非游线路推荐

【旅展】南非精彩游4F 8天　精选B

【观鲸鱼+紫薇花】新·南非豪华游贵宾4F 8天　精选B

【旅展】南非入住太阳城豪华游4F 8天　精选A

### 知识链接2：参考线路

**新·南非豪华游贵宾4F 8天 精选B（中国香港地区往返）**

第1天：深圳码头/东莞码头（轮船）→中国香港（飞机）→约翰内斯堡。

贴心安排“+1元”即可赠送广东省财政厅至香港国际机场去程交通。

行程说明：不加收1元，游客是日在指定时间（参考时间17：30）到达指定集中地（深圳码头/东莞码头出境厅）集中，后搭乘（参考时间18：30）的船前往中国香港的码头进入机场（约45分钟，含船费），后乘豪华客机飞往南非第一大经济都市约翰内斯堡，夜宿机上。

用餐：早、午、晚餐自理。

住宿：飞机上。

第2天：约翰内斯堡（汽车）→茨瓦内（汽车）→太阳城。

行程说明：清晨抵达约翰内斯堡，导游于机场接机；将驱车前往南非行政首都——茨瓦内市区观光：联合大厦（途经参观）、市政厅（途经参观）、教堂中心广场（途经参观）。午餐后前往南半球最大的娱乐城场所——太阳城（位于南非第一大城市约翰内斯堡的西北方187千米处，约2小时车程。三面环山，苍翠的热带雨林中掩映着金碧辉煌的建筑，猴子在林中嬉戏，鸟儿在塔楼间盘旋，宛如一座和谐美好的人间天堂）。这是多届世界小姐选美比赛的所在地，拥有令人叹为观止的建筑杰作；晚餐后入住太阳城附近的非洲茅草顶屋特色酒店。

用餐：早餐自理，包含午、晚餐。

住宿：非洲茅草顶屋特色酒店。

第3天：太阳城（汽车）→约翰内斯堡（飞机）→开普敦。内陆航班待定，飞行时间2小时。

行程说明：早餐后乘车进入位于太阳城附近的比林斯堡动物保护区；后返回约翰内斯堡（车程约2.5小时）；前往钻石加工厂，了解南非的钻石的相关知识；午餐后前往2010年世界杯比赛场地南非最大的球场——足球城体育场外参观；下午前往机场搭乘南非内陆航班飞往素有南非“母亲城”之称的开普敦；地陪于机场接机；抵达后送酒店休息。

用餐：包含早、午餐，晚餐自理。

住宿：开普敦酒庄特色酒店。

第4天：酒庄之路（汽车）→荷兰小镇（汽车）→开普敦。

行程说明：酒店早餐后参观著名的“Vredenheim庄园”，由专人带领到园内参观，了解酒类历史文化，品尝美酒；安排在酒店或附近西餐厅享用正宗西式午餐，品尝美味佳肴。沿风景秀丽的南非酒庄之路（Wine Route）前往南非美丽的荷兰小镇——斯特伦堡（约80千米，车程约1小时）后再返回开普敦。前往信号山，观开普敦市容与日落。中式晚餐后送至酒店休息。

用餐：包含早、午、晚餐。

住宿：开普敦四星酒店。

第5天：开普敦（汽车）→赫曼纽斯（汽车）→鲸鱼湾→开普敦，车程约2小时。

行程说明：酒店早餐后沿海滨大道前往赫曼纽斯看鲸鱼（游客可选择自费乘船出海观鲸）。下午返回开普敦外观南非开普敦的绿点球场（Green Point Stadium），该球场是2010世界杯的半决赛场地。晚餐后入住酒店休息。

用餐：包含早、午、晚餐。

住宿：开普敦四星酒店。

第6天：开普敦（汽车）→好望角（汽车）→开普敦。

行程说明：酒店早餐后，徜徉在开普敦别具特色的街道中，令人心旷神怡；之后驱车前往大西洋沿岸的豪特湾，乘游轮前往海豹岛（乘船游览，约45分钟，视天气情况而定）；后前往企鹅海滩（入内参观约45分钟）；中午品尝中式原只龙虾餐；随后前往非洲大陆最南端的“天之涯、海之角”——好望角自然保护区（入内参观约1.5小时，不含缆车）；后前往南非艺术品中心参观（约1.5小时）；南非旅游局特别安排招待晚宴——再见PARTY（特别品尝鸵鸟肉、鳄鱼肉、鲍鱼片中餐）；晚餐后入住酒店休息。

用餐：包含早、午、晚餐。

住宿：开普敦四星酒店。

第 7 天：开普敦（飞机）→约翰内斯堡（飞机）→中国香港。

行程说明：酒店早餐后前往机场，乘飞机飞往约翰内斯堡机场，后转乘飞机返回中国香港。

用餐：包含早餐。

住宿：飞机上。

第 8 天：中国香港。

行程说明：抵达香港国际机场，结束愉快行程（游客需将护照交回给领队以便销签之用）。

用餐：无。

住宿：无。

## 三、计划

**教师指导**

进行知识的解构和重构。从领队工作岗位出发，结合本条线路，提取各环节需要掌握的相关知识、可能出现的意外问题及处理办法，重构为一个完整的工作过程，并简要讲授给学生。

**学生实操**

分析本条带团线路，总结本条线路容易出现的意外问题和领队工作重点。

### 知识链接 3：南非游领队工作流程要点

（1）南非游领队准备工作。

（2）召开南非游行前说明会。

（3）注意本线路的交通工具，先是坐轮船到香港国际机场，再飞到南非，注意处理好中转航班衔接问题。

（4）办理南非入境手续。

（5）落实境外旅游接待事宜。

（6）注意南非内陆段的飞机手续办理。

（7）办理南非离境手续。

（8）办理回国入境手续。

（9）散团及其他事宜。

## 四、实施和检查

根据实践导向的原则，体现“做中学”的教学理念，设计两个有互动性的实践活动。

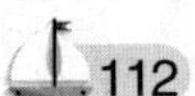

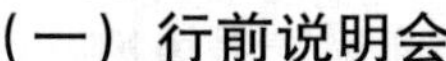

### （一）行前说明会

**教师指导**

行前说明会形式、内容及重点。

**学生实操**

分组模拟行前说明会，在此过程中，学生应主动学习南非游概况知识，包括民俗风情、海关规定、行程所涉及景点等，并研究行程，分析总结本条线路的注意事项（尤其是宗教和礼仪禁忌），确定工作重点，然后模拟召开说明会（其他组同学扮演游客）。

### （二）南非游领队工作模拟

**教师指导**

（1）本条线路领队工作重点（和学生一起总结）。

（2）领队服务技巧。

**学生实操**

将本线路的领队工作进行细分，分解成多个工作情景，让学生进行模拟实操。

**工作情景实操1：集合坐船到香港国际机场和出境登机过程模拟**

实操说明和要求：把学生分为若干小组，分别扮演领队、游客、工作人员、空乘服务人员等角色，进行集合坐船到香港国际机场和登机过程模拟实操，小组角色可以轮流互换，让学生熟知领队集合和登机工作服务内容。

实操要点：（1）集合时，领队需要准备的物品，如导游旗、领队证和游客资料等。（2）集合完毕后，领队需要带领游客办理登机手续和行李托运，并把护照等相关证件派发给每个游客。（3）在码头坐船到香港国际机场时，一般就可以进行行李托运了。（4）注意模拟在香港国际机场退税环节。（5）出境登机过程，带领游客过好“三关”，清点人数。（6）登机后的相关服务。

**工作情景实操2：南非入境过程模拟**

实操说明和要求：把学生分为若干小组，分别扮演领队、游客、南非机场工作人员等角色，进行南非机场入境过程模拟实操，小组角色可以轮流互换，让学生熟知领队带领游客入境南非工作服务内容。

实操要点：（1）入境南非时，每个游客需要准备的物品，包括护照、签证。（2）入境南非时，需要遵守规则，排队等候入境。（3）入境后与地陪的会合工作。

**工作情景实操3：约翰内斯堡机场集合登车后，领队致欢迎词情景模拟**

实操说明和要求：把学生分为若干小组，分别扮演领队、游客、地陪和司机等角色，进行旅游车上致欢迎词的模拟实操，小组角色可以轮流互换，让学生熟知领队在南非境内如何致欢迎词。

实操要点：（1）致欢迎词前的工作。（2）欢迎词的5个必备要素。

**工作情景实操4：全程协调讲解和活跃气氛片段情景模拟**

实操说明和要求：把教室当作一辆旅游车，把学生分为若干小组，分别扮演领队、游客、地陪和司机等角色，进行领队旅游车讲解和娱乐活动模拟实操，小组角色可以轮流互换，让学生熟知领队在旅游车上的协调工作服务内容。

实操要点：（1）当你认为地陪讲解不够深入或者需要补充讲解时，才协调讲解，讲解前，要知会地陪，以示尊重。（2）挑选本条线路中最重要的景点进行简单介绍，模拟讲解当地旅游景点，培养讲解技能与技巧。（3）车上娱乐活动的形式多种多样，领队要适时调节和活跃气氛。

**工作情景实操5：特色餐饮介绍与日常巡餐情景模拟**

实操说明和要求：把教室当作一家餐厅，把学生分为若干小组，分别扮演领队、游客、地陪和餐厅工作人员等角色，进行特色餐饮介绍与日常巡餐模拟实操，小组角色可以轮流互换，让学生熟知领队如何进行特色餐饮介绍和日常巡餐。

实操要点：（1）特色餐饮介绍的内容要点。（2）什么时候巡餐、巡餐几次较为合理，以及巡餐时需要做什么。（3）巡餐时，必须每一桌游客都要照顾到，一视同仁。

**工作情景实操6：安排游客入住与分房技巧情景模拟**

实操说明和要求：把教室当作一间酒店，把学生分为若干小组，分别扮演领队、游客、地陪和酒店工作人员等角色，进行安排游客入住和分房模拟实操，小组角色可以轮流互换，让学生熟知领队如何协助地陪办理入住手续和如何合理分房。

实操要点：（1）办理入住酒店需要收齐游客护照。（2）分发房卡的技巧。（3）判断是否需要巡房。

**工作情景实操7：旅途中常见突发事件情景模拟，选取本线路最典型事件模拟实操**

实操说明和要求：选取南非游程中最常见的突发事件进行情景模拟，比如“在参观比林斯堡动物保护区时，有游客被动物误伤了该怎么办”，分别扮演不同的角色进行模拟，让学生熟知领队如何解决这种突发事件。

实操要点：（1）领队发现这种突发事件的反应。（2）合理处理事件的技巧和要点。

**工作情景实操8：在约翰内斯堡乘坐开普敦内陆航班飞机相关事宜**

实操说明和要求：从约翰内斯堡到开普敦路程较远，一般需要乘坐内陆航班，南非领队就增加了内陆航班的手续办理及登机等环节，请学生模拟相关服务工作情景。

实操要点：（1）约翰内斯堡机场的登机办理手续。（2）开普敦机场的到达衔接工

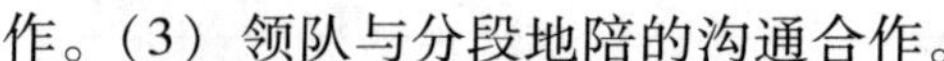
作。(3) 领队与分段地陪的沟通合作。

**工作情景实操 9：南非知名工艺品和特产展示**

实操说明和要求：南非的工艺品和特产别具特色，把学生分为若干小组，分别利用网络去搜索南非知名工艺品和特产，然后分小组扮演领队角色向游客进行展示和介绍，让学生掌握更多有关知识，以便为游客提供相关服务。

实操要点：(1) 介绍尽可能齐全。(2) 介绍与展示的技巧把握。

**工作情景实操 10：南非出境和入境中国过程模拟**

实操说明和要求：把学生分为若干小组，分别扮演领队、游客、地陪和南非机场工作人员等角色，进行南非出境和入境中国过程模拟实操，小组角色可以轮流互换，让学生熟知领队在南非如何出境和入境中国过程。

实操要点：(1) 南非出境的行李托运和手续办理。(2) 南非出境的过关检查。(3) 转机注意事项。(4) 入中国境内的提醒工作，比如禁止携带入中国境内的物品。

**知识链接 4：行前说明会参考要点**

(1) 登记核实到来游客名单，并派发有关资料和礼品。

(2) 自我介绍和欢迎游客参加说明会。

(3) 介绍出发前需要准备的物品。

(4) 简单介绍行程和提醒南非游的注意事项。

(5) 强调出发集合的时间地点。

(6) 自由提问环节。

**小资料**

**南非游注意事项**

1. 南非共和国位于非洲大陆最南端。东、南、西三面为印度洋和大西洋环抱。有黑人、白人、有色人和亚裔 4 大种族。居民中白人、有色人的大多数和 60% 的黑人信奉基督教新教或天主教，20% 信奉伊斯兰教，部分黑人信奉原始宗教。南非不仅是鲜花和植物的王国，也是野生动物的乐园。

2. 南非法定通用货币是南非币，名称为兰特 (Rand)，外国游客可以在旅游商店用美元购买钻石和纪念品。1 美元≈8.2 兰特。旅行支票和主要的外国货币可以在大饭店、机场、商业银行进行兑换。南非通用各种国际信用卡，如 VISA 或者 MasterCard。

3. 南非时间比北京晚 6 小时。如北京时间是 12:00，南非时间为 6:00。

4. 全球通手机开通国际长途电话及漫游的均可直接使用。在南非拨往中国请输入 09 + 86 + 城市代码 + 电话号码；从国内拨往南非输入 0027 + 城市代码 + 电话号码。

5. 南非的四季刚好与北半球相反，大部分地区为热带草原气候。每年6—7月为南非的冬季，每年12月—翌年1月为南非的夏季。南非气候宜人，夏无酷暑，冬无严寒，气候媲美中国的云南；天空清澈，几乎没有污染，非常适合人类居住生活。南非早晚温差很大，当地人民衣着以轻便实用为主。南非气候干燥，建议多吃水果，多饮水。南非每天日晒时间为8.5小时，紫外线很强，建议户外佩戴眼镜及帽子，并准备好防晒与护肤品。参观赌场及夜总会时不宜穿球鞋和短裤。因香港地区飞南非航程约10个小时，在飞机上宜穿宽松衣服及舒适平底鞋，以免引起身体某些部位静脉曲张。

6. 南非的酒店一般不提供拖鞋、牙膏、牙刷、热水瓶，请游客自备，酒店的沐浴露、洗发水质量一般，如有需要敬请另外携带。请妥善保管随身携带的护照、文件和贵重物品，酒店内均有保险箱，便于保管贵重物品。酒店自来水均经净化处理，可供直接饮用。另请勿擅取酒店房间内任何物品，如欲留作纪念请向酒店选购。南非普遍使用220伏/230伏的电压。插座是三孔圆形的插座（15 A型，一孔较大，其余的两孔较小）。

7. 南非是购物者的天堂，更准确一点说是购奢侈品的天堂。在购物中心，可以买到波斯羊皮外套、鳄鱼皮包、古董、编织毯以及用钻石和其他宝石精心制作的饰品。最受游客欢迎的是非洲艺术品、红白餐酒、钻石、鲍鱼、芦荟膏。钻石虽然令人怦然心动，购买时却要注意甄别。这些可请当地的行家为你排忧解难。再有，凡购物后开具的小票要妥善保留，因为在南非购物退税很方便。凡金额超过500兰特，即可在离境时在机场办理退还约14%增值税。

8. 南非政府已全面禁止在公共场所吸烟，不论是在餐厅、机场，还是在购物商场等公共场所，违例者将被检控及重罚南非币25 000兰特（约合人民币17 600元）。因此团队名单中必须标明吸烟者以兹识别，以便安排可吸烟房间，否则游客亦不能在房间内吸烟，违例者亦会被重罚。

中国驻南非使馆电话：0027－12－3428826。

中国驻约翰内斯堡总领事馆电话：0027－71－5111494。

中国驻开普敦总领事馆电话：0027－72－3096634。

### 知识链接5：南非游领队工作重点

（1）南非入境手续办理及南非入境卡的填写。

（2）行前说明会上重点提醒游客在南非旅游，须注意其风俗禁忌，切勿购买象牙及象牙工艺品。

（3）南非旅游的行程安排跨度比较大，较为辛苦，提醒游客做好心理准备。

（4）和地陪协调沟通，正确处理在南非的自费项目和购物项目。

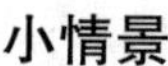

**小情景**

游客：您好！领队，听说南非有很多特色的物品可以购买，是吗？

领队：是的，南非是购物天堂，可以购买到很多有特色的物品，比如著名的南非工艺品和钻石。

游客：我对南非的钻石很感兴趣，领队到时能够协助我选购吗？

领队：我只能为您提供一些参考意见，主要还是您自己决定。

游客：领队，我还有一个问题，我能不能在南非买一些象牙工艺品带回中国呢？

想一想：游客可以在南非购买象牙工艺品吗？如果你是领队，将会怎样回答游客这样的问题呢？

## 五、评价和提升

学生互评：每组模拟后，派代表再次把本组带团过程中出现的意外问题处理步骤和措施完整陈述一遍，便于大家加深印象，系统掌握。

小组互评：指出模拟中不尽完善的地方，有利于大家一起得到提升。

教师评价：结合自身丰富的理论知识和实际工作经验，对学生模拟进行点评，总结整体存在的问题，提出解决方案，指出哪些方面需要锻炼及如何锻炼。然后结合学生具体情况予以个性化点评指引，使大家的认识进一步深化，从知其然走向知其所以然，从技术实践知识走向技术理论知识，最后师生一起总结本条线路的领队工作重点。

**趣味讨论**

南非开普敦的好望角是国际著名的景点，但为什么叫“好望角”呢？

**领队日记**

**南非游记**

2011 年春节，我带领了 13 个游客前往南非，走的是“南非 9 天彩虹之旅”线路。

经过了 13 小时的长途飞行，终于抵达南非的约翰内斯堡。到达的时间是第 2 天南非时间 7:00，南非和北京时间有 6 小时的时差。杭州才刚下过雪，南非却正是夏季，走在机场通道上已经感觉到热了。经过了一夜的飞行大家都非常累了，我作为领队带着大家拿着护照迅速地过关，取回行李，到洗手间梳洗了

一番。等大家换上夏装，人就显得精神了很多。

导游 Steven 早已等候在机场门口，他帮着游客在机场银行换好了南非币兰特，就领着我们上了旅游大巴。出了机场我们立刻感受到了热度，阳光照在身上火辣辣的，南非的紫外线果然非常强，大家赶快在车上擦起了防晒霜，戴上墨镜，做好一切防晒措施。车上一边听着导游介绍，一边欣赏着沿路的风景。映入眼帘的是平整宽畅的四车道、路旁郁郁葱葱的树木、湛蓝的天空、灿烂的阳光，一切是那么的宁静和美好，大家对接下来的行程充满了期待。

导游是个 30 岁左右的小伙子，在南非工作已经六七年了，所以对南非非常熟悉，介绍起来比较专业。我们的第一个目的地是南非的行政首都茨瓦内。据导游介绍茨瓦内虽然是行政中心，但并没有约翰内斯堡那么现代繁华，更像是一个宁静古老的小镇。1.5 小时的车程后我们进入了茨瓦内。干净整洁的街道，一座座古朴的建筑出现在我们面前，荷兰裔南非人的红房子、古老的教堂、国会大厦、市政厅等，让我们目不暇接。随后导游带我们来到了先民博物馆。他带领着我们一边参观博物馆内的浮雕，一边讲起了一个个生动有趣的故事，让我们形象地了解到南非的历史。

午餐是在一间香港人开的餐厅吃的，六菜一汤，还算合口味。吃饱喝足之后我们就向南半球最大的娱乐度假村——太阳城进发了。据说太阳城有“南非的拉斯维加斯”之称。2 小时的路程刚好让我们小憩一下，养足精神。今晚我们就住太阳城内的五星酒店，晚上可以尽情享用各项设施，还可以到赌场一显身手，碰碰运气。15:30 终于抵达了太阳城的酒店，我分发了房卡，讲注意事项和各个娱乐设施的位置之后就安排自由活动了。五星酒店的房间比较宽敞，设施齐全，巡房的时候都没什么问题。太阳城城内设施齐全：超大的游泳池、漂亮的高尔夫球场、刺激的沙滩冲浪、神秘的热带丛林，让大家流连忘返。

第 3 天我们用完早餐退房之后就驱车前往南非四大野生动物园之一的比林斯堡动物保护区，寻找和观赏野生动物的生活形态。在保护区内我们远远地看到了斑马、长颈鹿、角马、大象、野猪、跳羚，大家都拿着相机不停地捕捉它们的身影。参观保护区，经过 2 小时的车程我们回到了约翰内斯堡。约翰内斯堡是南非的经济中心，比较繁华，我们游览了摩天大楼、第一国家银行、富人的高级住宅区等。住宅区里一幢幢漂亮的别墅、庄园给我们留下了深刻的印象，每一幢都有自己的特色，标榜着独特的个性！在约翰内斯堡的街道上到处是黑人，我们好奇为什么白人见得比较少，难道在南非黑人的占比这么大吗？经过导游的介绍我们才知道，原来在南非贫富差距相当大，农场主、庄园主、白领大多是白人，他们住在豪华别墅里，出行都有私家车。黑人则相对贫困，都是做基层工作的，住在炎热狭小的铁皮屋里，所以白天奔走在大街上的大都是黑人。也因为贫富的差距，南非的治安不大稳定。晚上我们住在约翰内斯堡市区的四星级酒店，由于治安的问题，我再三叮嘱游客晚上不要外出，随身携带贵重物品，并注意安全。当然酒店的安全措施也做得非常到位。

第4天早餐后，我们告别了导游Steven，坐内陆航班离开约翰内斯堡飞往乔治城。抵达后当地导游Danny在机场出口接我们。随后我们参观了南非最著名的鳄鱼潭及豹园，一睹鳄鱼和豹子的成长过程。接着前往奈斯纳——南非富人度假之胜地，风景优美。奈斯纳是一个恬静漂亮的海边小镇，我们坐船游览，沉浸在优美的风景之中！晚餐后夜宿奈斯纳海边酒店。出了酒店就是洁白的沙滩和一望无际的大海，让人心情舒畅，忘记烦恼，这里真是个度假的好地方！

第5天是辛苦的一天，我们要驱车赶往开普敦，车程6小时。Danny是个幽默风趣的导游，知识丰富，一路上讲解南非的风土人情、历史典故，我们听得津津有味。途中经过摩索湾，观赏了有五百年历史的邮政树，此树被誉为“非洲的第一间邮政局”。傍晚我们抵达开普敦，游览了维多利亚滨海中心，那里可以看到热闹繁华的购物城、美丽的海港和烟雾缭绕的桌山。当晚夜宿开普敦。接下来的两天都是围绕着开普敦游览。首先我们游览了开普敦的地标桌山。桌山因远望山顶平如桌面而得名，在此可以俯瞰都市，远观茫茫沧海，远眺巍巍群山。南非是世界著名的红、白餐酒的出产地之一。所以我们去了开普敦最古老的葡萄园之一的康士坦尼亚参观，品尝了美酒佳酿。之后我们前往豪特湾，乘船游览海豹岛，在企鹅海滩看到一群群憨态可掬的海豹、企鹅，我们激动不已，争相合影！最后我们前往非洲大陆最西南端“天之涯、海之角”——好望角，登上238米高的开普角角顶灯塔，远眺印度洋、大西洋交汇，水天一色，烟波浩渺，美不胜收。

第8天我们乘机前往约翰内斯堡经中国香港转机返回上海，结束了开心难忘的南非之旅。

（陈晓颖　杭州海外旅游有限公司）

**【思考与练习】**

一、选择题

1. 南非是非洲第（　　）大经济体。

A. 一　　B. 二　　C. 三　　D. 四

2. 南非的（　　）生产量占世界首位。

A. 黄金　　B. 银　　C. 铜　　D. 稀土

3. 南非的三个首都，不包括（　　）。

A. 开普敦　　B. 布隆方丹　　C. 约翰内斯堡　　D. 茨瓦内

二、判断题

1. 南非共和国位于非洲大陆最南端。东、南、西三面为印度洋和大西洋环抱。有黑人、白人、有色人和亚裔4大种族。(　　)

2. 南非时间比北京晚7小时。如北京时间是12:00，南非时间为7:00。(　　)

三、问答题

1. 请简单介绍南非的太阳城。

2. 南非的饮食特点是什么?

**【参考答案】**

一、选择题

1. B　2. A　3. C

二、判断题

1. √　2. ×

三、问答题

1. 太阳城位于南非第一大城约翰内斯堡的西北方187千米处。太阳城是南非亿万富翁索尔·科斯纳（Sol Kerzner）投资8.03亿兰特建造的世界顶级度假、娱乐城。1978年7月动工，1979年12月7日正式开业。拥有豪华酒店、高尔夫球场、水上乐园、骑马场和多种多样的室内休闲娱乐项目，使太阳城成为非洲最著名的度假胜地之一，曾有三届世界小姐选美比赛在这里举行。在南非，太阳城就是娱乐、美食、赌博、舒适、浪漫加上惊奇的同义词。

2. 南非的烹饪技术来源于很多民族，是各种文化和传统的综合，因为南非是连接东西方的纽带，是多元民族的熔炉。随着海外移民浪潮的迭起，带来了世界各地的菜肴，英式（包括鱼和薯条）、欧陆式以及德国、葡萄牙、西班牙、匈牙利、马来西亚、印度和中国式佳肴，应有尽有。喜欢快餐的游客也可以在这里找到汉堡、热狗和炸鸡。南非人喜爱烤肉，在南非可以吃到一些野生动物烤肉。

## 任务二　俄罗斯游领队工作

### 学前导语

俄罗斯是世界上国土面积最大的国家，延绵的海岸线从北冰洋一直伸展到北太平洋，还包括内陆海黑海和里海，涵盖广泛的地理环境，拥有世界最大的森林储备和约有世界1/4的淡水湖泊，自然资源极其丰富，地貌景观多种多样，再加上大量的历史文化古迹、人文城市景观和特殊的北国风光，以及近年来对中国团体游客的免签政策，吸引了众多中国游客前往俄罗斯观光。旅游作为俄罗斯的新兴产业，近年来显示出巨大活力和美好发展前景。目前，旅游已成为俄罗斯发展最快的产业之一。随着中俄经济贸易关系的逐步加深，旅游行业也迎来更好的发展机遇，旅行社要抓住时机，在俄旅游市场上谋求更大的发展空间。作为境外游领队，同样要时刻准备着为中俄旅游的发展提供服务。

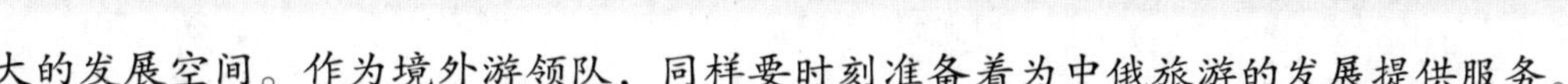

## 知识目标

（1）掌握俄罗斯概况知识，俄罗斯游的经典线路，领队工作基本程序与服务技巧。
（2）掌握俄罗斯游经典线路容易出现的意外问题和领队工作重点。

## 能力目标

（1）提高调研、资料分析及总结的能力。
（2）提高领队的讲解技能。

## 情感目标

（1）培养细心、周密的工作作风和良好的工作习惯。
（2）培养领队的安全意识、时间意识、保险意识。

### 活动　俄罗斯游领队工作

#### 案例导入

2015 年 7 月 29 日，张某和同事参加了哈尔滨某观光国际旅行社组织的俄罗斯 6 天旅游团。29 日上午集合后，便跟随领队小吴乘搭国际列车前往俄罗斯格城。通过格城海关后，乘车准备去符拉迪沃斯托克，当接关人员收取护照时，张某发现护照遗漏在了海关，马上向领队小吴说明此事，并确定护照是落在海关 5 号柜台上，要求马上去取回。此时，旅行车距离海关约有 100 米，往返需要 10 分钟，而且当时还有部分团友未上车。

#### 想一想

如果你是领队小吴，会怎样处理这种突发事件呢？

## 一、资讯

**教师指导**

制定清晰的教学目标，指导学生掌握俄罗斯游领队工作知识和技能，告知学生获取相关资讯的方式（包括网络、旅行社门店、资深人士等）。

**学生实操**

搜集各大旅行社旅游门店的宣传单和网站上推出的俄罗斯游主要线路；通过网络查找和请教资深人士获取主要旅游线路的相关信息；搜索各旅游线路的旅游攻略。

**相关资料**

### 俄罗斯概述

俄罗斯联邦，简称俄罗斯或俄联邦，首都莫斯科，由85个联邦主体组成，地域跨越欧亚两个大洲，与多个国家接壤。绵延的海岸线从北冰洋一直伸展到北太平洋，包括内陆海黑海和里海，国土面积1 707.54万平方千米，是世界上国土面积最大的国家。作为苏联的主要加盟共和国，俄罗斯联邦具有相当的全球影响力。1991年，苏联解体，俄罗斯继承苏联，成为联合国安全理事会常任理事国，对安理会议案拥有否决权。今日的俄国是一个受国际承认的世界性大国，亦是世界第二军事强国，也已成为全球最大的天然气出口国及石油输出国组织（OPEC）以外最大的原油输出国。

俄罗斯位于欧洲东部和亚洲北部，其欧洲领土的大部分是东欧平原。北邻北冰洋，东濒太平洋，西接大西洋，西北临波罗的海芬兰湾。俄罗斯人口1.443亿人（2016年），城市人口占全国人口的73%。俄罗斯人主要信奉东正教，其次为伊斯兰教，共有民族190多个，其中俄罗斯人（或俄罗斯族）占81%。地形以平原和高原为主，西部几乎全属于东欧平原，向东为乌拉尔山脉、西西伯利亚平原、中西伯利亚高原、北西伯利亚低地和东西伯利亚山地、太平洋沿岸山地等。西南耸立着大高加索山脉，最高峰厄尔布鲁士山，海拔分别为西峰5 642米和东峰5 595米。

俄罗斯大部分地区处于北温带，气候多样，以温带大陆性气候为主，北极圈以北则属于寒带气候。西伯利亚地区纬度较高，气候寒冷，冬季漫长，夏季日照时间长，气温和湿度适宜，利于针叶林生长。从西到东大陆性气候逐渐加强，冬季严寒漫长；北冰洋沿岸属苔原气候（寒带气候），太平洋沿岸属温带

季风气候。从北到南，地理带依次为极地荒漠、苔原、森林苔原、森林、森林草原、草原带和半荒漠带。

俄罗斯主要城市有莫斯科、圣彼得堡、叶卡捷琳堡、下诺夫哥罗德、新西伯利亚、罗斯托夫、符拉迪沃斯托克（海参崴）、乌兰乌德、摩尔曼斯克等。

莫斯科位于东欧平原。作为首都，既是全国的政治、经济、文化中心，也是俄罗斯最大的综合性交通枢纽，还是机械工业和纺织工业中心。建于1147年，迄今已有800余年的历史。跨莫斯科河及其支流亚乌扎河两岸，夕阳下的莫斯科，犹如一幅油画，大片的林木、斯大林式建筑，以及诸多东正教大教堂的洋葱顶，勾勒出城市绝美的线条。莫斯科是世界上绿化覆盖率较高的城市之一，树丛和人工湖比比皆是，掩映着上千座金碧辉煌的历史古迹和错落有致的现代建筑。著名景点有红场、克里姆林宫、列宁墓、麻雀山、莫斯科电视塔等。

圣彼得堡，俄罗斯第二大城市，被誉为“北方首都”。位于俄罗斯西北部，波罗的海沿岸，涅瓦河口，是俄罗斯的中央直辖市，是列宁格勒州的首府。旧称列宁格勒和彼得格勒。圣彼得堡是由涅瓦河三角洲上的近百个岛屿及河漫滩组成，许多河流穿越而过，别具水城风情，故有“北方威尼斯”之称。与莫斯科相比，圣彼得堡更具皇家风范，被联合国教科文组织列为“全球最受欢迎的旅游城市”第八位。它是俄罗斯最大的海港，是全国重要的水陆空交通枢纽。1712—1918年间，圣彼得堡是俄国的首都，市中心的冬宫是当时沙皇的皇宫。十月革命就是从停泊在涅瓦河上的“阿芙乐尔”号巡洋舰炮轰冬宫开始的。1924年列宁逝世后，圣彼得堡被改名为列宁格勒；1991年又复称圣彼得堡。圣彼得堡纬度很高，夏季特有的“白夜”景色令人流连。圣彼得堡因其风格鲜明的俄罗斯古典建筑享有盛名。最著名的名胜古迹有彼得保罗要塞、彼得保罗大教堂、涅瓦大街、艾尔米塔什博物馆（冬宫）、彼得宫（夏宫）等。

## 二、决策

**教师指导**

将大家搜集来的资讯进行汇总、比较，带领学生一起分析各家旅行社线路的优缺点，给出一条参考线路。

**学生实操**

选取一条有代表性的线路，进行小组内角色分配（教师掌握学生进度和分工情况）。

### 知识链接1：经典俄罗斯游线路推荐

特惠——俄罗斯经典7天
精品——俄罗斯（苏兹达里，金环三镇）4F豪华9天
精品——俄罗斯（双名城，双高铁）豪华9天
皇牌——全景俄罗斯（金银双环）豪华10天
大促——俄罗斯经典双城9天

### 知识链接2：参考线路

**俄罗斯——双城浪漫悦动8日4F之旅（广州往返）**

第1天：广州→莫斯科。

行程说明：8:30于广州白云国际机场国际出发厅6号门内集中，乘俄罗斯航空公司航班前往莫斯科，抵达后旅游大巴接机，送抵酒店休息。

用餐：早、午、晚餐自理。

住宿：莫斯科精品四星酒店。

第2天：莫斯科。

行程说明：酒店自助早餐后，进行城市参观游览革命圣地——红场（1小时）：国家历史博物馆（外观），朱可夫雕像，瓦西里大教堂（外观），古姆百货商店（外观），列宁墓（视实际情况而定，周一及周五关闭），马涅什广场，亚历山大花园和永远不灭火焰的无名烈士墓。午餐后，参观克里姆林宫（约1.5小时）。

晚间特色自费项目介绍：俄罗斯民族歌舞表演（约1.5小时，人民币500元/人）

温馨提示：克里姆林宫逢周四关闭；红场、克里姆林宫如举行政治活动或有特殊事件会关闭，只能外观。

用餐：包含早、午、晚餐。

住宿：莫斯科精品四星酒店。

第3天：莫斯科。

行程说明：酒店自助早餐后，前往莫斯科最高处的麻雀山观景台，俯瞰莫斯科市区（约10分钟），随后参观莫斯科大学（约20分钟）。前往莫斯科郊外小镇——谢尔盖耶夫镇，游览谢尔盖圣三一教堂（入内参观约1小时），返回莫斯科，晚餐安排特色俄餐，随后游览红场夜景，感受不一样的俄罗斯夜景。

特色自费项目推荐：俄罗斯马戏（约2小时，人民币500元/人）。

用餐：包含早、午、晚餐。

住宿：莫斯科精品四星酒店。

第4天：莫斯科→圣彼得堡。

行程说明：酒店自助早餐后，参观二战公园（约20分钟），外观莫斯科凯旋门（约10分钟），参观莫斯科地铁站（约15分钟）。前往参观察里津皇家庄园（约1小时），之后搭乘俄罗斯航空公司航班前往圣彼得堡，入住酒店。

用餐：包含早、午、晚餐。

住宿：圣彼得堡精品四星酒店。

第 5 天：圣彼得堡。

行程说明：酒店自助早餐后，观光市容，参观世界四大博物馆之一的艾尔米塔什博物馆——冬宫（约 1 小时）。参观狮身人面像（5 分钟），瓦西里岛古港口灯塔（5 分钟），圣彼得堡的中心广场——冬宫广场（10 分钟）和亚历山大纪念柱（10 分钟）；午餐后，游览圣彼得堡的发源地——彼得保罗要塞（不进教堂和监狱，游览时间约 30 分钟），青铜骑士像，海军总部大楼（外观），十二月党人广场，圣伊撒基耶夫大教堂（外观，共 30 分钟）；晚餐后入住酒店休息。

温馨提示：冬宫逢周一闭馆，不对外开放；如遇闭馆，会根据实际情况调整行程。

用餐：包含早、午、晚餐。

住宿：圣彼得堡精品四星酒店。

第 6 天：圣彼得堡。

行程说明：酒店自助早餐后，前往位于圣彼得堡东北部 70 千米的拉多加湖（约 2 小时）；午餐特别安排品尝俄罗斯特色野生熏鱼及俄式简餐。午餐后，参观叶卡捷琳娜花园及琥珀宫殿（约 2 小时）；参观滴血大教堂（外观约 15 分钟），喀山大教堂（10 分钟），十月革命圣地——斯莫尔尼宫（外观约 30 分钟），涅瓦大街漫步（约 40 分钟）、选购纪念品。晚餐后入住酒店。

用餐：包含早、午、晚餐。

住宿：圣彼得堡精品四星酒店。

第 7 天：圣彼得堡→莫斯科→广州。

行程说明：酒店自助早餐后，游览彼得大帝夏宫花园（约 1 小时，参观上、下花园，不进宫殿），后搭乘俄罗斯航空公司航班前往莫斯科。转乘俄罗斯航空公司航班返回广州。

用餐：包含早、午餐，晚餐自理。

住宿：飞机上。

第 8 天：行程说明：早上到达广州白云国际机场，提取行李后在行李转盘处散团，结束愉快的旅程。

用餐：无。

住宿：无。

## 三、计划

**教师指导**

进行知识的解构和重构。从领队工作岗位出发，结合本条线路，提取各环节需要掌握的相关知识、可能出现的意外问题及处理办法，重构为一个完整的工作过程，并简要讲授给学生。

**学生实操**

分析本条带团线路，总结本条线路容易出现的意外问题和领队工作重点。

### 知识链接3：俄罗斯游领队工作流程要点

（1）俄罗斯游领队准备工作。

（2）召开俄罗斯游行前说明会。

（3）办理广州白云国际机场出境手续。

（4）办理俄罗斯入境手续。

（5）落实境外旅游接待事宜。

（6）办理俄罗斯离境手续。

（7）办理回国入境手续。

（8）散团及其他事宜。

## 四、实施和检查

根据实践导向的原则，体现“做中学”的教学理念，设计两个有互动性的实践活动。

### （一）行前说明会

**教师指导**

（1）行前说明会形式、内容及重点。

（2）行前说明会参考要点。

**学生实操**

分组模拟行前说明会，在此过程中，学生应主动学习俄罗斯游概况知识，包括民俗风情、海关规定、行程所涉及景点等，并研究行程，分析总结本条线路的注意事项（尤其是宗教和礼仪禁忌），确定工作重点，然后模拟召开说明会（其他组同学扮演游客）。

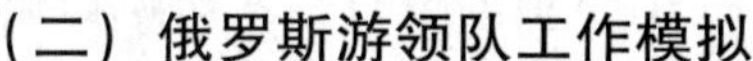

### （二）俄罗斯游领队工作模拟

包括俄罗斯入境手续办理、重要景点简单介绍、意外问题处理、导购工作、投诉处理等。

**教师指导**

（1）本条线路领队工作重点（和学生一起总结）。

（2）领队服务技巧。

**学生实操**

将本线路的领队工作进行细分，分解成多个工作情景，让学生进行模拟实操。

**工作情景实操1：广州白云国际机场集合和出境登机过程模拟**

实操说明和要求：把学生分为若干小组，分别扮演领队、游客、机场工作人员、空乘服务人员等角色，进行机场集合和登机过程模拟实操，小组角色可以轮流互换，让学生熟知领队机场集合和登机工作服务内容。

实操要点：（1）集合时，领队需要准备的物品，如导游旗、领队证和游客资料等。（2）集合完毕后，领队需要带领游客办理登机手续和行李托运，并把护照等相关证件派发给每个游客。（3）出境登机过程，带领游客过好“三关”，清点人数。（4）登机后的相关服务。

**工作情景实操2：俄罗斯机场入境过程模拟**

实操说明和要求：把学生分为若干小组，分别扮演领队、游客、俄罗斯机场工作人员等角色，进行俄罗斯机场入境过程模拟实操，小组角色可以轮流互换，让学生熟知领队带领游客入境俄罗斯工作服务内容。

实操要点：（1）入境俄罗斯时，每个游客需要准备的物品和证件。（2）俄罗斯入境时，需要填写俄罗斯入境卡，排队等候入境。（3）入境后与地陪的会合工作。

**工作情景实操3：莫斯科机场集合登车后，领队致欢迎词情景模拟**

实操说明和要求：把学生分为若干小组，分别扮演领队、游客、地陪和司机等角色，进行旅游车上致欢迎词的模拟实操，小组角色可以轮流互换，让学生熟知领队在俄罗斯境内如何致欢迎词。

实操要点：（1）致欢迎词前的工作。（2）欢迎词的5个必备要素。

**工作情景实操4：全程协调讲解和活跃气氛片段情景模拟**

实操说明和要求：把教室当作一辆旅游车，把学生分为若干小组，分别扮演领队、游客、地陪和司机等角色，进行领队旅游车讲解和娱乐活动模拟实操，小组角色可以轮流互换，让学生熟知领队在旅游车上的协调工作服务内容。

实操要点：(1) 当你认为地陪讲解不够深入或者需要补充讲解时，才协调讲解，讲解前，要知会地陪，以示尊重。(2) 挑选本条线路中最重要的景点进行简单介绍，模拟讲解当地旅游景点，培养讲解技能与技巧。(3) 车上娱乐活动的形式多种多样，领队要适时调节和活跃气氛。

**工作情景实操5：特色餐饮介绍与日常巡餐情景模拟**

实操说明和要求：把教室当作一家餐厅，把学生分为若干小组，分别扮演领队、游客、地陪和餐厅工作人员等角色，进行特色餐饮介绍与日常巡餐模拟实操，小组角色可以轮流互换，让学生熟知领队如何进行特色餐饮介绍和日常巡餐。

实操要点：(1) 特色餐饮介绍的内容要点。(2) 什么时候巡餐、巡餐几次较为合理，以及巡餐时需要做什么。(3) 巡餐时，必须每一桌游客都要照顾到，一视同仁。(4) 俄罗斯的饮食礼仪介绍。

**工作情景实操6：安排游客入住与分房技巧情景模拟**

实操说明和要求：把教室当作一间酒店，把学生分为若干小组，分别扮演领队、游客、地陪和酒店工作人员等角色，进行安排游客入住和分房模拟实操，小组角色可以轮流互换，让学生熟知领队如何协作地陪办理入住手续和如何合理分房。

实操要点：(1) 办理入住酒店需要收齐游客护照。(2) 分发房卡的技巧。(3) 判断是否需要巡房。

**工作情景实操7：旅途中常见突发事件情景模拟，选取本线路最典型事件模拟实操**

实操说明和要求：选取俄罗斯游程中最常见的突发事件进行情景模拟，分别扮演不同的角色进行模拟，让学生熟知领队如何解决这种突发事件。

实操要点：(1) 领队发现这种突发事件的反应。(2) 合理处理事件的技巧和要点。

**工作情景实操8：俄罗斯著名商品和特产展示**

实操说明和要求：俄罗斯有体现其文化的工艺品和特色商品，把学生分为若干小组，分别利用网络去搜索俄罗斯著名商品和特产，然后分小组扮演领队角色向游客进行展示和介绍，让学生掌握更多有关知识，以便为游客提供相关服务。

实操要点：(1) 介绍尽可能齐全。(2) 介绍与展示的技巧把握。

**工作情景实操9：俄罗斯出境和入境中国过程模拟**

实操说明和要求：把学生分为若干小组，分别扮演领队、游客、地陪和俄罗斯机场工作人员等角色，进行俄罗斯出境和入境中国过程模拟实操，小组角色可以轮流互换，让学生熟知领队在俄罗斯如何出境和入境中国过程。

实操要点：(1) 俄罗斯出境的行李托运和手续办理。(2) 俄罗斯出境的“过关”检查。(3) 入中国境内的提醒工作，比如禁止携带入中国境内的物品。

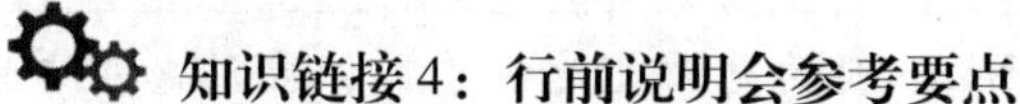

## 知识链接4：行前说明会参考要点

（1）登记核实到来游客名单，并派发有关资料和礼品。

（2）自我介绍和欢迎游客参加说明会。

（3）介绍出发前需要准备的物品。

（4）简单介绍行程和提醒俄罗斯游的注意事项。

（5）强调出发集合的时间地点。

（6）自由提问环节。

**小资料**

### 俄罗斯游注意事项

（1）赴俄罗斯旅游的中国团队，享受俄罗斯旅游免签政策，中国团队最少5个人成团，自由行不享受免签政策。

（2）俄罗斯的气候：9月底10月初，天气良好，可能下雨或者多云。圣彼得堡比莫斯科要冷，刮风会比较冷，气候比较干燥。圣彼得堡的天气受芬兰湾的影响，非常多变，下着雨出大太阳是很正常的现象，提醒游客一定要随身带雨伞和外套。

（3）俄罗斯的流通货币是卢布（Rouble），100戈比（Kopeks）等于1卢布。纸币的币值分别为1 000卢布、500卢布、100卢布、50卢布和10卢布。硬币的币值分别为5卢布、2卢布和1卢布。只有官方的金融机构和被授权的银行才可提供外币兑换服务，游客在抵达俄罗斯时需要填写携带外币的申报表，在兑换完外币后，要注意保留收据。在俄罗斯各地都设有外币兑换处，方便游客兑换。在一些大型商场和酒店内也设有外币兑换台。

（4）酒店：① 苏联式宾馆与俄罗斯西式宾馆有些地方不大相同，如房间格局较小，床和电梯也比较窄。② 由于生活习惯不同，俄罗斯的宾馆房间内一般不配备暖水瓶，也不提供牙具和拖鞋，因此请自备这些生活用品。在苏联式的宾馆里一般会供应开水，但开水须在楼层值班员处取用。③ 入住苏联式宾馆时，要用房卡向楼层值班员换取钥匙；离开宾馆时要把钥匙交还楼层值班员换回房卡，房间的钥匙不允许带出宾馆。④ 俄罗斯西式宾馆内不提供开水，请有喝茶习惯的游客自备便携式水杯，以便在餐厅打开水供平时饮用，或购买瓶装水。⑤ 房内请勿吸烟。俄罗斯法律规定不允许在封闭的环境内吸烟，若发生此情况，可能被相关部门罚款。

（5）电压：全俄罗斯境内的电压为220伏，频率为50赫。插座使用圆柱式欧式标准插头，与我国的扁片式插头不同，如需使用电器，请准备转换插头。

（6）时差：莫斯科时间比北京时间晚4小时。天亮时间大约在8:00，天黑时间大约在19:30。景点基本在10:00营业，所以时间很充裕。

（7）治安：在俄罗斯旅行还是比较安全的，21:30以前回酒店都是比较安全的。

（8）俄罗斯日常行为规范：① 俄罗斯人一般的见面礼是握手，但要注意握手时要脱下手套。久别的亲朋好友见面，常用亲吻拥抱礼，男士一般吻女士的手背。② 在隆重的场合，俄罗斯人用“面包加盐”的方式迎接贵宾，表示最高的敬意和最热烈的欢迎。应邀到俄罗斯人家里做客，进屋后应脱衣帽，先向女主人问好，再向男主人和其他人问好。男士吸烟，要先征得女士们的同意。③ 在俄罗斯，无论走到哪里，是去别人家做客还是出入公共场所，只要进门，就要脱掉外衣。所有到俄罗斯的外国人也都要学会适应“请把外衣脱下来”这一礼节。④ 俄罗斯特别忌讳“13”这个数字，认为它是凶险和死亡的象征。认为“7”意味着幸福和成功。送礼也喜爱用单数，认为双数不吉利。俄罗斯人不喜欢黑猫，认为它会带来不好的运气。俄罗斯人认为镜子是神圣的物品，打碎镜子意味着灵魂的毁灭。但是如果打碎杯、碟、盘则意味着富贵和幸福，因此在喜筵、寿筵和其他隆重的场合，他们还会特意打碎一些碟盘表示庆贺。俄罗斯人通常相信马能驱邪，会给人带来好运气，尤其相信马掌是表示祥瑞的物体，认为马掌既代表威力，又具有降妖的魔力。⑤ 遇见熟人不能伸出左手去握手问好，学生在考场不要用左手抽考签等等。⑥ 在莫斯科和其他的大城市，住酒店时要交10% ~15% 的服务费，在餐厅通常还要按照服务的满意程度给予相当于餐费 10% ~15% 的小费。

（9）中国驻俄罗斯大使馆传达室：007 –449 –9518435。

俄罗斯报警电话：102；火警电话：101；医疗急救电话：103。

### 知识链接 5：俄罗斯游领队工作重点

（1）俄罗斯入境手续办理。

（2）行前说明会上重点提醒游客在俄罗斯旅游，注意其风俗禁忌：俄罗斯是一个很讲礼仪的国家，而且民众主要信奉东正教，其次为伊斯兰教，风俗禁忌比较多。

（3）圣彼得堡的天气受到芬兰湾的影响，下着雨出大太阳是很正常的现家。提醒游客一定要随身带雨伞和外套。

（4）和地陪协调沟通，正确处理在俄罗斯的自费项目。

（5）俄罗斯没有针对国外游客的购物退税政策。

**小情景**

工作人员：您好！按照规定，每位旅客只能免费托运一件行李，超出的要另外计费。

游客：是吗？我不知道啊，那我该怎么办？

领队：您好！我建议您把两件行李打包成一件行李，那么就符合免费托运的规定了。

游客：好主意，那我应该去哪里打包呢？

领队：好的，让我带您一起去打包行李吧。

想一想：这个情景对话应该是发生在什么地方呢？

## 五、评价和提升

学生互评：每组模拟后，派代表再次把本组带团过程中出现的意外问题处理步骤和措施完整陈述一遍，便于大家加深印象，系统掌握。

小组互评：指出情景模拟中不尽完善的地方，有利于大家及时改进。

教师评价：结合自身的理论知识和丰富的实际工作经验，对学生模拟进行点评，总结整体存在的问题，提出解决方案，指出哪些方面需要锻炼及如何锻炼。然后结合学生具体情况予以个性化点评指引，使大家的认识进一步深化，从知其然走向知其所以然，从技术实践知识走向技术理论知识，最后师生一起总结本条线路的领队工作重点。

**趣味讨论**

冬天去俄罗斯旅游时，需要注意哪些事项？

**领队日记**

### 俄罗斯游领队日记

俄罗斯是世界上国土面积最大的国家，充满着神秘感。早在很多年前，中俄旅行团队就有免签证政策，这大大地节省了出境和入境的时间。一张有全体团员的名单表再加上护照就可以出境了。去俄罗斯飞行时间近9小时，在飞机上大家可以看电影或打游戏，时间过得很快，进入俄罗斯给人的第一个感觉就是封闭，你会发现在这里英语根本无法沟通，包括海关在内。

俄罗斯本土主要出产洋葱、胡萝卜、红菜、土豆，蔬菜实在是少得很可怜。据说在很早以前，北京→俄罗斯的东方列车每次都会带大量的蔬菜到莫斯科贩卖。游客在莫斯科品尝了俄餐——沙拉土豆牛肉汁配土豆泥、红菜酸奶油汤和一杯伏特加，味道各有所爱。至于中餐厅，圣彼得堡的中餐厅要比莫斯科的餐厅相对更好一些（可能是因为圣彼得堡是著名的旅游城市吧）。

我们全程住的是假日连锁酒店，从环境、酒店房间、地理位置等方面而言，假日酒店都比较适合商务游客。最主要是有热水壶，中国游客平时爱喝热茶、热水和吃泡面之类，在俄罗斯多数酒店不提供热水，所以在这方面假日酒店相对更人性化。

说到俄罗斯的交通，就一定要讲一下俄罗斯的地铁了，莫斯科的地铁犹如官殿，我们从胜利广场坐地铁到达阿尔巴特大街，每一站大家都下来参观，会发现俄罗斯的地铁站和我们国内的地铁站有着很大的不同，每一站的装饰风格都不一样，墙体和天花的浮雕都不同，各有特色。地铁站内最深的地方有上下3层，中转站扶手电梯就要搭乘5分钟（大家都很自觉地站在扶梯的右侧，左侧供他人行走）。

我们主要游览莫斯科和圣彼得堡两个城市。红场的克里姆林宫，新圣女公墓以及莫斯科大学外观都是莫斯科的经典景点。而在圣彼得堡除了必到的冬宫和夏宫之外，还要去普希金城的叶卡捷琳娜宫参观琥珀宫，俄罗斯盛产琥珀，琥珀宫内部虽然是战后修复过的，但是同样展现出了奢华和高贵。印象最深的是屋顶的油画，呈现三维视觉效果，每走一步都感觉房顶似乎多出了一层建筑，大家为之惊叹。

（马晓燕　浙江省国际合作旅行社有限公司）

**【思考与练习】**

一、选择题

1. 在莫斯科和其他的大城市，住酒店时要交（　　）的服务费。

A. 5%～8%　B. 5%～10%　C. 10%～15%　D. 15%～20%

2. 俄罗斯特别忌讳（　　）这个数字。

A. 4　B. 7　C. 13　D. 14

3. 目前在俄罗斯（　　）三种称呼并存。

A. “先生”“同志”“公民”

B. “先生”“教授”“公民”

C. “先生”“同志”“人民”

D. “先生”“同志”“工程师”

4. 俄罗斯新年是（　　）。

A. 1月7日　B. 2月23日　C. 5月9日　D. 1月1日

5. 俄罗斯火警的联系方式是（　　）。

A. 102　B. 101　C. 103　D. 120

二、判断题

1. 俄罗斯是以平原和山地为主的地形。（　　）

2. 俄罗斯举办谢肉节的时间在复活节前的第8周，一共有7天。（　　）

3. 苏联式宾馆与俄罗斯西式宾馆有些地方不大相同，房间格局较小，床和电梯也比较窄。（　　）

4. 应邀到俄罗斯人家做客，进屋后应脱衣帽，先向男主人问好，再向女主人和其他人问好。（　　）

5. 人民团结日（11 月 4 日）是为了纪念莫斯科打败波兰入侵。(　　)

三、问答题

1. 你认为召开俄罗斯游行前说明会要准备哪些内容。

2. 请你描述一下入住俄罗斯宾馆要注意哪些事项。

**【参考答案】**

一、选择题

1. C　2. C　3. A　4. D　5. B

二、判断题

1. ×　2. √　3. √　4. ×　5. √

三、问答题

1. 你认为召开俄罗斯游行前说明会要准备哪些内容。

(1) 登记核实到来游客名单，并派发有关资料和礼品。

(2) 自我介绍和欢迎游客参加说明会。

(3) 介绍出发前需要准备的物品。

(4) 简单介绍行程和提醒俄罗斯游的注意事项。

(5) 强调出发集合时间地点。

(6) 自由提问环节。

2. 请你描述一下入住俄罗斯宾馆要注意哪些事项。

(1) 苏联式宾馆与西式宾馆有些地方不大相同，房间格局较小，床和电梯也比较窄。

(2) 由于生活习惯不同，俄罗斯的宾馆房间内一般不配备暖水瓶，也不提供牙具和拖鞋，因此请自备这些生活物品。在苏联式的宾馆里一般会有开水供应，但须在楼层值班员处取用。

(3) 入住苏联式宾馆时，要用房卡向楼层值班员换取钥匙；离开宾馆时要把钥匙交还楼层值班员换回房卡，房间的钥匙不允许带出宾馆。

(4) 俄罗斯的西式宾馆内不提供开水，请有喝茶习惯的游客自备便携式水杯，以便在餐厅打开水供平时饮用，或购买瓶装水。

(5) 房内请勿吸烟。俄罗斯法律规定不允许在封闭的环境内吸烟，若发生此情况，可能被相关部门罚款。

# 项目四
# 长线领队工作

## 任务一　大洋洲游领队工作

### 学前导语

大洋洲是一个旅游资源十分丰富的大洲，其优越的地理位置、风光秀丽的海岸和沙滩、奇异特有的动植物、独特的建筑和土著文化以及优美的自然环境吸引了大量的中国游客前往观光。根据澳大利亚国家统计局（ABS）2017 年 2 月 13 日公布的数据显示，2016 年中国旅客访澳人数达 120 万，创历史新高。澳大利亚国家统计局迁移分析小组负责人杰茜卡·诺亚克表示，澳大利亚接待中国旅客数量已由 1976 年的 500 人次增长了数千倍，成为过去 40 年间澳大利亚吸引国际旅客最为突出的现象。

随着中国到大洋洲的游客数量不断增加，旅行社对大洋洲领队的需求量也越来越大。要成为一名优秀的大洋洲领队，不但需要掌握一般领队工作的基本技能，还需要结合大洋洲的特点，为游客提供更专业、更个性化的领队服务。

### 知识目标

（1）掌握大洋洲概况知识、经典线路，领队工作基本程序与服务技巧。

（2）掌握大洋洲游经典线路容易出现的意外问题和领队的工作重点。

### 能力目标

（1）提高调研、资料分析及总结的能力。

（2）提高领队的讲解技能。

### 情感目标

（1）培养领队的安全意识、时间意识、保险意识。

（2）培养细心、周密的工作作风和良好的工作习惯。

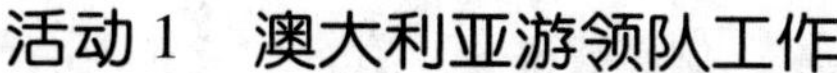

## 活动1　澳大利亚游领队工作

**案例导入**

一名游客在澳大利亚东北部的凯恩斯附近一处海滨潜水时，遇到鲨鱼袭击，这位18岁的游客虽然没有生命危险，但他的右手臂被鲨鱼咬破，当即被直升机送往医院救治。

**想一想**

作为澳大利亚旅游线路的领队，为了避免此类事故的发生，需要向游客做好哪些提醒工作?

### 一、资讯

**教师指导**

制定清晰的教学目标，指导学生掌握澳大利亚游领队工作知识和技能，告知学生获取相关资讯的方式（包括网络、旅行社门店、资深人士等）。

**学生实操**

搜集各大旅行社旅游门店的宣传单及其网站上推出的主要澳大利亚旅游线路；通过网络查找获取主要旅游线路的相关信息；搜索各旅游线路的旅游攻略，并了解主要景点的信息。

**相关资料**

**澳大利亚概况**

澳大利亚一词源于拉丁语“Terra australis incognita”，意为未知的南方大陆。

澳大利亚人由具有不同文化背景的民族构成，是一个容忍谦让、兼容并蓄的社会，其文化的多样性已成为澳大利亚的民族特色。土著人的文化遗产、英国人的殖民历史、世界各地移民的文化价值观融合在一起，在艺术领域鼓励竞争、提倡百家争鸣，使澳大利亚成为一个具有多元文化的社会。澳大利亚的音乐、舞蹈、戏曲、美术和文学蜚声世界。

澳大利亚通常被视为最适合避暑的国家。它位于南半球，气候宜人，没有极端温差，季节恰与地处北半球的中国相反，冬天日间气温 25～28℃，正是中国人避暑观光旅行的最好季节。

昆士兰州主要景点有大堡礁、袋鼠角、南岸公园、黄金海岸、华纳兄弟电影世界等；新南威尔士州主要景点有悉尼歌剧院、蓝山国家森林公园；维多利亚州主要景点有大洋路、十二门徒石等。

澳大利亚特产有澳宝（澳大利亚产的一种宝石）、羊皮、牛皮、绵羊油、葡萄酒、动物造型玩具、原住民艺术作品等，还有澳大利亚海产类产品如鲍鱼、鲨胶丸，较低于中国同类产品售价，另外，羊毛被、羊毛毡以及羊皮、袋鼠皮制成的皮具用品，动物造型玩具、猫眼石等也很受欢迎。

## 二、决策

**教师指导**

将大家搜集来的资讯进行汇总、比较，带领学生一起分析各家旅行社线路的优缺点，列举澳大利亚目前主要旅游线路，并给出一条参考线路。

**学生实操**

选取一条有代表性的线路，进行小组内角色分配。教师掌握学生进度和分工情况。

### 知识链接 1：参考线路

**澳大利亚大堡礁·大洋路海岸奇景 10 天**

第 1 天：广州→布里斯班（航程约 9 小时）。

第 2 天：布里斯班→黄金海岸（车程约 1.5 小时）。

早上前往游览袋鼠角（约 5 分钟），参观南岸公园（约 10 分钟）。随后游览天堂农庄（1.5 小时），前往黄金海岸，游览黄金海岸的沙滩（约 20 分钟）。

第 3 天：黄金海岸→布里斯班（车程约 1.5 小时）→凯恩斯（航程约 2.5 小时）。

早餐后，前往游览华纳兄弟电影世界（约 3 小时），之后前往布里斯班，途径牛津小镇购物中心，在此自由活动（约 50 分钟）。晚上乘机飞往凯恩斯。

第 4 天：凯恩斯。

早餐后，乘搭新型游船“大冒险号”（船程 45 分钟）前往凯恩斯度假岛屿——绿

岛，自由活动（约 4 小时）。

第 5 天：凯恩斯→悉尼（航程约 3 小时）。

早餐后，前往凯恩斯西北 25 千米之外的热带雨林。搭乘“雨林缆车”展开雨林观光旅程（约 45 分钟），前往游览库兰达小镇（约 30 分钟），晚上乘机前往悉尼。

第 6 天：悉尼。

早餐后，游览皇家植物园（约 20 分钟），同时参观“麦爵理夫人的座椅”，之后游览悉尼歌剧院广场及外观悉尼歌剧院（约 10 分钟）。午餐后登上游轮畅游悉尼港，于船上观赏悉尼高级住宅区、屈臣氏湾、玫瑰湾、伊丽莎白湾（约 1 小时）。之后前往悉尼岩石区位于乔治大道的名店街自由活动（约 40 分钟）。

第 7 天：悉尼→蓝山（单程车程约为 1 小时 45 分钟）→悉尼。

早上驱车前往蓝山国家公园。抵达后搭乘观景缆车，观赏山谷奇景，继而乘坐“天际观景缆车”观赏三姐妹峰（约 45 分钟）。然后，驱车返回悉尼，前往羊毛被及羊驼毛被工厂参观（约 45 分钟），最后前往游览“小意大利区”，在此自由活动（约 1 小时）。

第 8 天：悉尼→墨尔本（航程约 1.5 小时）。

早上乘机前往墨尔本，外观圣派翠克大教堂（约 20 分钟）；游览费兹罗花园，园内可以外观库克船长小屋（约 20 分钟）。游览皇家植物园（约 20 分钟）。登上墨尔本尤里卡 88 观景台（约 30 分钟），空中欣赏城市的富有魅力的景色。

第 9 天：墨尔本→大洋路→墨尔本（单程车程约 3.5 小时）。

早餐后，直奔坎普贝尔湾。途经十二门徒岩（约 10 分钟）。

第 10 天：墨尔本→中国香港（航程约 9 小时）。

当天抵达中国香港国际机场后散团，旅途圆满结束。

## 三、计划

**教师指导**

引导学生对知识进行解析和重构。从领队工作岗位出发，结合本条线路，提取各环节需要掌握的相关知识、可能出现的意外问题及处理办法，重构为一个完整的工作过程，并简要讲授给学生。

**学生实操**

分析本条带团线路，总结本条线路容易出现的意外问题和领队工作的重点。

### 知识链接 2：澳大利亚游领队工作流程要点

（1）准备工作。

（2）召开行前说明会。

（3）办理出境手续。

（4）办理澳大利亚入境手续。

（5）完成境外接待事宜（广州→布里斯班→黄金海岸→凯恩斯→悉尼→蓝山→墨尔本→大洋路→墨尔本→中国香港→广州）。

（6）办理澳大利亚离境手续。

（7）办理中国入境手续。

（8）散团及其他事宜。

## 四、实施和检查

### （一）行前说明会

**教师指导**

布置内容，包括行前说明会形式、内容及重点。

**学生实操**

分组模拟行前说明会，在此过程中，学生应主动学习澳大利亚概况知识，包括民俗风情、海关规定、行程所涉及景点等，并研究行程，分析总结本条线路的注意事项，确定工作重点，然后模拟召开说明会（其他组学生扮演游客）。

### （二）本线路领队工作模拟

工作模拟包括重要景点简单介绍、意外问题处理、导购工作等。

**教师指导**

（1）本条线路领队工作重点（和学生一起总结）。

（2）领队服务技巧。

**学生实操**

将本线路的领队工作进行细分，分解成多个工作情景，让学生进行模拟实操。

**工作情景实操1：广州白云国际机场集合，出境登机过程模拟**

实操说明和要求：把学生分为若干小组，分别扮演领队、游客、机场工作人员、空乘服务人员等角色，进行机场集合和登机过程模拟。小组角色可以轮流互换，让学生熟知领队机场集合和登机工作服务内容。

实操要点：（1）广州白云国际机场集合时，领队需要准备的物品，如导游旗、领队证和随团游客资料等，并把护照等相关证件派发给每个游客。（2）领队带领游客办理登机手续和行李托运。（3）出境登机过程，带领游客过好“三关”，清点人数。（4）登机后的相关服务。

### 工作情景实操 2：澳大利亚入境过程模拟

实操说明和要求：把学生分为若干小组，分别扮演领队、游客、机场工作人员等角色，进行机场入境过程模拟实操，小组角色可以轮流互换，让学生熟知领队带领游客入境澳大利亚的领队工作服务内容。

实操要点：澳大利亚入境时，需要填写入境登记卡。领队应当协助游客进行填写，如果已经在飞机上填写了入境卡，领队应提醒游客把入境卡取出来，做好入境准备。各国海关都有两个系统，一个是本国人通道，另一个是外国人通道，领队带领游客排队时要看清楚。在澳大利亚，要通过护照检查、领取行李以及澳大利亚海关及边境保护局（Australian Customs and Border Protection Service，简称 ACBPS）和农业部（Department of Agriculture）的检查站才可以离开机场。

### 工作情景实操 3：澳大利亚机场集合登车后，领队致欢迎词、介绍澳大利亚概况情景模拟

实操说明和要求：把学生分为若干小组，分别扮演领队、游客、司机等角色，进行旅游车上致欢迎词、介绍澳大利亚概况模拟实操。小组角色可以轮流互换，让学生熟知在没有地陪的情况下，领队在澳大利亚境内如何致欢迎词、介绍澳大利亚概况。

实操要点：（1）致欢迎词前的工作。（2）欢迎词的 5 个必备要素。（3）掌握澳大利亚概况。

### 工作情景实操 4：全程协调讲解和活跃气氛片段情景模拟

实操说明和要求：假设教室就是一辆旅游车，把学生分为若干小组，分别扮演领队、游客和司机等角色，领队在旅游车上进行讲解和娱乐活动模拟实操，小组角色可以轮流互换，让学生熟知领队在旅游车上的协调工作服务内容。

实操要点：（1）领队要用通俗易懂的语言向游客进行讲解，让游客尽快了解当地的文化习俗。（2）领队挑选本条线路中最重要的景点进行简单介绍，这要求学生了解澳大利亚的旅游资源，并挑选重点景点做讲解准备（将讲解技能训练融入工作过程中）。（3）车上娱乐活动的形式多种多样，领队要懂得通过各种活动调节和活跃气氛，领队也可以表演才艺以提高游客兴趣。

### 工作情景实操 5：特色餐饮介绍与日常巡餐情景模拟

实操说明和要求：把教室当作一家餐厅，学生分为若干小组，分别扮演领队、游客和餐厅工作人员等角色，领队先与餐厅工作人员进行订餐沟通，然后进行特色餐饮介绍与日常巡餐模拟实操。小组角色可以轮流互换，让学生熟知领队如何进行特色餐饮介绍和日常巡餐。

实操要点：（1）特色餐饮介绍的内容要点。（2）注意巡餐时的相关事宜，例如，什么时候巡餐、巡餐几次较为合理，以及巡餐时需要做什么。（3）巡餐时，确保每一桌游客都要照顾到，一视同仁。

**工作情景实操 6：安排游客入住与分房技巧情景模拟**

实操说明和要求：把教室当作一家酒店，学生分为若干小组，分别扮演领队、游客和酒店工作人员等角色，进行安排游客入住和分房模拟实操。小组角色可以轮流互换，让学生熟知领队如何办理入住手续和如何合理分房。

实操要点：(1) 办理入住酒店前需要收齐游客的护照。(2) 分发房卡的技巧。(3) 提醒游客入住酒店时的注意事项。(4) 判断是否需要巡房。

**工作情景实操 7：旅途中常见突发事件情景模拟**

实操说明和要求：学习、分析、思考这条线路容易发生的问题，讨论处理及怎样预防的方法，选取最常见的突发事件进行情景模拟，分别扮演不同的角色进行模拟，边做边讲解说明，便于其他组学生和教师理解，让学生熟知领队如何解决这种突发事件。

实操要点：(1) 领队对突发事件的反应。(2) 合理处理事件的技巧和要点。

**工作情景实操 8：澳大利亚自由活动的安排情景模拟**

实操说明和要求：澳大利亚游一般会在特定的地点安排自由活动，自由活动的时间不会太长。学生需模拟相关服务工作情景。

实操要点：(1) 自由活动注意事项提醒。(2) 自由活动开始和结束的接送工作。(3) 领队与司机的沟通合作。

**工作情景实操 9：澳大利亚特色旅游购物商品攻略展示**

实操说明和要求：很多游客去澳大利亚都会购买当地特色产品和旅游纪念品，尤其是现在代购的流行商品，如当地的绵羊油、奶粉等。把学生分为若干小组，分别利用网络去搜索澳大利亚当地特色产品和旅游纪念品，然后分小组扮演领队角色向游客进行展示和介绍，并模拟购物场景，以便领队为游客提供相关服务。

实操要点：(1) 攻略尽可能齐全。(2) 介绍与展示的技巧把握。(3) 了解购物时领队的工作内容。

**工作情景实操 10：澳大利亚出境和中国入境过程模拟**

实操说明和要求：把学生分为若干小组，分别扮演领队、游客和澳大利亚机场工作人员等角色，进行澳大利亚出境和中国入境过程模拟实操。小组角色可以轮流互换，让学生熟知领队在澳大利亚如何出境和中国如何入境的过程。

实操要点：(1) 澳大利亚出境的行李托运和手续办理。(2) 澳大利亚出境的过关检查。(3) 入境中国的提醒工作，比如罗列禁止带入中国境内的物品等。

**小资料**

**澳大利亚游注意事项**

1. 必带物品

(1) 护照、身份证原件（无身份证儿童需要带户口本原件）。

(2) 必备药（包括感冒药、消炎药、晕车药、胃肠药、创可贴及自身疾病所需药物）。

（3）在澳大利亚的酒店客房内会提供毛巾、洗发水、香皂用品，但大多数酒店不提供牙膏、牙刷及拖鞋等个人物品，请自备。

（4）澳大利亚的春季气温在9～20 ℃间，天气较冷，早晚温度较低，因此建议带上一件风衣、夹衣或者毛衣，另外带上一套厚实的睡衣。

（5）澳大利亚的电源电压是230伏，电源插头为三脚扁插头，与中国不同，请自备万用插头，以备移动电器或者手机充电使用。

2. 有关注意事项

（1）年满18周岁的旅客可携带2.25升的酒类以及50支香烟或50克雪茄烟或烟草制品入境澳大利亚，享受免税优惠。

（2）由于澳大利亚为农牧业国家，海关严禁携带一切肉类、种子、蔬菜、水果入境，如有携带任何食物，无论种类，必须报关。严禁携带未许可的食品及农牧产品，包括乳品类、蛋类、生鲜水果与蔬菜、蜂蜜产品、肉类制品、活的动植物，如携带以上禁品入关，根据澳大利亚法律最高罚款达10 000澳元。

（3）猛烈的阳光是澳大利亚最大的健康危害因素，紫外线危害程度排名在全球占据排名榜前列，在海滩度假时要记得擦防晒霜并带上帽子和墨镜，在天气不好时外出也不例外，要多喝点水以保持身体水分。

（4）澳大利亚非常注重动植物保护，即使是公园的花草、野鸭和小鸟都不得侵害，违法者将受到严厉的处罚。

（5）澳大利亚的自来水达到饮用水标准，一般酒店均不提供开水服务，大多数房间备有电热水壶，可以自煮开水。另外，水龙头的热水不宜直接饮用。若需要冰箱内以及迷你酒吧上提供的食品，均须额外付费。

（6）澳大利亚的楼层划分和中国不同，一楼叫G层（ground floor）。如果酒店房间号是102，房间就是在酒店的二楼（Level 1），进电梯后还是按“1”即可。

3. 小费问题

澳大利亚没有收取小费的习惯，旅馆和餐厅也不会把小费计入账单，支付小费与否，完全由个人决定。但依据当地习惯，应支付导游和司机小费每人每天10澳元（按出团天数计，包括儿童）。如果愿意付给宾馆服务员小费，每人每天2澳元即可。

4. 电话和汇率

（1）尽量避免在酒店房间内打电话，因为酒店会加收很高的服务费和附加费，最经济的方式是使用磁卡或投币电话。

（2）澳大利亚货币单位为澳元，可在当地酒店、银行和免税店自由兑换，建议出游前在中国可兑换外币的银行预先兑换。

### 知识链接3：澳大利亚游的领队工作重点

本条线路容易出现的问题是由于行程时间较长，线路长达10天，游览景点较多而且领队工作较多，容易出现疲惫情况，因此要注意休息和保持体力。

（1）良好的英语交际能力，能与当地相关景点、酒店、交通等方面顺利沟通。

（2）应对海关对游客入境的特殊规定（如严禁携带肉类、水果等）及澳大利亚当地风俗习惯深入了解。

（3）作为领队，应充分了解澳大利亚的概况，熟悉需要参观的每一个景点及线路，为游客进行生动地讲解。

（4）作为领队，做好各站景点或者住宿的衔接工作，为游客提供顺利满意的行程安排。

（5）澳大利亚居民多数信奉基督教，应提醒游客注意相关事项。

**小情景**

某旅游团的领队随身携带了一个手提公文包赴澳大利亚。一天早上，领队忙着在酒店大厅旋转门旁边解决团里游客的问题，顺手将公文包放在行李箱上。结果，被窃贼盯上。两个人以问路为由，掩护第三人偷走了公文包，该领队后悔莫及，损失惨重，丢失的有护照、机票、外币、人民币、身份证等贵重物品。如果他带的包是贴身的，例如背包，可能会逃过这一劫。

想一想：领队在出发前在装备准备方面要注意什么？

### 知识链接4：问题与事故的处理

在澳大利亚的长线旅行团中，有可能会遇到各种各样的问题与事故。当问题与事故发生时，领队要及时采取恰当的应急措施，降低问题与事故带来的不良影响与损失。如与当地相关部门、中国驻当地大使馆或领事馆、组团社等联系，寻求解决和处理的方式。

## 五、评价和提升

学生互评：每组模拟后，派代表再次把本组带团的过程及这个过程中出现的意外问题完整陈述一遍，便于大家加深印象，系统掌握。

小组互评：指出模拟中不尽完善的地方，有利于大家一起得到提升。

教师评价：首先，结合自身深厚的理论知识和丰富的实际工作经验，对学生模拟过程进行点评，总结整体存在的大多数问题，提出解决方案，指出哪些方面需要锻炼及如何锻炼。然后，结合学生具体情况予以个性化点评指引，使大家的认识进一步深化，从知其然走向知其所以然，从技术实践知识走向技术理论知识。最后，教师强调本条线路领队的工作重点。

### 读一读

一位游客在一封对领队的投诉信中，表达了游客对小费问题的理解：

这次到澳大利亚旅游从第一天到最后一天，我都不知道领队做了什么事，他怎么配得上拿小费报酬？

相比去年，我在澳大利亚旅游的时候，看到领队白天一直都在忙碌，例如，上车后对游客嘘寒问暖，下车时会在车门口等游客，用餐时还会跑来问游客饭菜够不够。回到酒店后，领队仍不能休息，还要去查看游客房间是否有问题，十分辛苦。我觉得这才叫

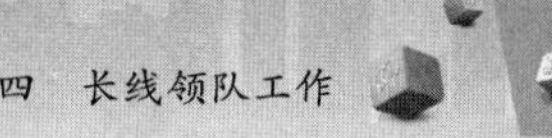

作服务，付给他小费才是应该的。

## 趣味讨论

以小组为单位，以“澳大利亚旅游团的问题与事故”为主题，搜集相关的案例进行分析，小组之间互相出题，学生动脑筋想出最佳的处理方法，由教师点评。

## 领队日记

### 澳大利亚之行

国庆假期结束以后，我们一行18人从上海浦东机场直接飞往那个令人神往的地方——澳大利亚。澳大利亚位于南半球，季节刚好与我国相反，此时正值澳大利亚的春夏交接，是最好的浏览时节。

经过10个多小时的飞行，我们乘坐的澳航飞机于当地时间8：00到达了第一站——悉尼。

悉尼是澳大利亚的第一大城市，随处可见的中国人让我们并不觉得这里已是距离祖国万里之遥。

抬头仰望湛蓝的天空，有一架飞机在做花样表演，喷着白烟组成一行英文字母，原来是由广告商赞助的活动，真是让人大开眼界。

在悉尼的停留时间里，我们参观了著名的邦迪海滩、玫瑰湾、富人区以及常在电视里看到的悉尼标志性建筑物——悉尼歌剧院。随后，我们乘船游览了世界三大美港之一的悉尼港，并且在船上享用了一顿美味的西餐。

正午时分，在歌剧院周围，不少人在大街上跑步，男的、女的、老的、少的，都兴致勃勃地跑着，遇到红灯也在原地不停地踏步等待。这种体育精神以及执着的态度，着实可嘉。

从悉尼到澳大利亚的首都堪培拉，车程差不多3小时，一路上我们看到连绵的草原、植被、茂密的树林。堪培拉在1927年成为澳大利亚首都，之前墨尔本和悉尼都曾为澳大利亚的首都。为何后来在堪培拉建都呢？据说，因为建都的问题墨尔本和悉尼争得不可开交，最后联邦政府决定，谁也不要争了，找一个离各个州都比较近的、漂亮的地方，在荒山野岭处劈出一个城市来，所以最终定都这里。随后我们游览了国会大厦、使馆区、格里芬湖。

随后的几天行程里，我们去了昆士兰州的首府，也是澳大利亚的第三大城市——布里斯班。从布里斯班到黄金海岸，驱车也就1小时。当我们临近于此时，这个久负盛名的地方让我们眼前又是一亮，深蓝的海水经过阳光的折射让人睁不开双眼，绵长的海岸线看不到尽头，让人为之惊叹，金黄色的沙滩上都是来自世界各国的游客以及当地的居民，更有众多帆板爱好者在此冲浪，这里还是冲浪者的天堂。我想，这里应该和美国的夏威夷、泰国的芭提雅差不多，是一个休闲的旅游城市，一个让人身心放松心情愉悦的城市。

只有当你亲身来到这里，才能感受不一样的澳大利亚的风情与魅力。期待下一次旅程！

（朱立萍　浙江中山国际旅行社有限责任公司）

**【思考与练习】**

一、选择题

1. 某旅游团在11月份前往澳大利亚，当地时间4:00 p. m.，一位游客想打电话回广州，问领队北京时间是几点，领队应回答（　　）。

A. 7:00 p. m.　　B. 2:00 p. m.

C. 1:00 p. m.　　D. 6:00 p. m.

2. 领队向游客介绍澳大利亚的美称有“（　　）”。

A. 坐在矿车上　　B. 硒和橡胶王国

C. 冒险家的乐园　　D. 世界最大牧场

3. 游客想去澳大利亚最大的综合购物中心购物，领队可向游客推荐（　　）。

A. 悉尼维多利亚女王大厦　　B. 黄金海岸综合购物中心

C. 布里斯班皇后大街　　D. 珀斯购物中心

4. 澳大利亚珀斯、黄金海岸、墨尔本、达尔文所属的州和地区分别是（　　）。

A. 昆士兰州、西澳大利亚州、北部地区、南澳大利亚州

B. 北部地区、首都地区、维多利亚州、北部地区

C. 西澳大利亚州、昆士兰州、维多利亚州、首都地区

D. 西澳大利亚州、昆士兰州、维多利亚州、北部地区

5. 前往大堡礁途中，领队介绍澳大利亚城市（　　）是前往著名景点大堡礁的必经之路。

A. 凯恩斯　　B. 黄金海岸

C. 珀斯　　D. 达尔文

6. 1788年（　　），英国首批移民抵澳，建立起第一个殖民地，这一天被定为澳大利亚的国庆日。

A. 7月4日　　B. 7月14日

C. 1月26日　　D. 8月9日

7. 游客想购买澳大利亚特有的动物玩具给小朋友做礼物。以下（　　）不是澳大利亚特有的动物。

A. 袋鼠　　B. 考拉

C. 袋獾　　　　　　　　　　　　　　　　D. 盐水鳄

二、判断题

1. 行前说明会上，领队应提醒游客，在澳大利亚旅游住宿条件普遍比较舒适，酒店客房内提供毛巾、洗发水、香皂用品，但大多数酒店不提供牙膏、牙刷及拖鞋等个人物品，需要游客自备。(　　)

2. 澳大利亚墨尔本市因树袋熊保护区的数量多而被誉为“树袋熊之都”。(　　)

3. 澳大利亚东海岸的大堡礁是全世界最大的珊瑚礁区。(　　)

4. 游客想了解澳大利亚的电压和插座类型等事项，领队介绍澳大利亚一般电压是230 V，使用三脚扁形插座。部分酒店卫浴间有多制式插座，也可以向酒店大堂员工询问是否有变压器，最后不要忘了向服务员说：“Thank You!”（谢谢）(　　)

三、问答题

1. 在澳大利亚购物时，领队应为游客提供哪些服务？

2. 澳大利亚东部有哪几个州？分别有哪些重要的旅游城市？

四、实操题

以小组为单位，分组模拟澳大利亚离境的程序，学生扮演游客、领队和海关人员，教师进行点评。

要求：(1) 各组自行做好计划书，明确分工。

(2) 活动过程必须有全体组员参与。

(3) 通过各种形式（照片、视频、漫画、小品演示等）将活动过程记录下来。

**【参考答案】**

一、选择题

1. A　2. A　3. B　4. D　5. A　6. C　7. D

二、判断题

1. √　2. ×　3. √　4. ×

三、问答题

1. (1) 领队应为游客推荐可靠的购物商店，购物条件包括诚信、干净、安全、公道。当购物商店不按质论价、出售伪劣商品、不提供标准服务时，领队应出面与商店交涉，以维护游客的权益。

(2) 领队还应该了解目的地国家的退税规定，并提前向游客介绍。游客购物时，要提醒游客索要发票和免税单。若是在免税商店购物时，要向商店确认享受退税的最低购买金额，以及该商品是否为机场的联网免税店等。

(3) 如果游客对买到的商品不满意，需要退换，领队应协助游客进行办理，但需事先向游客说明注意事项。

2. (1) 澳大利亚东部有昆士兰州、新南威尔士州、维多利亚州和塔斯马尼亚州。

(2) 澳大利亚东部重要的旅游城市有凯恩斯、布里斯班、黄金海岸、悉尼、墨尔本、霍巴特等。

四、实操题

略（学生能够按照离境程序完成，并且注意到澳大利亚的离境注意事项即可）。

## 活动2　新西兰游领队工作

**案例导入**

2013年，领队马先生带一个“新西兰七日游”32人的旅游团，在北京出发，通过安全检查时受阻。领队马先生新买的一支牙膏和一瓶头发定型水被海关没收，游客中一位患风湿病的老人因携带7瓶医院熬制的液体中药，也不能携带上飞机。

老人急得要哭了。海关人员请老人出示医生处方或病历及医院证明，老人均拿不出上述证明。无论怎么说情都无效，老人由于着急，情绪失控，哭喊着说必须把这价值1万多元的液体中药带上飞机。最后，机场相关负责人找到领队，让他帮助老人到机场服务处将其中6瓶中药用坚硬的材料包装好，再与办理托运行李柜台的工作人员商量，将托运的行李找出来，把包装好的中药放在行李里，重新托运，老人则随身携带一瓶中药上机。

**想一想**

作为这条线路的领队，为了避免此类的事故发生，需要做好哪些方面的工作？

### 一、资讯

**教师指导**

制定清晰的教学目标，告知学生获取相关资讯的方式（包括网络、旅行社门店等），使其掌握新西兰游领队工作知识和技能。

**学生实操**

搜集各大旅行社旅游门店的宣传单和网站上推出的主要新西兰旅游线路；通过网络查找获取主要旅游线路的相关信息；搜索各旅游线路的旅游攻略，并了解主要景点的信息。

**相关资料**

**新西兰概况**

美丽的新西兰位于大洋洲的西南方，紧邻澳大利亚，有“白云之乡”（The land of the long white cloud）之称。近一千年来，在这片有着广袤田野的土地上，古毛利人留下了丰富的传统文化，欧洲的探险家们又带去了先进的科学、宗教等欧洲文化，创造了今天繁荣富强的新西兰。

新西兰地处南半球，潮湿温暖的气候使新西兰出落得清新脱俗，无论是茂盛的雨林、清澈的湖泊，还是绿草如茵的山坡、水清沙白的海滩，无不把宽广的自然空间和优雅的现代化环境结合得恰到好处。

新西兰有5大城市：奥克兰、惠灵顿、汉密尔顿、基督城和达尼丁。奥克兰是第一大城市，是新西兰的工业和商业中心。首都惠灵顿，是新西兰政治和金融中心。

新西兰分为南岛和北岛，北岛罗托鲁瓦的主要旅游景点有毛利族文化村、政府花园、红森林公园等，奥克兰主要景点有伊甸山、爱歌顿农庄等。位于南岛的皇后镇的主要旅游景点有船长峡谷、瓦卡蒂普湖，搭乘皇后镇的天际缆车观赏皇后镇的壮阔美景也是热门的旅游项目。

新西兰的社会福利完善，早在1898年，政府已为保障老年人的生活引入了养老金制度，65岁以上即可领取养老金。其他方面包括公立医院免费就诊住院；孕妇生产免费；免费教育制度，18岁以上就学并已独立生活者有生活和租房补贴；失业救济等。总之，新西兰是世界上最适合居住的地方之一。

新西兰是一个发达的城市国家，官方语言是英语和毛利语。新西兰的公民和永久居民年满18周岁就有选举权和被选举权。在形式上、仪式上，英国女王伊丽莎白二世也是新西兰的国家元首。

## 二、决策

**教师指导**

将大家搜集来的资讯进行汇总、比较，带领学生一起分析各家旅行社线路的优缺点，列举大洋洲目前主要旅游线路，并给出一条参考线路。

**学生实操**

选取一条有代表性的线路，进行小组内角色分配。教师掌握学生进度和分工情况。

### 知识链接1：参考线路

**新西兰南北岛100%纯净之旅8天**

第1天：广州→奥克兰（航程约11小时）。

第 2 天：奥克兰→罗托鲁瓦（车程约 3.5 小时）。

早上抵达后，前往罗托鲁瓦游览毛利族文化村（约 1 小时），参观政府花园（约 20 分钟）及红森林公园（约 15 分钟）。

第 3 天：罗托鲁瓦→奥克兰（车程约为 3.5 小时）。

早上前往游览爱歌顿农庄（约 1 小时），然后驱车参观羊毛类产品加工展示工厂（约 1 小时）。

第 4 天：奥克兰→皇后镇（航程约 1.5 小时）→箭镇→皇后镇（单程车程约 20 分钟）。

早上乘机前往皇后镇。抵达后，前往箭镇观光（约 30 分钟）。返回皇后镇，搭乘百年古董蒸汽船畅游瓦卡蒂普湖（约 1.5 小时）。后乘坐登顶缆车（约 10 分钟）前往皇后镇山顶餐厅享用海鲜晚餐。

第 5 天：皇后镇。

全天自由活动，游客可自由参观游览皇后镇，感受独特的异国风情。

第 6 天：皇后镇→蒂卡波湖（车程约 4 小时）→基督城（车程约 3 小时）。

早餐后，前往蒂卡波湖，沿途游览水果农场（约 10 分钟）以及参观三文鱼养殖场（约 20 分钟）。游览蒂卡波湖及牧羊人教堂（约 20 分钟）。之后驱车前往基督城。

第 7 天：基督城→奥克兰（航程约 1.5 小时）。

早上乘机飞往奥克兰。之后驱车前往奥克兰海港（约 20 分钟），观赏海港海景。然后前往伊甸山（死火山）（约 45 分钟），俯瞰奥克兰全景。游览工党纪念碑（约 20 分钟），游览帆船俱乐部（约 20 分钟）。

第 8 天：奥克兰→广州（航程约 11 小时）。

## 三、计划

**教师指导**

引导学生对知识进行解析和重构。从领队工作岗位出发，结合本条线路，提取各环节需要掌握的相关知识、可能出现的意外问题及处理办法，重构为一个完整的工作过程，并简要讲授给学生。

**学生实操**

分析本条带团线路，总结该线路容易出现的意外问题和领队工作重点。

### 知识链接 2：新西兰游领队工作流程要点

（1）准备工作。

（2）召开行前说明会。

（3）办理出境手续。

（4）办理新西兰入境手续。

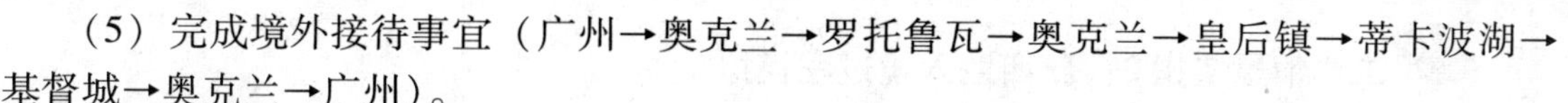


（5）完成境外接待事宜（广州→奥克兰→罗托鲁瓦→奥克兰→皇后镇→蒂卡波湖→基督城→奥克兰→广州）。

（6）办理新西兰离境手续。

（7）办理中国入境手续。

（8）散团及其他事宜。

## 四、实施和检查

### （一）行前说明会

**教师指导**

布置内容，包括行前说明会形式、内容及重点。

**学生实操**

分组模拟行前说明会，在此过程中，学生必需主动学习新西兰的相关知识，包括民俗风情、海关规定、行程所涉及景点等，并研究行程，分析总结本条线路的注意事项，确定工作重点，然后模拟召开说明会（其他组学生扮演游客）。

### （二）本线路领队工作模拟

工作模拟包括重要景点简单介绍、意外问题处理、导购工作等。

**教师指导**

（1）本条线路领队工作重点（和学生一起总结）。

（2）讲解技能训练目标要求。

**学生实操**

将本线路的领队工作进行细分，分解成多个工作情景，让学生进行模拟实操。

**工作情景实操1：广州白云国际机场集合，出境登机过程模拟**

实操说明和要求：把学生分为若干小组，分别扮演领队、游客、机场工作人员、空乘服务人员等角色，进行机场集合和登机过程模拟。小组角色可以轮流互换，让学生熟知机场集合和登机工作服务内容。

实操要点：(1) 在广州白云国际机场集合时，领队需要准备的物品，如导游旗、领队证和随团游客资料等，并把护照等相关证件派发给每个游客。(2) 领队带领游客办理登机手续和行李托运。(3) 出境登机过程，带领游客过好“三关”，清点人数。(4) 登机后的相关服务。

**工作情景实操2：新西兰入境过程模拟**

实操说明和要求：把学生分为若干小组，分别扮演领队、游客、机场工作人员等角色，进行机场入境过程模拟实操。小组角色可以轮流互换，让学生熟知领队带领游客入境新西兰的领队工作服务内容。

实操要点：新西兰入境时，领队协助游客填写入境卡。如果已经在飞机上填写好，领队应提醒游客拿出入境卡，做好入境准备。

新西兰入境检查非常严格（尤其是食品方面），领队应提醒游客若携带了食物也必须申报，填写海关申报表，以免出现不必要的麻烦。

在新西兰，顺利过海关之后，就是拿托运行李，这时候传送带旁边就有工作人员带着狗开始检查，如果你行李或身上有食物味道，狗肯定会发现。不用怕，如实回答就好。有两种检查人员和两种狗，一种是穿蓝色制服的海关缉毒人员带黑色缉毒犬，另一种是穿米黄色制服的农林处检查人员带比格犬。

拿完行李继续走，最重要的一关就是过农林处（Ministry of Agriculture and Forestry，简称 MAF）。他们负责监管游客所携带的食物，并提醒游客从飞机上带下来的食物，不管是包装完好的，还是没吃完剩下的，不想申报就要扔掉。

**工作情景实操3：新西兰机场集合登车后，领队致欢迎词、介绍新西兰概况情景模拟**

实操说明和要求：把学生分为若干小组，分别扮演领队、游客、司机等角色，进行旅游车上致欢迎词、介绍新西兰概况模拟实操。小组角色可以轮流互换，让学生熟知在没有地陪的情况下，领队在新西兰境内如何致欢迎词、介绍新西兰概况。

实操要点：（1）致欢迎词前的工作。（2）欢迎词的5个必备要素。（3）掌握新西兰概况。

**工作情景实操4：全程协调讲解和活跃气氛片段情景模拟**

实操说明和要求：假设教室就是一辆旅游车，把学生分为若干小组，分别扮演领队、游客和司机等角色。领队在旅游车上进行讲解和娱乐活动模拟实操，小组角色可以轮流互换，让学生熟知领队在旅游车上的协调工作服务内容。

实操要点：（1）领队要用通俗易懂的语言向游客进行讲解，让游客尽快了解当地的文化习俗。（2）领队挑选本条线路中最重要的景点进行简单介绍，这要求学生了解新西兰的旅游资源，并挑选重点景点做讲解准备（将讲解技能训练融入工作过程中）。（3）车上娱乐活动的形式多种多样，领队要懂得通过各种活动调节和活跃气氛，领队也可以表演才艺以提高游客兴趣。

**工作情景实操5：特色餐饮介绍与日常巡餐情景模拟**

实操说明和要求：把教室当作一间餐厅，学生分为若干小组，分别扮演领队、游客和餐厅工作人员等角色，领队先与餐厅工作人员进行订餐沟通，然后进行特色餐饮介绍与日常巡餐模拟实操。小组角色可以轮流互换，让学生熟知领队如何进行特色餐饮介绍和日常巡餐。

实操要点：(1) 特色餐饮介绍的内容要点。(2) 注意巡餐时的相关事宜，例如，什么时候巡餐、巡餐几次较为合理，以及巡餐时需要做什么。(3) 巡餐时，确保照顾到每一桌游客，一视同仁。

**工作情景实操6：安排游客入住与分房技巧情景模拟**

实操说明和要求：把教室当作一间酒店，把学生分为若干小组，分别扮演领队、游客和酒店工作人员等角色，进行安排游客入住和分房模拟实操。小组角色可以轮流互换，让学生熟知领队如何办理入住手续和如何合理分房。

实操要点：(1) 办理入住酒店手续前需要收齐游客护照。(2) 掌握分发房卡的技巧。(3) 提醒游客入住酒店时的注意事项。(4) 判断是否需要巡房。

**工作情景实操7：旅途中常见突发事件情景模拟**

实操说明和要求：学习、分析、思考这条线路容易发生的问题，讨论处理及预防的方法。选取最常见的突发事件进行情景模拟，分别扮演不同的角色进行模拟，边做边讲解说明，便于其他组学生和教师理解，让学生熟知领队如何解决这种突发事件。

实操要点：(1) 领队对突发事件的反应。(2) 合理处理事件的技巧和要点。

**工作情景实操8：新西兰自由活动的安排情景模拟**

实操说明和要求：新西兰游一般会安排一天自由活动，有很多项目供游客选择，领队可向游客推荐相关有特色的项目。学生需进行模拟相关服务工作情景实操。

实操要点：(1) 酒店的接送工作。(2) 一天自由活动的安排协调。(3) 领队与司机的沟通合作。

**工作情景实操9：新西兰特色旅游购物商品攻略展示**

实操说明和要求：很多游客去新西兰都会购买当地特色产品和旅游纪念品。把学生分为若干小组，利用网络搜索新西兰当地特色产品和旅游纪念品，然后分小组扮演领队角色向游客进行展示和介绍，并模拟购物场景，以便领队为游客提供相关服务。

实操要点：(1) 攻略尽可能齐全。(2) 介绍与展示的技巧把握。(3) 了解购物时领队的工作内容。

**工作情景实操10：新西兰出境和中国入境过程模拟**

实操说明和要求：把学生分为若干小组，分别扮演领队、游客和新西兰机场工作人员等角色，进行新西兰出境和中国入境过程模拟实操。小组角色可以轮流互换，让学生熟知领队在新西兰如何出境和中国入境的过程。

实操要点：(1) 新西兰出境的行李托运和手续办理。(2) 新西兰出境的过关检查。(3) 入境中国的提醒工作，比如罗列禁止带入中国境内的物品等。

**小资料**

## 新西兰游注意事项

1. 必带物品

(1) 护照、身份证原件（无身份证儿童需要带户口本原件）。

(2) 必备药（包括感冒药、消炎药、晕车药、胃肠药、创可贴及自身疾病所需药物）。

(3) 新西兰的酒店客房内提供毛巾、洗发水、香皂用品，但大多数酒店不提供牙膏、牙刷及拖鞋等个人物品，请自备。

(4) 新西兰春季天气仍较冷，早上及晚间温度较低，因此建议带上一件风衣、夹衣或者毛衣。

(5) 新西兰的电源电压是230伏，而且电源插头为三脚扁插头，与中国不同，请自行备好万用插头，以备移动电器或者手机充电使用。

2. 有关注意事项

(1) 新西兰有严格的动植物检疫制度，任何动植物，包括土壤和种子类的中药等通常不能带入。携带食物也必须向海关申报，否则可能被罚款，严重者会判入狱。

(2) 在新西兰，给别人拍照，尤其是毛利人，一定要事先征得其同意，不能随意拍照。

(3) 新西兰非常注重动植物保护，即使是公园的花草和禽类都不得侵害，违法者将受到严厉的处罚。

(4) 新西兰的自来水达到饮用水标准，一般酒店均不提供开水服务，大多数房间备有电热水壶，可以自煮开水。另外，水龙头的热水不宜直接饮用。若需要冰箱内以及迷你酒吧上提供的食品，需额外付费。

(5) 新西兰的楼层划分和中国不同，它的一楼叫G层（ground floor）。如果酒店房间号是102，房间就是在酒店的二楼（Level 1），进电梯后还是按“1”即可。如果前往酒店大堂，通常按“G”。

(6) 教堂、宫殿、高级娱乐场所为公认的正式场合，进入时，衣着须端庄整洁。尤其在教堂，不可穿拖鞋、短裤、迷你裙、无袖上衣或其他不适宜的衣服。

3. 小费问题

新西兰没有收取小费的习惯，旅馆和餐厅也不会把小费计入账单。给小费与否，完全是由个人决定。

4. 电话和汇率

(1) 尽量避免在酒店房间内打电话，因为酒店会加收很高的服务费和附加费，建议使用磁卡或投币电话，这是最经济的方式。

(2) 新西兰货币单位为纽币，美元为通用货币，可在当地酒店、银行和免税店自由兑换，出游前应查看汇率，建议在中国可兑换外币的银行预先兑换。

### 知识链接 3：新西兰游的领队工作重点

（1）良好的英语交际能力，能与当地相关部门顺利进行沟通。

（2）应对入境海关的特殊规定（如严禁携带肉类、水果等）及对新西兰当地风俗习惯深入了解。

（3）作为领队，应清楚了解新西兰的概况，熟悉需要参观的每一个景点及线路，为游客进行生动地讲解。

（4）作为领队，做好各站点间的衔接工作，为游客提供顺利满意的行程安排。

（5）新西兰是基督教国家，新西兰的毛利人信仰神教，应提醒游客注意相关事项。

### 知识链接 4：问题与事故的处理

在新西兰的旅行团中，有可能会遇到各种各样的问题与事故。当问题与事故发生时，要及时进行恰当的应急处理，降低问题与事故带来的不良影响与损失。领队要及时采取适当措施，如与当地相关部门、中国驻当地大使馆或领事馆、组团社等联系，寻求解决和处理的方式。

**小情景**

杨先生等 25 名游客在领队的带领下，顺利完成了新西兰 8 天游的全部行程。他们到达机场准备回国时，突然下起暴风雪，机场被迫关闭，飞机无法按正常时间起飞。领队在安抚游客的同时，焦急地打听飞机的起飞时间。在等候了 1 小时后，游客出现了焦躁情绪。虽经领队一再安慰，但杨先生等几名游客开始抱怨，要求领队明确飞机起飞时间。2 小时后，机场明确告知，当天航班全部取消，改为第二天起飞。在杨先生等游客从机场返回住处的途中，领队已经为游客联系好住宿酒店和餐厅。领队向杨先生等游客收取住宿费用和餐饮费用，但杨先生等强调自己没有过错，他们是随旅行社出来旅游的，应当由旅行社为他们支付所有费用，并且要求旅行社承担误工费等损失，为此双方僵持不下。

想一想：如果你是领队，应当如何处理该情况？

## 五、评价和提升

学生互评：每组模拟后，派代表再次把本组带团的过程及这个过程中出现的意外问题完整陈述一遍，便于大家加深印象，系统掌握。

小组互评：指出模拟中不尽完善的地方，有利于大家一起得到提升。

教师评价：结合自身深厚的理论知识和丰富的实际工作经验，对学生模拟进行点评，总结整体存在的问题，提出解决方案，指出哪些方面需要锻炼及如何锻炼。然后结合学生具体情况予以个性化点评指引，使大家的认识进一步深化，从“知其然”走向“知其所以然”，从技术实践知识走向技术理论知识。最后，教师强调本条线路领队的工作重点。

## 趣味讨论

在新西兰旅游时，领队应在交通安全方面提醒游客有哪些注意事项？

## 领队日记

### 体验新西兰南岛的纯净之美

新西兰是地球上最年轻的国家之一。其丰富多彩的历史，展现了毛利人与欧洲人的传统文化魅力。令人赞叹的毛利遗址及宝藏，与许多美丽的殖民时代的欧式建筑相映生辉。一直以来，新西兰是我非常向往的一个国家，因为做领队工作，此次终于有机会可以亲近新西兰，特别是新西兰南岛。

对许多热爱自然的旅人来说，新西兰南岛的迷人之处是那些壮丽、原始、充满野性之美的自然景观，包括新西兰最高峰库克山，西海岸的冰河，西南的峡湾国家公园等，无论是飞行游览、冰河健行，还是海洋独木舟都能感受拥抱壮阔大地的震撼，更是难能可贵的自然体验。在南岛，可以看到海边的雪山、宁谧的峡湾、剔透的冰河、辽阔的平原等自然美景，被世人誉为世界上除南北极之外仅存的净土。

本次行程，一共有17位游客参与，多以家庭为单位，团里既有学龄前的儿童，也有上了年纪的老人。作为一名领队，要把游客作为自己的家人一样对待，凡事设身处地为他们着想，那么，大家都能愉快地相处。

我们乘机飞往新西兰南岛第一大城市基督城。抵达后办理新西兰入境手续，然后乘车前往梯卡坡小镇。在3小时的行车过程中，我们终于领略到了新西兰的纯净之美。途经库克山国家公园内的梯卡坡小镇，感受小镇宁静自然的风光。漫步梯卡坡湖畔，参观了湖边的精致牧羊人小教堂，眼前的湖水如蓝宝石般剔透，在蓝天、白云的映衬下波光粼粼，如明信片中的美景展现眼前，而著名的牧羊人教堂就坐落在湖畔边上。都说来梯卡坡不能错过这座用石头砌成的尖顶小教堂，因为透过教堂内的大玻璃窗，你能领略到整个梯卡坡最壮观的湖景。高山、雪峰、苍穹以及一年四季的变幻美景如万花筒般藏匿在这小小的世界中。置身于此，你也如这小镇上的一名牧羊人，在这返璞归真的自然国度沉醉一回。

行程的下一个目的地是著名的皇后镇。皇后镇是一个被南阿尔卑斯山包围的美丽小镇，依山傍水。我们不禁要感叹：上帝真的太偏心了，将如此多的美景聚集在这样一个小镇。事实也的确如此，这里的四季呈现不同的美景：春天繁花似锦，夏季蓝天艳阳，秋季层林尽染，冬季白雪皑皑。不论是从哪个角度看，这里的景色都是完美的。瓦卡蒂普湖，说它是皇后镇最美丽的景色一点也不过分，它安静地躺在南阿尔卑斯山的怀抱，是一个狭长的高山湖泊，全长约84千米。湖水清澈，可见水中游弋的鳟鱼。也正因为它的清澈透明，在不同的天气，湖水会呈现变换的色彩。从梯卡坡湖的土耳其蓝，到普卡基湖的冰川蓝，再到瓦卡蒂普湖的翡翠蓝，新西兰的湖水总是美得那样不真实，仿佛是谁在这里打翻了调色板，各种色彩散落到南岛的大地上，幻化成一个个梦幻的湖泊。在通往皇后镇的沿湖公路上，中间设有观景台，人们可以停下车，尽情饱览这里的湖光山色。皇后镇坐落在瓦卡蒂普湖的北岸，码头边是商业区，满街是商店、咖啡馆和餐厅。住宅都建在缓坡上，我们所住的旅馆就在半山之上，从房间的阳台就能望见蓝绿色的湖水。顺着台阶往下走，便能到达皇后镇的中心。在中心商业区，你可以找到各种喜欢的纪念品和美食。游客们可以在这样一个阳光灿烂、风景旖旎的地方尽情放松。

新西兰南岛真是一个非常值得一去的地方，我想如果以后有机会，希望能在那里住上一阵子，好好地体验那里惬意的生活。

（郎欣欣　浙江胜景国际旅行社有限公司）

**【思考与练习】**

一、选择题

1. 往来新西兰南北岛的交通枢纽是（　　）。

A. 惠灵顿　　B. 马尔堡　　C. 罗托鲁瓦　　D. 奥克兰

2. 有“帆船之都”美誉的是新西兰的（　　）。

A. 基督城　　B. 罗托鲁瓦　　C. 奥克兰　　D. 惠灵顿

3. 领队应提醒游客，（　　）不属于新西兰毛利人的习俗。

A. 能歌善舞　　B. 擅长雕刻　　C. 一般不使用左手　　D. 接待游客使用碰鼻礼

二、判断题

1. 行前说明会上，领队应提醒游客，在新西兰旅游住宿比较舒适，酒店客房内提供毛巾、洗发水、香皂用品，但大多数酒店不提供牙膏、牙刷及拖鞋等个人物品，游客需自备。（　　）

2. 到达新西兰时，领队可向游客介绍，新西兰是猕猴桃的原产地，其产量如今居世界第一位。（　　）

3. 领队应提醒游客，入境时，新西兰对新鲜的蔬菜水果和未加工的肉制品都有限制。（　　）

4. 新西兰南岛西面的昆斯敦城东北的阿鲁敦镇是风靡世界的“蹦极跳”起源地。（ ）

三、问答题

1. 在新西兰返程中国前，领队如何进行返程机票的确认工作？

2. 在办理退房手续时，领队应做好哪些方面的工作？

四、实操题

结束新西兰南北岛100%纯净之旅8天行程后，请模拟领队做一个总结性的发言。

**【参考答案】**

一、选择题

1. A 2. C 3. C

二、判断题

1. √ 2. √ 3. √ 4. √

三、问答题

1. 持有往返和联程机票，如果在某地停留时间超过72小时，无论是否定妥后续航班机位，乘客均需要提前至少72小时在该地办理后续航班的机位再确认手续。返程机票的确认手续较为简单，主要看行程单。计调分派任务时会附带机票行程单，上面有回程的航班号、时间及成员名单，领队需仔细核对护照。一般方法是将乘机日期、人数、领队或者团队中一人的姓名告知航空公司即可（有时候也需要有预定号码，在机票上可以找到），否则航空公司可能不保留机位。

确认返程机票有以下几种方式：

（1）领队与航空公司联系确认。

（2）导游或境外的接待旅行社代为确认。

（3）组团社同事代为确认。

2. （1）提醒游客结清酒店内的消费账单。领队应提醒游客在团队出发前，到前台结账。为节约时间，领队也可以提前到前台，把旅游团的所有房间明细打出来，等待游客结算。

（2）领队应提醒游客注意带好自己的行李，特别是手机、首饰、钱包、护照、机票、药品等体积小的、容易遗漏的物品。

四、实操题

领队的总结性发言内容包括以下几点：

简单回顾在此地的旅游过程，如游览了哪些精彩景点、品尝了哪些美味；再次向全体游客表示感谢，感谢全体游客的合作；对游客表达美好的祝愿；若行程中有不顺利的地方或者服务工作中有不尽如人意之处，应该向游客道歉，并代表团员向为此团服务的司机表示感谢。

# 任务二　美洲游领队工作

## 学前导语

美洲包括北美洲和南美洲，美洲西部为高大的山系，东部为低缓的山地或丘陵，而中部则是广阔的平原。自然景观差异很大，风光各异，众多的河流湖泊可供观光探险、漂流等，此外，美洲的人文环境也很丰富多彩。美洲尤其是美国和加拿大，其独特的自然环境和多种多样的文化吸引了大量的中国游客前来游览。

美国有比较优越和复杂多样的自然环境和景观，而且经济发达，旅游基础设施完善，因而旅游业得到了高度的发展。从自然环境和景观上来看，美国既有高大的山地，又有广阔的平原；既有世界著名的密西西比河，又有风光美丽的五大湖；既有可开展冬季运动的高山环境，又有夏季度假的优美海滩。

加拿大的建国历史虽然短暂，但是加拿大政府十分注重保护和开发旅游资源，湖光山色非常美丽动人，近代的历史人文景观也保护得很好，现代风格的城市面貌值得观赏，各种民族的文化资源也汇集于此，呈现异彩纷呈的局面。

随着中国到美洲大陆尤其是美国、加拿大的游客数量不断增加，旅行社对美国和加拿大领队的需求量也越来越大。要成为一名优秀的美国和加拿大领队，不但需要掌握一般领队工作的基本技能，还需要结合美国和加拿大的特点，为游客提供更专业、更个性化的领队服务。

## 知识目标

（1）掌握美洲概况知识、经典线路、领队工作基本程序与服务技巧。

（2）了解美洲的经典线路中容易出现的意外问题和掌握领队工作重点。

## 能力目标

（1）提高调研、资料分析及总结的能力。

（2）提高领队的讲解技能。

## 情感目标

（1）培养领队的安全意识、时间意识和保险意识。

（2）培养细心、周密的工作作风和良好的工作习惯。

## 活动1　美国游领队工作

案例导入

作为某旅行社的领队，现派你带领一个13天的旅游团前往美国。

想一想

作为带团去美国的领队，需要具备哪些方面的素质？

### 一、资讯

**教师指导**

制定清晰的教学目标，指导学生掌握美国游领队工作知识和技能，告知学生获取相关资讯的方式（包括网络、旅行社门店、资深人士等）。

**学生实操**

搜集各大旅行社旅游门店的宣传单及其网站上推出的主要线路；通过网络查找和请教资深人士获取主要旅游线路的相关信息；搜索各旅游线路的旅游攻略。

相关资料

**美国概况**

美国是一个由50个州和一个联邦直辖特区（即华盛顿哥伦比亚特区）组成的宪政联邦共和制国家，美国国旗上的13道宽条代表最早发动独立战争并取得胜利的13个州，50颗五角星代表美利坚合众国的50个州。

美国丰富的自然资源和多样的文化使它成为极具吸引力的旅游大国。在美国大平原的西部大山区，有著名的大峡谷国家公园和黄石国家公园，靠近太平洋的西海岸地区有风光旖旎、阳光灿烂的加利福尼亚州，在北部靠近加拿大边界附近，有著名的五大湖游览区，其中有壮观的尼亚拉加大瀑布，此外位于美国西面太平洋上的夏威夷群岛也是全球闻明的度假胜地，还有适合于冒险者的科罗拉多大峡谷。

美国华盛顿哥伦比亚特区的主要旅游景点有白宫、五角大楼、林肯纪念馆、华盛顿纪念碑等；纽约主要旅游景点有自由女神像、第五大道、时代广场、华尔街、百老汇、布鲁克林大桥、联合国总部、帝国大厦、唐人街、中央公园等；洛杉矶主要旅游景点有罗迪欧大道、好莱坞环球影城、好莱坞大道的中央戏院、星光大道等；芝加哥主要旅游景点有芝加哥西尔斯大厦、密歇根大道、海德公园等；拉斯维加斯的主要景点有黄石公园、大峡谷国家公园、拉斯维加斯大道南端赌场地带，还有拉斯维加斯各式表演等；加利福尼亚州旧金山（又称为三藩市）的主要旅游景点有联合广场、金门大桥、渔人码头等；圣地亚哥主要旅游景点有白沙滩、中途岛号航母博物馆、老城、加州大学圣地亚哥分校等。

自由女神像（Statue of Liberty），全名为“自由女神铜像国家纪念碑”，正式名称是“自由照耀世界（Liberty Enlightening the World）”，位于美国纽约海港内自由岛的哈德逊河口附近。它是法国于1876年为纪念美国独立战争期间的美法联盟而赠送给美国的礼物，1886年10月28日铜像落成。从雕像外观可见，自由女神穿着古希腊风格服装，头戴光芒四射冠冕，七道尖芒象征七大洲。右手高举象征自由的火炬，左手捧着《独立宣言》；脚下是打碎的手铐、脚镣和锁链，象征着挣脱殖民地的暴政统治和获得自由。自由女神像是美国的象征，美利坚民族和美法人民友谊象征，表达美国人民争取民主、自由的崇高理想。

好莱坞星光大道（Walk of Fame）位于加利福尼亚州好莱坞。超过2 500枚五角水磨石及黄铜的“星星”，镶嵌在沿着好莱坞大道15个街区和藤街3个街区的人行道上。“星星”代表着对娱乐产业有杰出成就的人的永恒纪念，记载着演员、音乐家、导演、制作人、音乐组合乐队、戏剧团体、虚拟人物等的名字。

金门大桥（Golden Gate Bridge）是世界著名的桥梁之一，也是近代桥梁工程的一个奇迹。大桥雄峙于美国加利福尼亚州旧金山长1 900多米的金门海峡之上，用去10万多吨钢材，耗资达3 550万美元，历时4年建成。

## 二、决策

**教师指导**

将大家搜集来的资讯进行汇总、比较，带领学生一起分析各家旅行社线路的优缺点，给出一条参考线路（教师需掌握学生的操作进度和分工情况）。

**学生实操**

选取一条有代表性的线路，进行小组内角色分配。

## 知识链接1：参考线路

### 美国东西岸13天

第1天：广州→中国香港。

第2天：中国香港→芝加哥（航程约14小时35分钟）。

早餐后前往中国香港国际机场，飞往芝加哥，抵达后市区观光（约3小时）。参观芝加哥新地标→云门雕塑以及露天音乐厅，外观美国芝加哥西尔斯大厦。随后前往芝加哥城水塔→游览密歇根大道（50分钟）。

第3天：芝加哥（含酒店早餐，午餐自理，团队晚餐）。

早餐后，前往知名品牌折扣店 Fashion Outlets Chicago 自由活动（停留时间约3小时）。

第4天：芝加哥→纽约（含酒店早餐，团队午餐，团队晚餐）。

当天乘飞机前往纽约（飞行时间约2小时），抵达后前往时代广场（约10分钟），途经百老汇街，然后抵达洛克菲勒中心，欣赏名店林立的第五大道（约50分钟）。晚餐后前往新泽西，入住酒店休息。

第5天：纽约（含酒店早餐，团队午餐，团队晚餐）。

早餐后前往世界金融中心华尔街游览（约45分钟），乘“自由女神号”游船，途经自由岛，近距离观看自由女神像（游船需时约50分钟），后外观联合国大厦（约15分钟）。晚餐后入住酒店休息。

第6天：纽约→费城→华盛顿（车程约5小时，含酒店早餐，团队午餐，团队晚餐）。

早餐后前往华盛顿，途经宾夕法尼亚州的历史名城——费城。在费城参观自由钟和外观独立宫（共约1小时），后前往华盛顿市区游览（共约1小时20分钟）。晚餐后入住酒店休息。

第7天：华盛顿→拉斯维加斯（含酒店早餐，团队午餐，团队晚餐）。

当天乘飞机前往拉斯维加斯（飞行时间约5小时），下午自由活动（约2小时），晚餐后入住酒店休息。

第8天：拉斯维加斯（含团队早餐或便携式简餐，午、晚餐自理）。

早餐后全天自由活动（当天不含车费，午、晚餐费）。

第9天：拉斯维加斯→洛杉矶（车程6小时左右，含团队早餐，团队午餐，团队晚餐）。

早餐后驱车前往购物中心自由活动（约2小时），之后前往洛杉矶，抵达后游览位于好莱坞大道的中国戏院（外观，约10分钟）以及星光大道（约20分钟）。晚餐后回酒店休息。

第10天：洛杉矶→圣地亚哥→洛杉矶（来回车程约5小时，含酒店早餐，团队午餐，团队晚餐）。

参观老城（Old Town）（游览时间约 40 分钟），后乘车返回洛杉矶。

第 11 天：洛杉矶→旧金山（含酒店早餐，午餐自理，含团队晚餐）

当天乘飞机前往旧金山（航程约 1 小时 24 分钟），抵达后参观金门大桥（游览时间约 30 分钟），然后游览渔人码头（约 1 小时）。晚餐后入住酒店休息。

第 12 天：旧金山→中国香港（含酒店早餐，午、晚餐自理）。

当天乘飞机前往中国香港（航程约 14 小时 40 分钟）。

第 13 天：中国香港（全天用餐自理）。

当天晚上抵达中国香港国际机场，于机场散团，结束愉快旅程。

## 三、计划

**教师指导**

引导学生对知识进行解析和重构。从领队工作岗位出发，结合本条线路，提取各环节需要掌握的相关知识、可能出现的意外问题及处理办法，重构为一个完整的工作过程，并简要讲授给学生。

**学生实操**

分析本条带团线路，总结该线路容易出现的意外问题和领队工作的重点。

### 知识链接 2：美洲游领队工作流程要点

（1）准备工作。

（2）召开行前说明会。

（3）办理中国出境手续。

（4）办理美国入境手续。

（5）落实境外旅游接待事宜（广州→中国香港→芝加哥→纽约→费城→华盛顿→拉斯维加斯→洛杉矶→圣地亚哥→洛杉矶→旧金山→中国香港）。

（6）办理美国离境手续。

（7）办理中国入境手续。

（8）散团及其他事宜。

## 四、实施和检查

### （一）行前说明会

**教师指导**

布置内容，包括行前说明会形式、内容及重点。

**学生实操**

分组模拟行前说明会，在此过程中，学生必须主动学习美国的概况知识，包括民俗风情、海关规定、行程涉及的景点等，并研究行程，分析总结本条线路的注意事项（尤其是禁忌），确定工作重点，然后模拟召开说明会（其他组学生扮演游客）。

### （二）本线路领队工作模拟

工作模拟包括重要景点简单介绍、意外问题处理、导购工作等。

**教师指导**

（1）本条线路领队工作重点（和学生一起总结）。

（2）领队服务技巧。

**学生实操**

将本线路的领队工作进行细分，分解成多个工作情景，让学生进行模拟实操。

**工作情景实操1：广州集合前往香港国际机场，香港国际机场出境登机过程模拟**

实操说明和要求：把学生分为若干小组，分别扮演领队、游客、机场工作人员、空乘等角色，进行机场集合和登机过程模拟实操。小组角色可以轮流互换，让学生熟知机场集合和登机工作的领队服务内容。

实操要点：（1）广州指定地点集合时，领队需要准备的物品，如导游旗、领队证和游客资料等。（2）集合完毕后，领队需要带领游客统一乘车前往香港地区，办理香港地区入境手续，并把护照等相关证件派发给每个游客。（3）到达香港国际机场后，领队带领游客办理登机手续和行李托运。（4）出境登机过程，带领游客过关，清点人数。（5）登机后的相关服务。

**工作情景实操2：美国入境过程模拟**

实操说明和要求：把学生分为若干小组，分别扮演领队、游客、机场工作人员等角色，进行入境过程模拟实操。小组角色可以轮流互换，让学生熟知带领游客入境美国工作的领队服务内容。

实操要点：在美国入境时，必须填写两份表格，其中一份是美国出入境登记表（Form I－94），另一份是美国海关申报表。美国出入境登记表从2013年4月30日起实行电子化，所以入境时领队不需要提醒游客填写入境登记表，但是领队要协助游客填写海关申报单。过境时，领队还要提醒游客排队，不要大声喧哗和说话，因为美国人反感在公众场合喧哗。如果游客做出不礼貌行为，有可能会被移民局拒绝入境。

**工作情景实操3：美国机场集合登车后，领队致欢迎词、介绍美国概况情景模拟**

实操说明和要求：把学生分为若干小组，分别扮演领队、游客、司机等角色，进行旅游车上致欢迎词、介绍美国概况模拟实操。小组角色可以轮流互换，让学生熟知在没有地陪的情况下，领队在美国境内如何致欢迎词、介绍美国概况。

实操要点：（1）致欢迎词前的工作。（2）欢迎词的5个必备要素。（3）掌握美国概况。

**工作情景实操4：全程协调讲解和活跃气氛片段情景模拟**

实操说明和要求：假设教室就是一辆旅游车，把学生分为若干小组，分别扮演领队、游客和司机等角色，领队在旅游车上进行讲解和娱乐活动模拟实操，小组角色可以轮流互换，让学生熟知领队在旅游车上的工作服务内容。

实操要点：（1）领队要用通俗易懂的语言向游客进行讲解，让游客尽快了解当地的文化习俗。（2）领队挑选本条线路中最重要的景点进行简单介绍，这要求学生了解美国旅游资源，并挑选重点景点做讲解准备，进行景点讲解（将讲解技能训练融入工作过程中）。（3）车上娱乐活动的形式应该多种多样，领队要懂得通过各种活动调节和活跃气氛，领队也可以表演才艺以提高游客兴致。

**工作情景实操5：特色餐饮介绍与日常巡餐情景模拟**

实操说明和要求：把教室当作一家餐厅，学生分为若干小组，分别扮演领队、游客和餐厅工作人员等角色，领队先与餐厅工作人员进行订餐沟通，然后进行特色餐饮介绍与日常巡餐模拟实操。小组角色可以轮流互换，让学生熟知领队如何进行特色餐饮介绍和日常巡餐。

实操要点：（1）特色餐饮介绍的内容要点。（2）注意巡餐时的相关事宜，例如，什么时候巡餐、巡餐几次较为合理，以及巡餐时需要做什么。（3）巡餐时，必须每一桌游客都要照顾到，一视同仁。

**工作情景实操6：安排游客入住酒店与分房技巧情景模拟**

实操说明和要求：把教室当作一间酒店，学生分为若干小组，分别扮演领队、游客和酒店工作人员等角色，进行安排游客入住和分房模拟实操。小组角色可以轮流互换，让学生熟知领队如何办理入住手续和如何合理分房。

实操要点：（1）办理入住酒店前需要收齐游客护照。（2）分发房卡的技巧。（3）提醒游客入住美国酒店时的注意事项。（4）判断是否需要巡房。

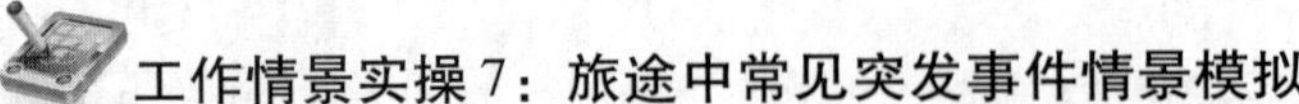

### 工作情景实操 7：旅途中常见突发事件情景模拟

实操说明和要求：学习、分析、思考这条线路容易发生的问题，讨论处理及预防的方法，选取最常见的突发事件进行情景模拟，分别扮演不同的角色进行模拟，边做边讲解说明，便于其他组学生和教师理解，让学生熟知领队如何解决这种突发事件。

实操要点：（1）领队对突发事件的反应。（2）合理处理事件的技巧和要点。

### 工作情景实操 8：美国游全天自由活动的行程推荐与安排情景模拟

实操说明和要求：美国游一般会安排自由活动，尤其是在拉斯维加斯，有很多项目供游客选择。学生需模拟相关工作情景。

实操要点：（1）酒店的接送工作。（2）自由活动的安排协调。（3）领队与司机的沟通合作。

### 工作情景实操 9：美国知名商场、知名品牌和特色旅游纪念品的攻略及介绍

实操说明和要求：很多游客去美国都会购买奢侈品牌商品和特色旅游纪念品。把学生分为若干小组，利用网络搜索美国知名商场、品牌及特色旅游纪念品，然后分小组扮演领队角色向游客进行展示和介绍，并模拟购物场景，以便领队为游客提供的相关服务。

实操要点：（1）相关资料尽可能齐全。（2）介绍与展示的技巧把握。（3）了解购物时领队的工作内容。

### 工作情景实操 10：美国出境和中国入境过程模拟

实操说明和要求：把学生分为若干小组，分别扮演领队、游客和美国机场工作人员等角色，进行美国出境和中国入境过程模拟实操。小组角色可以轮流互换，让学生熟知领队在美国出境和中国入境过程。

实操要点：（1）美国出境的行李托运和手续办理。（2）美国出境的过关检查。（3）入境中国的提醒工作，比如罗列不能带进中国境内的物品等。

**小资料**

#### 美国游注意事项

1．必带物品

（1）护照、身份证原件（无身份证的儿童需要带户口本原件）。

（2）出于环保意识，美国大多数酒店不提供牙刷、牙膏、拖鞋等相关洗漱用品，需自行准备。

（3）备一些常用的药物，如祛风油、创可贴等。

（4）每年 10 月份正值美国的初秋，所游览城市的温度是 7 ~ 21 ℃，但是应该带适合深秋或是初冬穿着的衣服，至少要有件稍厚些的夹克，薄的毛线衣可以带上一

两件，长裤长衣也需备上。另外，由于美国紫外线非常强，可准备遮阳伞、遮阳帽、太阳眼镜和防晒乳液，注意防晒。

（5）美国的插头和电压：美国电源电压是110伏，而且三眼插座插孔和国内的不同。游客最好能随身携带万用插座以备用，或者买个转换插座。

2. 乘机须知

（1）在美国机场乘坐飞机时，需提前2~3小时到达机场办理登机手续。“9·11”事件后，美国各大机场（特别是国际航班）对旅客的安检非常严格，并要求旅客的托运行李不得上锁。遇到美国国内重大节假日或遇恐怖袭击的指数升高的情况，办理登机手续的时间可能更长。向所乘航空公司查询办理登机手续的时间，以免耽误登机。

（2）在美国，年满21岁的成年人才能购买或者携带含酒精的饮料。乘客年满21岁可免税携带200支香烟、50支雪茄或者3磅烟丝，及1升瓶酒。美国内陆航班严禁携带超出规定量的液体上飞机，须托运。

3. 有关注意事项

（1）美国西部城市如洛杉矶比北京时间晚16小时，华盛顿、纽约与北京晚13小时。由于时差较大，去美国前几天需注意休息以便到美国后更好地调整时差。

（2）参观博物馆、教堂及夜总会严禁摄影或者禁止使用闪光灯，应自觉遵守规定。

（3）美国酒店房间内冷水可以直接饮用，热水龙头的水不能直接饮用，酒店通常不备开水，如果需要饮用可自行使用房间内小型咖啡壶（拉斯维加斯的酒店不提供咖啡壶）。

（4）在美国，政府建筑物、大部分的交通工具内、公众场合、绝大部分的室内都不允许吸烟，不少禁烟酒店中装有探测设备，如在公共场合吸烟，将会被高额罚款。

（5）由于美国警察配有枪支，如果需要和警察沟通，在他们面前请尽量按指示行动，不要有突然动作，尤其不要突然伸手到上衣内侧口袋里掏东西，避免他们产生误会。

（6）在美国，因为“Negro”是指从非洲贩卖到美国为奴的黑人，所以不要把黑人称为“Negro”,。否则黑人会认为这是种族歧视。说到黑人，最好用“Black”一词。

（7）美国团由于时间紧张、行程紧凑，加上转机、时差等原因，容易使游客疲劳，领队须做好协调工作。

4. 国际惯例

（1）美国是习惯支付小费的国家，应尊重该国惯例。在餐馆用餐应付小费，通常为账单金额的15%左右。对机场、饭店的行李员也应适当付小费。

（2）每天应在酒店房间放一些小费，以示对服务生的尊重，一般为每晚1~2美元。

5. 电话和汇率

（1）美国的货币是美元，出游前应查看汇率，美元可在国内的银行提前预约兑换。

（2）若要携带手机，出发前需办理开通国际漫游功能手续。由于国际漫游资费比较高，大家可选择在美国当地购买电话卡，话费比较低。

### 知识链接3：美国游的领队工作重点

（1）介绍入境海关的注意事项，以及特殊规定应对方法（如限带香烟、酒等）。

（2）美国东西海岸距离较远，境内个别城市间需要乘坐飞机，协助游客办好各地登机手续和提醒游客注意事项。

（3）中美两国时差较大，指导游客如何尽快倒时差，使游客精神饱满地参与行程。

（4）当饮食较差时，懂得如何安抚游客情绪。

（5）作为领队，需要有较高的英语水平，能够和美国当地相关部门顺利进行沟通。另外，需要熟悉所到的线路和景点，流畅地向游客介绍景点和当地文化与习俗。

（6）美国各州有各自的法律，且有一定差异。领队需要了解各州相关法律的差异，并提醒游客注意事项。

**趣味讨论**

经过一天的行程，游客抵达酒店已经口干舌燥，很多人第一句话便是问领队："有没有开水？"领队该如何回答呢？

### 知识链接4：问题与事故的处理

在美国的长线旅行团中，由于各种原因，有可能会遇到各种各样的问题与事故。当问题与事故发生时，要及时进行恰当的处理，降低问题与事故带来的不良影响与损失。如游客走失、游客伤病（含病危或死亡），护照丢失、钱物丢失等事故与问题发生时，领队要及时采取适当措施，与当地相关部门、中国驻当地大使馆或领事馆、组团社等联系，寻求尽快解决和处理的方式。

**小情景**

"中国日报网环球在线"消息：综合美国媒体报道，一辆载有中国游客的大客车1月30日在亚利桑那州著名的胡佛水坝附近的高速公路上翻车，事故造成至少7名中国游客死亡，另外还有至少16人受伤。

事故大约发生在当地时间30日16:00，客车在93号高速公路上向北行驶时突然失控，先是向左冲然后向右拐，并冲过了中间的隔离带，在至少翻滚了一圈后才完全停下来，最后倾覆在南向车道上，车头严重受损。事发地点距离著名的胡佛水坝约40千米，距离著名赌城内华达州拉斯维加斯市约100千米。

车祸发生后，当局立即展开营救，至少4架直升机前往救援，伤员分别被送往附近医院和拉斯维加斯大学医疗中心。亚利桑那州公共安全部官员罗伯特·贝利说，已经确认6名乘客当场死亡，相信他们是在客车翻滚过程中被抛出车厢而遇难的，另外还有十多名乘客受伤，车祸原因尚未查明，没有其他车辆卷入这起车祸。

拉斯维加斯大学医疗中心发言人科恩说，一名在该医院接受治疗的40多岁男子因伤重抢救无效死亡，目前，还有5名受重伤者在医院进行抢救，包括4名乘客和客车司机，其中61岁的司机和一名35岁女子情况危急，尚未脱离生命危险。科恩说，这些伤员全都是中国人。

在出事公路附近工作的莎莉·拉森是最早赶到现场的目击者之一。她说，她当时听到一声巨大的碰撞声和人们的尖叫声。她跑过去后发现一些人倒在马路上，纸和钱散落得到处都是。她跑回去给伤者拿来了毯子、毛巾和水。她说："我试图安慰一名妇女，但她不会说英语，我努力让她好受些，但她还是死了。"

亚利桑那州公共安全部发言人詹姆斯·沃瑞纳说，发生车祸的客车上坐的都是来自中国不同地方的游客，他们从中国上海乘机首先抵达旧金山。30日早上，他们从拉斯维加斯启程前往亚利桑那州境内的大峡谷游览，出事时正在返回拉斯维加斯的路上。

（资料来源：http://news.sohu.com/20090201/n261988333.shtml.）

想一想：如果你是领队，遇到以上情形该如何处理？

## 五、评价和提升

学生互评：每个小组模拟活动后，派代表再次把本组带团过程中出现的意外问题处理步骤和措施完整陈述一遍，便于大家加深印象，系统掌握。

小组互评：指出模拟中不尽完善的地方，有利于大家一起得到提升。

教师评价：结合自身深厚的理论知识和丰富的实际工作经验，对学生模拟过程进行点评，总结整体存在的问题，提出解决方案，指出哪些方面需要锻炼及如何锻炼。然后结合学生具体情况予以个性化点评指引，使大家的认识进一步深化，从"知其然"走向"知其所以然"，从技术实践知识走向技术理论知识。最后，师生一起总结本条线路领队工作重点。

**领队日记**

### 美国带团游记

第1天，我们全体人员6:30到达浦东机场，在2号航站楼25号门集合。我们乘坐的是美国达美航空公司的航班，由上海飞东京再转机到达旧金山。首先我将一份包括护照、美国邀请函、名单表、行程、住宿酒店的资料发给每一个客人，告知客人随身携带这份资料，不要放入行李箱托运。特别提醒大家行李箱不要

上锁，因为安检人员会打开查看，以防锁被弄坏，禁止携带肉类、蛋、水果、牛肉干、月饼之类的食品，因为肯定会被收缴；液体、固体、膏状物也要托运。上海飞东京需2小时，东京飞旧金山为9小时20分钟。由于航班在上海飞东京时就延误了1.5小时，所以东京转机时请注意下飞机后一直沿着转机标志前进，到达转机处一定要上前询问工作人员能否先行进入，否则将被其他航班的转机客人堵住出口。告知工作人员是前往“SAN FNANCISCO”，然后就会马上通过另一个通道进入安检，这时一定要提醒客人不要上洗手间，先跟着大部队走，不能落下。最好让客人过了安检后，等待全团人员到齐后方可一起进入飞机。东京时间与北京时间相差1小时，旧金山与北京时间相差15小时，比如我们北京时间的16号00:10，等于美国时间的15号9:10。在飞往美国的飞机上需要填写一张出入境卡和一张海关申报表，告知客人入境卡钉在护照上千万别丢，回程需使用。到达海关后，在“Visitor”通道排队等候，必须按指纹和照相，还要回答一些简单的问题。之后拿取行李，还要进行行李检查。这里的检查会比较严格，不该带的东西全部会被收缴。由于这一天倒时差很厉害，所以建议客人尽量多睡觉补眠。

第2天，早上车辆出现故障，一个上海的女客人开始闹情绪，必须安抚好。这一天的景点都是在华盛顿的市中心展开，如白宫、国会大厦等，14:00就要赶到纽约，车程4.5小时。

第3天，由于我们是住在新泽西，所以进入曼哈顿车程大约要1小时，我们赶在10:00以前到达，然后坐船观赏自由女神像，游船大约1小时。接着前往华尔街游览，参观联合国大厦。下午，逛第五大道、时代广场、洛克菲勒广场。提醒客人在坐船时拿好照相机，以免掉水里或甲板上摔坏。进入联合国大厦时需安检，大包不能带入。

第4天，8:00出发，从纽约前往布法罗，车程需7.5小时，中途用餐。到达大瀑布可推荐自费“雾中少女号”游船，游览大瀑布整个行程约2小时。

第5天，3:45就起床，4:15从酒店出发前往机场，需让酒店打包好早餐每人一份。布法罗到亚特兰大需2小时20分钟，没有时差。从亚特兰大到拉斯维加斯需要4小时，有3小时时差。到达拉斯维加斯时已是11:12，下飞机后你会发现直接到达一个候机厅，随后跟着指示标志即行李托运——Baggage Claim下电梯坐小火车进入提取行李处拿行李，导游就在此等候。这一天导游就会推荐自费景点，并且会确定第2天参加大峡谷的名单。客人当天晚上参加了拉斯维加斯的表演节目，并表示赞赏。

第6天，7:30出发前往大峡谷，车程约2.5小时。晚上可夜游自费景点，大约3.5小时。我向客人推荐了一些节目，如在TI酒店门口有海盗船表演，每隔1.5小时一场；在BELLAGO酒店门口有音乐喷泉，每隔15分钟一次；在Old Town有激光秀，整点播放。还可以参观威尼斯酒店，里面有人造天空。

第7天，8:30出发前往洛杉矶，3小时后到达巴仕图工厂直销店，里面有COACH，TOMMY，CK等品牌。购物时间大约3.5小时，之后驱车2小时便到达洛杉矶。住的酒店都比较偏远。

第8天，团队游览星光大道、柯达戏院，之后前往环球影城。这一天的午餐客人自理，要提前告知客人。有的客人要求前往比华利山庄，那里是富豪、明星居住的地方，里有很多名品商店坐落于此。迪士尼音乐厅及洛杉矶湖人队的篮球馆也都参观了。

第9天，8:00出发前往圣地亚哥，参观圣地亚哥军港、航空母舰，可推荐自费经典——游船。下午客人可自费前往墨西哥（本人不建议推荐项自费，因为游览时间太短，客人反映体验不好，会遭投诉）。如果有人去墨西哥，而一部分客人不去的话，就可以在奥特莱斯购物。

第10天，洛杉矶飞夏威夷需要大约5.5小时，夏威夷与中国时差为18小时。下午游览珍珠港，需坐船。晚餐后自由活动，可购物，可到沙滩游玩。

第11天，早上自由活动，下午环岛游，可推荐水上自费项目。夏威夷总体感觉比较休闲，酒店就靠近WAIKIKI海滩，一些高档品牌店也就在附近。

第12天，航班从夏威夷经东京转机回上海。从夏威夷到东京飞行8.5小时左右，从东京飞上海约需3小时。

12天的行程节奏紧凑，游客普遍反映良好。作为领队需要具备应变能力，确保行程顺利完成。

（朱敏　宁波康泰国际旅游有限公司）

**【思考与练习】**

一、选择题

1. 在行前说明会上，领队应提醒游客，到达美国来访者（非美国居民），如果携带超过(　　)美元或相等数额的货币的现金带进或带出美国，要申报（另外填表），若不申报，有可能被没收或刑事起诉。

A. 20 000　　B. 30 000　　C. 10 000　　D. 50 000

2. 美国西北航空公司的标志是（　　）。

A. UA　　B. NW　　C. LH　　D. AF

3. 在下列宗教中，美国信仰人数最多的是（　　）。

A. 基督教新教　　B. 天主教　　C. 犹太教　　D. 东正教

4. 当需要在美国机场乘坐飞机时，领队需尽可能提前（　　）带领游客到达机场办理登机手续。

A. 2~3小时　　B. 1~2小时　　C. 1小时　　D. 4小时

5. 领队告诉游客，从拉斯维加斯到洛杉矶一般需要乘坐（　　）小时左右车程。

A. 6　　B. 7　　C. 5　　D. 4

6.（　　）是美国本土最南端的城市，与古巴隔海相望，为南北美洲文化和商业交汇中心。

A. 迈阿密　　B. 洛杉矶　　C. 旧金山　　D. 纽约

7. 领队需提醒游客，在美国，必须年满（　　）岁才能购买或者饮用任何含酒精的饮料。

A. 18　　B. 21　　C. 20　　D. 22

8. 自“9·11”事件后，航空公司安检特别严格，无论是什么人，都有机会被抽查。领队应提醒游客，登机牌如显示（　　），要接受特别严格的安检，需予以配合。

A. “SSSS”　　B. “RRRR”　　C. “QQQQ”　　D. “JJJJ”

9. 美国是习惯支付小费的国家，应尊重该国际惯例。领队应提醒游客，在餐馆用餐应付小费，通常为账单金额的（　　）左右。

A. 15%　　B. 10%　　C. 5%　　D. 20%

10. 每年9月，华盛顿、纽约与北京时差是（　　）小时。

A. 12　　B. 13　　C. 11　　D. 16

二、判断题

1. 旅游团到达拉斯维加斯时，领队应向游客介绍，世界三大著名赌城是“一夜暴富”的超级赌城——拉斯维加斯、闻名于世的墨西哥赌城——蒙地卡罗以及“东方拉斯维加斯”——澳门。（　　）

2. 行前说明会上，领队应提醒游客，如进入夜总会或赌场参观，男士需要穿着有领衬衣和长裤，穿短裤、拖鞋者都不可进入。（　　）

3. 到达美国西部城市（洛杉矶、拉斯维加斯）时，领队应提醒游客，当地时间与北京时间的标准时差为16小时。（　　）

4. 遇到暴力抢劫应保持镇定，避免做无谓的抵抗，因为多数歹徒拥有枪支，紧急情况可拨打999电话报警。（　　）

5. 美国酒店房间内冷水可以直接饮用，水龙头的热水也可直接饮用。（　　）

6. 在美国，不要把黑人称为“Negro”。（　　）

7. 美国的绰号叫“山姆大叔”（Uncle Sam）。1961年，美国国会通过决议，正式承认“山姆大叔”为美国的象征。（　　）

8. 四年一次的美国总统选举又称为“狮象之争”或“狮象赛跑”。每到选举季节，海报和报纸铺天盖地的都是狮和象的“光辉形象”。（　　）

9. 在美国，女子婚后需要改夫姓。（　　）

10. 进入美国边境时要填写I-94出入境登记表和海关申报单。（　　）

三、问答题

1. 请简述美国的文化特色。

2. 作为领队，本线路有哪些需要注意的事项或者工作的重点？

四、实操题

请设计一条中国中学生到美国夏令营的游览线路。小组一人扮演领队，其他人扮演相关工作人员，模拟从入境美国到入境中国最后散团的过程，其他小组和教师进行点评。

**【参考答案】**

一、选择题

1. A　2. B　3. A　4. A　5. A　6. A　7. B　8. A　9. A　10. A

二、判断题

1. ×　2. √　3. √　4. ×　5. ×　6. √　7. √　8. ×　9. √　10. ×

三、问答题

1.（1）宽容性。美国人的文化习俗中形成了较高程度的宽容性，对异质文化和不同评议持容忍、可接受的态度。

（2）不拘礼节。美国人以不拘礼节著称于世。在写字楼里，人们常常能看到“白领”不穿外套、不系领带坐在办公室里工作。

（3）头衔与称呼。由于美国人强调平等，他们的社会等级观念相对而言比较淡薄，他们也没有家庭世袭的头衔。相反，美国人喜欢用职业的头衔作为称呼，因为这是靠自己的努力取得的，而不是世袭相传的。

（4）样样自己动手。欧洲、亚洲等部分国家有钱，为了显示气派，或者为了从琐碎的家务中解脱出来，常常雇佣女仆、厨师和司机等人侍候自己及家人。在美国，这种情况不多，因为他们讲究“自己动手”，即 Do it yourself。

（5）不喜欢沉默。与美国人有过接触的人都有这种感觉，他们奔放、随和、坦率——这当然是美国人的可爱之处。这种性格在“侃大山”中表现得十分显著。

（6）生活节奏快。美国人生性好动，精力充沛。美国人总是“停不下来”，似乎有永远也使不完的精力。

（7）美国尊重个性、崇尚个人主义，个人奋斗成功的故事是“美国梦”的精髓部分。

（8）与大多数欧洲国家的人一样，美国人喜欢坦率地表述自己的观点和意见。在他们看来，一是一，二是二，没有必要在简单的事实面前添加多余的修饰词句。

（9）批判精神。美国人有着质疑、探究性精神，故对某些观点持批判态度。年轻人与长者会因意见相左而互相争辩，学生与教师常会因看法不一致而“唇枪舌剑”一番。

（10）不懂就问，有问必答。美国人讲究直率，又珍视真实。因此，无论在课堂上，还是平时闲聊，碰到不懂的问题，或没听清楚的句子，他们都爱刨根问底。

（11）爱做实验。美国本身可比作一个实验场。从深层意义上讲，美国人爱实验的秉性和由此而衍生的开拓精神都源于他们的乐观主义思想。

2.（1）入境时通过海关的注意事项，及特殊规定应对（如限带香烟、酒等）。

（2）美国东西海岸距离较远，境内个别城市间需要乘坐飞机，协助好游客办好各地登机手续和提醒游客注意事项等。

(3) 中美两国时差较大，引导游客如何尽快适应时差，使游客精神饱满地参观景点。

(4) 饮食较差，注意安抚游客。

(5) 英语水平需要过关，能够和美国当地相关部门顺利进行沟通；另外，需要熟悉所到的线路和景点，熟练地向游客介绍景点和美国当地文化。

(6) 美国是允许私人合法持有枪械的，且美国个别城市的特定街区犯罪率较高，应提醒游客注意相关事项，确保人身安全。

(7) 美国是基督教国家，应提醒游客注意相关事项。

(8) 美国各州有各自的法律，且有一定差异，领队需要了解各州相关法律的差异，并提醒游客注意事项。

四、实操题

略（设计该线路要突出中学生夏令营的特色，游览线路要合理。在角色扮演的模拟过程中，教师要特别注意领队角色的各种操作是否符合实际工作中的操作规范和要求）。

## 活动 2　加拿大游领队工作

**案例导入**

作为某旅行社的领队，公司派你带领一个 10 天的旅游团前往加拿大旅游。

**想一想**

作为领队，带团去加拿大，出发前需要做好哪些方面的准备工作？

### 一、资讯

**教师指导**

制定清晰的教学目标，指导学生掌握加拿大游领队工作知识和技能，告知学生获取相关资讯的方式（包括网络、旅行社门店、资深人士等）。

**学生实操**

搜集各大旅行社旅游门店的宣传单及其网站上推出的主要线路；通过网络查找和请教资深人士获取主要旅游线路的相关信息；搜索各旅游线路的旅游攻略。

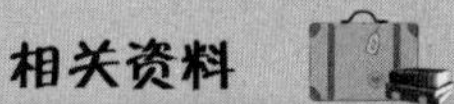

相关资料

## 加拿大概况

加拿大（Canada）是北美洲最北的国家。美国是加拿大唯一陆上邻国，两国公民无须签证即可跨越国界。

加拿大是一个多民族的移民国家，主要居民是英裔和法裔加拿大人，后者主要聚集在魁北克省，这里曾连续两次被联合国评为“最适合人类居住的地方”。加拿大的官方语言是英语和法语。加拿大境内多枫树，有“枫叶之国”的美誉，枫树、枫叶已成为加拿大国家、民族的象征，加拿大国旗上的枫叶反映了加拿大人对枫叶的钟爱。

加拿大旅游业发达，在世界旅游组织收入最高国家中排名第九位。由于加拿大地理位置的原因，万里江山上的名胜不胜枚举，包括世界奇观尼亚加拉瀑布、雄伟壮观的落基山脉、郁郁葱葱的大森林、浩瀚无边的五大湖、绵延千里的大草原和层林尽染的秋季火红枫叶，无不让我们领略到加拿大的多姿多彩，气象万千。此外，加拿大第一大城市多伦多、有“北美郁金香之都”称号的渥太华、洋溢着法国风情与浪漫色彩的蒙特利尔和魁北克以及气候宜人的温哥华，都是游客观光不容错过之处。

加拿大虽然历史不长，但民族众多，多元文化交融，既有英国风格的景观，又有法国气息的呈现，还有充满神秘色彩的土著印第安人和因纽特人。遍布各大中城市的唐人街，让我们看到中华文化在海外的伸展。

在加拿大，多伦多主要景点有市政厅、皇家军事学院、皇后大学、国会大厦、和平钟、图书馆、和平纪念碑、总督府、皇家安大略博物馆、“常青树”砖厂、加拿大国家电视塔、央—登打士广场、海柏公园、多伦多群岛、圣劳伦斯市场、顿河河谷小径、伊顿中心等；魁北克的主要景点有军人广场、圣母玛利亚大教堂、皇家广场、魁北克省议会大厦等；蒙特利尔的主要景点有蒙特利尔圣母院、奥林匹克运动会场、圣若瑟礼拜堂等；温哥华的主要旅游景点有斯坦利公园、卡皮兰诺吊桥公园、格兰维尔岛、加拿大广场、煤气镇等；维多利亚市的主要景点有中国城、不列颠哥伦比亚省议会大厦、维多利亚港、零点里程碑、布查德花园等。

## 二、决策

**教师指导**

将大家搜集的资讯进行汇总、比较，带领学生一起分析各家旅行社线路的优缺点，给出一条参考线路（教师需随时掌握学生的操作进度和分工情况）。

**学生实操**

选取一条有代表性的线路，进行小组内角色分配。

### 知识链接 1：参考线路

**加拿大东西岸 10 天（花园之旅）**

第 1 天：广州→中国香港→多伦多（飞行时间约 15 小时）。

第 2 天：多伦多→（车程约 1.5 小时）→尼亚加拉大瀑布（车程约 1.5 小时）→多伦多。

早餐后游览天宏体育馆（约 5 分钟）、议会大厦（约 20 分钟）、市政厅（约 10 分钟）、多伦多大学（进校园，约 20 分钟），外观 CN 塔（约 10 分钟）。后前往游览尼亚加拉大瀑布（约 1 小时）。

第 3 天：多伦多（车程约 1.5 小时）→金斯顿（车程约 3.5 小时）→渥太华。

早餐后参观市政厅（约 10 分钟）、皇家军事学院及著名的皇后大学（约 20 分钟）。继而参观国会大厦（约 20 分钟）、和平钟（约 10 分钟）、图书馆（约 20 分钟）及和平纪念碑（约 10 分钟），车游名人区、使馆村、丽都运河，外观总督府、总督官邸等（共约 40 分钟）。

第 4 天：渥太华→魁北克（车程约 5 小时）。

早餐后前往魁北克市，游览军人广场（约 10 分钟）、游览特雷素尔街（约 20 分钟）、圣母玛利亚大教堂（约 20 分钟）。随后前往游览皇家广场（约 20 分钟）。外观魁北克省议会大厦（约 30 分钟）。

第 5 天：魁北克→蒙特利尔（车程约 3.5 小时）。

早餐后驱车前往蒙特利尔，游览蒙特利尔圣母院（约 10 分钟）、奥林匹克运动会场（约 10 分钟）、圣若瑟大教堂（约 20 分钟），接着再往艺术广场和可容纳三千名观众的音乐厅（约 20 分钟）。

第 6 天：蒙特利尔→温哥华（飞行时间约 5.5 小时）。

早餐后乘机飞往温哥华，参观斯坦利公园（约 45 分钟），午餐后前往卡皮兰诺吊桥公园（约 45 分钟）游览。然后回到温哥华市区，在罗布莱大街自由活动（约 30 分钟）。

第 7 天：温哥华→维多利亚。

早餐后乘 BC 渡轮（BC Ferries）前往维利多亚，进行市区观光（约 1 小时），包括中国城、不列颠哥伦比亚省议会大厦、维多利亚港、零点里程碑等。下午参观布查德花园（约 1 小时），然后在布查德花园餐厅享用下午茶（约 1 小时）。

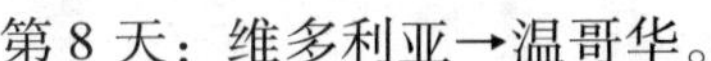

第8天：维多利亚→温哥华。

早餐后返回温哥华，前往格兰维尔岛（约1.5小时），后抵加拿大广场（约20分钟），稍后前往煤气镇（约30分钟）。晚餐后入住酒店休息。

第9天：温哥华→中国香港（飞行时间约13小时）。

第10天：中国香港。

## 三、计划

**教师指导**

进行知识的解构和重构。从领队工作岗位出发，结合本条线路，提取各环节需要掌握的相关知识、可能出现的意外问题及处理办法，重构为一个完整的工作过程，并简要讲授给学生。

**学生实操**

分析本条带团线路，总结该线路容易出现的意外问题和领队工作重点。

### 知识链接2：加拿大游领队工作流程要点

(1) 准备工作。

(2) 召开行前说明会。

(3) 办理中国出境手续。

(4) 办理加拿大入境手续。

(5) 落实境外旅游接待事宜（广州→中国香港→多伦多→金斯顿→渥太华→魁北克→蒙特利尔→温哥华→维多利亚→温哥华→中国香港）。

(6) 办理加拿大离境手续。

(7) 办理中国入境手续。

(8) 散团及其他事宜。

## 四、实施和检查

### （一）行前说明会

**教师指导**

布置内容，包括行前说明会形式、内容及重点。

**学生实操**

分组模拟行前说明会，在此过程中，学生必需主动学习加拿大的概况知识，包括民俗风情、海关规定、行程所涉及景点等，并研究行程，分析总结本条线路的注意事项，确定工作重点，然后模拟召开说明会（其他组学生扮演游客）。

### （二）本线路领队工作模拟

**教师指导**

（1）本条线路领队工作重点（和学生一起总结）。

（2）领队服务技巧。

**学生实操**

将本线路的领队工作进行细分，分解成多个工作情景，让学生进行模拟实操。

**工作情景实操 1：广州集合前往香港地区，香港国际机场出境登机过程模拟**

实操说明和要求：把学生分为若干小组，分别扮演领队、游客、机场工作人员、空乘等角色，进行机场集合和登机过程模拟实操。小组角色可以轮流互换，让学生熟知机场集合和登机工作的领队服务内容。

实操要点：（1）广州指定地点集合时，领队需要准备的物品，如导游旗、领队证和游客资料等。（2）集合完毕后，领队需要带领游客统一乘车前往中国香港，办理香港地区入境手续，并把护照等相关证件派发给每个游客。（3）到达香港国际机场后，领队带领游客办理登机手续和行李托运。（4）出境登机过程，带领游客过好“三关”，清点人数。（5）登机后的相关服务。

（注意：旅游团可以从广州直飞加拿大，但是本线路是从广州到香港地区后再直飞加拿大）

**工作情景实操 2：加拿大入境过程模拟**

实操说明和要求：把学生分为若干小组，分别扮演领队、游客、机场工作人员等角色，进行入境过程模拟实操。小组角色可以轮流互换，让学生熟知领队关于带领游客入境加拿大工作服务内容。

实操要点：领队应提醒游客，如父或母其中一方或由其他亲戚朋友携带未成年人入境加拿大，应该出示另一方母或父以及父母提供声明书（中英文），此声明需公证（中英文），表明知晓其中一方或其他亲戚朋友携带他们的孩子赴加拿大。加拿大海关和边境巡逻队随时可能进行查验，如果没有声明书则会被拒绝入境。

**工作情景实操 3：加拿大机场集合登车后，领队致欢迎词、介绍加拿大概况情景模拟**

实操说明和要求：把学生分为若干小组，分别扮演领队、游客、司机等角色，在旅游车上致欢迎词、介绍加拿大概况模拟实操。小组角色可以轮流互换，让学生熟知在没有地陪的情况下，领队在加拿大境内如何致欢迎词、介绍加拿大概况，尤其是魁北克的特殊历史情况。

实操要点：(1) 致欢迎词前的工作。(2) 欢迎词的5个必备要素 (3) 掌握加拿大概况。

### 工作情景实操4：全程协调讲解和活跃气氛片段情景模拟

实操说明和要求：假设教室就是一辆旅游车，把学生分为若干小组，分别扮演领队、游客和司机等角色，领队在旅游车上进行讲解和娱乐活动模拟实操。小组角色可以轮流互换，让学生熟知领队在旅游车上的协调工作服务内容。

实操要点：(1) 领队要用通俗易懂的语言向游客进行讲解，让游客尽快了解当地的文化习俗。(2) 领队挑选本条线路中最重要的景点进行简单介绍，驱动学生学习加拿大旅游资源，并挑选重点景点做讲解准备（将讲解技能训练融入工作过程中）。(3) 车上娱乐活动的形式应该多种多样，领队要懂得通过各种活动调节和活跃气氛（由于魁北克的官方语言是法语，领队可以在旅游车上教游客学几句常用的法语问候语，到达魁北克省后可以用到），领队也可以表演才艺以提高游客兴致。

### 工作情景实操5：特色餐饮介绍与日常巡餐情景模拟

实操说明和要求：把教室当作一家餐厅，学生分为若干小组，分别扮演领队、游客和餐厅工作人员等角色，领队提前与餐厅工作人员进行沟通订餐，然后进行特色餐饮介绍与日常巡餐模拟实操。小组角色可以轮流互换，让学生熟知领队如何进行特色餐饮介绍和日常巡餐。

实操要点：(1) 特色餐饮介绍的内容要点。(2) 注意巡餐时的相关事宜，例如，什么时候巡餐、巡餐几次较为合理，以及巡餐时需要做什么。(3) 巡餐时，必须每一桌游客都要照顾到，一视同仁。

### 工作情景实操6：安排游客入住与分房技巧情景模拟

实操说明和要求：把教室当作一间酒店，学生分为若干小组，分别扮演领队、游客和酒店工作人员等角色，进行安排游客入住和分房模拟实操。小组角色可以轮流互换，让学生熟知领队如何办理入住手续和如何合理分房。

实操要点：(1) 办理入住酒店前需要收齐游客护照。(2) 分发房卡的技巧。(3) 提醒游客入住酒店时的注意事项。(4) 判断是否需要巡房。

### 工作情景实操7：旅途中常见突发事件情景模拟

实操说明和要求：学习、分析、思考这条线路容易发生的问题，讨论处理及预防的方法，选取最常见的突发事件进行情景模拟，分别扮演不同的角色进行模拟，边做边讲解说明，便于其他组学生和教师理解，让学生熟知领队如何解决这种突发事件。

实操要点：(1) 领队对突发事件的反应。(2) 合理处理事件的技巧和要点。

### 工作情景实操8：参观教堂的情景模拟

实操说明和要求：由于加拿大大部分人信仰基督教，教堂较多，参观教堂的礼仪很讲究，与参观一般景点有所不同，学生需模拟参观教堂的情景，领队提供相关服务。

实操要点：(1) 领队介绍基督教的相关知识及参观教堂的要求，尤其是遇到信徒在教堂做礼拜时，游客应该注意的事项。(2) 参观教堂时的讲解。

**工作情景实操9：加拿大著名商场、知名品牌和特色旅游纪念品攻略展示**

实操说明和要求：很多游客去加拿大都会购买知名品牌、商品以及特色旅游纪念品，把学生分为若干小组，利用网络去搜索加拿大知名商场、品牌及特色旅游纪念品，然后分小组扮演领队角色向游客进行展示和介绍，并模拟购物场景，以便领队为游客提供相关服务。

实操要点：（1）相关资料尽可能齐全。（2）介绍与展示的技巧把握。（3）了解购物时领队的工作内容。

**工作情景实操10：加拿大出境和中国入境过程的模拟**

实操说明和要求：把学生分为若干小组，分别扮演领队、游客和加拿大机场工作人员等角色，进行加拿大出境和中国入境的过程模拟实操。小组角色可以轮流互换，让学生熟知领队在加拿大出境和中国入境过程。

实操要点：（1）加拿大出境的行李托运和手续办理。（2）加拿大出境的过关检查。（3）入境中国的提醒工作，比如罗列禁止带入中国境内的物品等。

**小资料**

**加拿大游的注意事项**

1. 必带物品

（1）护照、身份证原件（无身份证的儿童需要带户口本原件）。

（2）旅游用品，包括照相机、干电池、护肤用品、防晒用品、太阳眼镜、雨具、帽子等。

（3）加拿大酒店多数不提供牙刷、牙膏、拖鞋等洗漱用具，需自行准备。

（4）前文列举的“参考线路”所到的加拿大城市每年10月份的平均温度是1～15 ℃，当地秋季天气转冷较快，天气寒冷，建议带上风衣、夹克衫、棉衣、手套、围巾、羽绒服、皮袄等保暖衣服和配饰。

（5）加拿大使用的电源电压为110伏，其三眼插座也与中国不同，自行准备“美标”转换插头。如电器电源不支持110伏则要加变压器。

2. 乘机须知

参考航空公司有关规定。

3. 有关注意事项

（1）入境加拿大，禁止携带未授权而翻印的各种书刊、音像制品、计算机软件等。

（2）加拿大海关对行李的检查非常严格，严禁携带新鲜水果、肉类和违禁品、动植物。每位游客携带美金10 000元以上超额货币必须申报。

（3）出入境加拿大时，19岁以上者，可以携带下面三种酒类之中的一种，其免税限量分别如下：① 葡萄酒：1.5升，即750毫升的酒2瓶。② 含酒精饮料（酒精度超过0.5%）：1.14升，约一个大标准酒瓶的容量。③ 啤酒或麦芽酒：8.5升，约24个355毫升小瓶。

（4）出入境加拿大时，19 岁以上者，可以携带烟草制品，其免税限量为卷烟 200 支，雪茄 50 支。

（5）如父或母其中一方或由其他亲戚朋友携带未成年人入境加拿大，另一方母或父或父母须提供声明书（中英文），此声明需公证（中英文）。此声明书需在参团过程中随身携带。

（6）进入教堂，男士需着深色西装，打领结，女士则需穿样式庄重的过膝衣裙。

（7）在魁北克，“讲英语还是法语”是个敏感问题。魁北克人比较抵制英语，连英语商标 KFC 都改成法语的 PFK。到魁北克旅游需避开讨论这个敏感话题。

4. 国际惯例

（1）加拿大是小费国家，在餐厅用餐，通常需要按总餐费的 15% 作为服务生的小费（除非是快餐、自助餐，或在账单里写明已经包括“Gratuity”，则不需要付小费）。

（2）司陪小费：每人每天 6 美元，行程结束时现付给领队。

（3）在团体活动之外的时间，如有麻烦导游和领队的时候，按照惯例适当额外打赏，以示鼓励。

5. 电话和汇率

（1）选择可在加拿大使用的手机，自行在国内开通国际漫游服务。

（2）在酒店客房内的电话拨打外线均需收费，且比较昂贵，在当地购买电话卡使用或投币使用公用电话较经济。

（3）加拿大的货币是加拿大元（CAD），可以在国内的银行提前预约兑换。加拿大是无外汇管制国，人民币不可在加拿大兑换加拿大元。常见的信用卡如 VISA、Master 和 American Express 在加拿大境内通用。

**知识链接 3：加拿大游的领队工作重点**

（1）入境海关的注意事项，及特殊规定应对（如限带香烟、酒等）。

（2）中加两国时差较大，指导游客如何尽快适应时差。

（3）加拿大东西海岸距离较远，城市间来往需要乘坐飞机，协助游客办好各地登机手续和提醒游客在加拿大内陆乘机注意事项等。

（4）饮食较简单，懂得如何安抚游客。

（5）作为领队，需要熟悉所到的线路和景点，流畅地向游客介绍相关景点和当地文化。

## 五、评价和提升

学生互评：每组模拟活动后，派代表再次把本组带团过程中出现的意外问题的处理步骤和措施完整陈述一遍，便于大家加深印象，系统掌握。

小组互评：指出模拟中不尽完善的地方，有利于大家一起得到提升。

教师评价：首先，结合自身深厚的理论知识和丰富的实际工作经验，对学生模拟进行点评，总结整体存在的大多数问题，提出解决方案，指出哪些方面需要锻炼及如何锻炼。

然后，结合学生具体情况予以个性化点评指引，使大家的认识进一步深化，从知其然走向知其所以然，从技术实践知识走向技术理论知识。最后，师生一起总结本条线路领队工作重点。

## 读一读

领队不要吝啬说“谢谢”和“对不起”。

在带团过程中，领队应该把“谢谢”列为自己最常用的语言。无论是游客请领队品尝食品，还是帮助领队暂执领队旗，哪怕是比这些更小的细微之处，只要是游客帮助了领队，领队都应以“谢谢”来表达谢意。领队不仅要在游客对领队提供了帮助时说“谢谢”，在请求游客进行帮助和配合的时候，也一定要说“谢谢”。

领队带团过程中，凡有打扰游客的时候，都应主动向游客道一声“对不起”。

总而言之，领队要将礼貌用语真正作为自己的日常习惯用语。游客会从礼仪用语中，体会到领队所受到的良好教育和具备的礼貌教养。

## 趣味讨论

未成年人在申请加拿大访客签证时，需要提供什么资料?

## 领队日记

### 多面加拿大

2011 年 3 月，我来到加拿大的时候正是当地旅游淡季。当我们一行疲惫地抵达多伦多，走到机场出口处时，外面正下着鹅毛般大的雪，地上已经积着厚厚的一层。从浙江 20℃的温度一下子降到 -10℃，大家都感觉特别冷。此时两个在嬉闹玩耍的戴草帽、穿红色衣服和短裤的加拿大小孩吸引了我们一行人的目光，他们穿得好少，玩得正起劲呢。我突然感觉加拿大人好有活力哦！在接下来的行程中，我欲发加深了这种印象。

当晚我们在多伦多 CN 塔顶楼观光时，一位久居加拿大的 40 多岁华裔当着我们大家的面，在他的未婚妻面前，单腿屈膝下跪，手里捧着钻戒。他的未婚妻含情脉脉地望着他，一脸幸福的模样。同行的女团员马上转身问男团员：“你们能做到吗?”男团员马上答话：“能!”我们被加拿大人的激情感染了!

当我们来到位于渥太华以北约 60 千米处的 Mont Ste-Marie Ski Resort 滑雪场时，热情奔放的音乐，广场上欢快的舞蹈，还有那些从雪道上飞驰而下和我们打招呼的滑雪爱好者……一切都是那么愉悦、欢快，我们这些中国来的游客一下子被感染了，加入到滑雪的队伍当中，尽管大家滑得不是很好，经常摔倒，但是还是非常开心。

旅途中，你会时时刻刻感受到加拿大人的热情，当你在拍照时，经常会有人过来问你需不需要帮你拍照。

且不说那秋日红艳似火的枫叶，现在正值寒冷的初春，加拿大给我的感觉还是色彩缤纷的。洁白的融雪，湛蓝的天空，五颜六色的房子，街道两边房子窗户下装饰的各色塑料花，还有拿着各色气球的少女……都让加拿大变得色彩缤纷。

尼亚加拉瀑布是闻名于世的世界第二大瀑布，它位于加拿大和美国交界的尼亚加拉河上，分为美国瀑布和加拿大马蹄瀑布两部分，以其宏伟的气势、丰沛的浩瀚的水气，震撼了所有前来观赏的游人。它是此次加拿大之行的重点，旅游车驶近大瀑布的时候，车内已经传出很多团员的欢呼声了。尽管车子刚停稳，大家已经迫不及待地冲下去了。我们欣赏的是加拿大马蹄瀑布，它比起美国瀑布更为雄伟壮观，呈马蹄形，高达56米，瀑布宽约675米，丰沛的河水从50多米的高处的伊利湖直冲而下，发出震耳欲聋的轰鸣声，气势有如雷霆万钧，瀑布激起的水气高达100多米。我看到，有些水气飘向蓝蓝的天空，然后变成了云雾，真是太美了！而且瀑布上还挂着彩虹，非常漂亮，我无法用言语去形容这种美了。瀑布下面的湖水很蓝，上面浮着冰块，海鸥在天空飞翔，时而发出清脆的叫声。晚上我们住在瀑布对面的酒店，从酒店的房间可以直接看到灯光照射下的瀑布，这是另外一种美。第二天，我们还乘坐直升机观赏瀑布，整个飞行过程让我们充分领略了位于美国一侧的美国瀑布和位于加拿大一侧的马蹄瀑布的湍流涌动的场面。

10天的加拿大之行很快就过去了，加拿大以特有的魅力深深地吸引了我。不仅仅是加拿大的丰富的自然资源、热情的人民，还有那享誉世界的加拿大冰酒和美食都深深地印入我的脑海里！

（董礼梅　浙江华夏国际旅行社有限公司）

**【思考与练习】**

一、选择题

1. 乘坐加拿大内陆航线时，领队应注意航班起飞前（　　）小时开始办理值机手续，起飞前（　　）分钟结柜。

A. 1，30　　B. 1.5，45

C. 2，45　　D. 2，30

2. 行前说明会上，领队应提醒游客，加拿大海关规定入境加拿大访问者可以为亲属和朋友免税携带不超过（　　）的礼品。

A. 80 加元　　B. 70 加元　　C. 60 加元　　D. 50 加元

3. 行前说明会上，领队应提醒游客，在加拿大入境，(　　) 岁以上者，可以携带烟草制品，其免税限量为卷烟 200 支，雪茄 50 支。

A. 18　　B. 19　　C. 20　　D. 21

4. 旅游团到达魁北克省时，领队应提醒当地时间比北京时间晚 (　　) 小时。

A. 12　　B. 13　　C. 15　　D. 16

5. (　　) 是加拿大最大的投资国，双方互为最大贸易伙伴。

A. 美国　　B. 英国　　C. 德国　　D. 中国

6. (　　) 年 4 月 17 日，加拿大脱离英国统治独立，将新国家定名为加拿大。

A. 1982　　B. 1983　　C. 1984　　D. 1985

7. 游客在加拿大去拜访当地朋友，领队应提醒游客，不能携带 (　　)。

A. 菊花　　B. 水仙花　　C. 百合花　　D. 茉莉花

8. 以下音乐人物属于加拿大的是 (　　)

A. 艾薇儿·拉维尼　　B. 路德·范德鲁斯

C. 麦莉·赛勒斯　　D. 克莉丝汀·阿奎莱拉

二、判断题

1. 美国是加拿大唯一的陆上邻国，两国公民无须签证即可跨越国界。(　　)

2. 领队向游客介绍，赴加拿大旅游的最佳季节是 5—10 月，在日照时间较长、气温较高、舒适的初夏到初秋，是最佳旅游时间。(　　)

3. 到达加拿大将要入住酒店时，领队应提醒游客，酒店里房间分为吸烟房间和不吸烟房间。如果在不许吸烟的房间内吸烟，将会被罚款。(　　)

4. 在行前说明会上，领队介绍说加拿大的官方货币是加拿大元，符号为 C $。(　　)

5. 加拿大无国教，人民主要信仰基督教，其中 47% 是天主教徒、41% 是新教徒。(　　)

6. 在加拿大英语地区，居民和他们英伦三岛上的祖宗一样，推崇“人为生存而吃”的信条。(　　)

7. 目前加拿大的退税政策和美国一致。(　　)

8. 加拿大全国紧急电话号码是 000。(　　)

三、问答题

1. 向游客介绍加拿大的饮食特色。

2. 向游客简述加拿大的风俗与禁忌。

3. 作为领队，本线路有哪些需要注意的事项或者工作的重点?

四、实操题

1. 领队带团归来后，应将游客视为旅行社的人脉资源并加以重视，保持与游客建立起来的信任关系，为游客介绍新的旅游线路，争取让游客成为旅行社的常客。学生分组讨论与游客保持联系的方法和技巧，并进行模拟练习。

2. 请完成一份 5 月份赴加拿大 12 日游的行装准备表。见表 4－1。

**表 4－1　赴加拿大 12 日游的行装准备**

| 分类 | 内容 | 分类 | 内容 |
| --- | --- | --- | --- |
| 必备物品 | | 服装类 | |
| | | | |
| | | | |
| | | | |
| | | | |
| | | 药品类 | |
| | | | |
| | | | |
| | | | |
| | | | |
| | | | |
| | | | |
| | | | |
| 辅助物品 | | 其他生活用品 | |
| | | | |
| | | | |
| | | | |
| | | | |
| | | | |
| | | | |
| 其他事宜 | | 紧急电话 | |
| | | | |
| | | | |
| | | | |
| | | | |

**【参考答案】**

一、选择题

1. A 2. C 3. B 4. B 5. A 6. A 7. C 8. A

二、判断题

1. √ 2. √ 3. √ 4. √ 5. √ 6. √ 7. × 8. ×

三、问答题

1. 加拿大人的饮食以肉类、蔬菜为主，面食、米饭为辅。他们特别喜欢吃沙丁鱼和野味。蔬菜偏好生吃，主要有西红柿、芹菜、菜花、洋葱、土豆、黄瓜等。加拿大人口味清淡，偏甜酸，不喜欢太咸的食物。量足价廉可以说是加拿大菜的特色。两大海岸是鳕鱼、鲑鱼的宝库，在这里可以品尝到鲑鱼做成的佳肴，如熏鲑鱼、鲑鱼牛排。

加拿大的快餐业发展很快，种类很多，如热狗、意大利馅饼、汉堡包、美国炸鸡、墨西哥玉米面卷肉、中国份饭等。

加拿大人也喜欢吃我国的江苏菜、上海菜、山东菜。

加拿大人喜欢吃冷食。在聚会上，一般是由主人先将各式菜肴烧好，用碗、盘、碟等器皿盛好后，依次将各式菜肴摆在厨房内的餐桌上，待客人到齐后，供客人享用。因为菜肴烧得比较早，时间一长，也就成了凉菜，加拿大人称之为“冷餐宴会”。

2. 加拿大人的生活习惯包含着英、法、美三国人的特点。他们既有英国人的含蓄，又有法国人的开朗，还有美国人无拘无束的特点。

加拿大人大多数信奉新教和罗马天主教，少数人信奉犹太教和东正教。他们忌讳数字“13”“星期五”，认为“13”是厄运的数字，“星期五”是灾难的象征。他们忌讳白色的百合花，认为百合花会给人带来死亡的气息，因为人们习惯用它来悼念逝者。他们不喜欢外来人把他们的国家和美国进行比较，尤其是拿美国的优越领域与他们相比，更是令人不能接受。加拿大妇女有美容化妆的习惯，因此她们不喜欢服务员送擦脸香巾。他们在饮食上，忌吃虾酱、鱼露、腐乳和臭豆腐等口味重的食物，忌食动物内脏和脚爪，也不爱吃辣味菜肴；他们忌说“老”字，养老院称“保育院”，老人称“高龄公民”；他们忌打破玻璃制品；忌打翻盐罐。

3. (1) 入境海关的注意事项，及特殊规定应对（如限带香烟、酒等）。

(2) 时差较大，指导游客如何尽快倒时差。

(3) 加拿大东西海岸距离较远，境内城市间来往需要乘坐飞机，协助好游客办好各地登机手续和提醒游客在加拿大内陆乘机注意事项等。

(4) 各城市间车程较长，领队要组织相关活动减轻游客的乘车疲劳。

(5) 饮食较简单，领队要懂得如何安抚游客。

(6) 领队需要熟悉所到的线路和景点，熟练地向游客介绍相关景点和当地文化。

(7) 加拿大是基督教国家，魁北克的语言选择等是敏感问题，应提醒游客注意相关事项。

四、实操题

1. 略（只要与游客保持联系的方法合理恰当，符合实际即可）。

2. 略（行装准备表可参考行前说明会内容，但要注意的是5月份赴加拿大，气温是5～15 ℃，携带的服装类要适应季节的需要）。

## 任务三　欧洲游领队工作

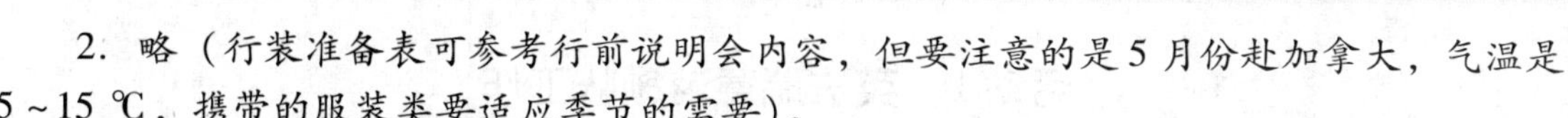

### 学前导语

由于欧洲的地形地势、气候条件存在较大差异等因素，欧洲的自然景观呈现出多样化的特点。这里有法国花都香醉痴迷的夜景、德国神秘而若入仙境的浪漫之路、地中海美女如云的蔚蓝海岸、意大利威尼斯贡多拉上的歌声、罗马古城令人怀旧的雕塑和沉寂多年的火山脚下的庞贝古城、荷兰港口的繁花世界、西班牙惊心动魄的斗牛比赛，还有阿尔卑斯山亮丽雪景照耀下的瑞士及其制造工艺精美绝伦的钟表等。

从世界各大洲、各国等旅游发展看，欧洲的旅游资源利用率较高，游客数量一直位居世界第一。由于欧洲工业发达，大部分国家属于发达国家，经济条件好，人民生活水平质量较高。在这样的条件下，欧洲的旅游业得到大力推进和发展，欧洲的自然景观、人文景观都得到了一定程度的开发。

进入21世纪以来，中国游客已成为欧洲旅游市场的后起之秀，促进了欧洲的旅游服务行业的发展和演化，一些专门针对中国游客的服务行业也应运而生。目前，到欧洲旅游的中国游客越来越多。随着到欧洲旅游的中国游客日益增多，各旅行社对欧洲游领队数量的需求也不断增加。

### 知识目标

（1）掌握欧洲概况知识、经典线路、领队工作基本程序与服务技巧。
（2）掌握欧洲的经典线路中容易出现的意外问题和领队工作重点。

### 能力目标

（1）提高调研、资料分析及总结的能力。
（2）提高导游讲解技能。

### 情感目标

（1）培养领队的安全意识、时间意识和保险意识。
（2）培养细心、周密的工作作风和良好的工作习惯。

## 活动1　英法瑞意游领队工作

**案例导入**

领队李先生带团前往欧洲，第一站抵达奥地利首都维也纳时，发现一位游客的行李丢失。在机场工作人员的指引下，李先生带领游客找到了"Lost and Found"（行李遗失服务处），由于他对相关业务不熟悉，不知道如何与工作人员联系，浪费了很长时间。在与工作人员取得联系后，又因为语言障碍，双方难以沟通，将应当场填写的行李报失表格带回了酒店。因为欧洲行程安排紧凑，待他10天后返回维也纳再和机场交涉为时已晚。由于领队的工作失误，造成了游客在旅途中的极大不便，由此产生的纠纷回国后交涉数月才得以解决。

**想一想**

作为欧洲领队，需要具备哪些方面的能力？

### 一、资讯

**教师指导**

制定清晰的教学目标，指导学生掌握欧洲游领队工作知识和技能，告知学生获取相关资讯的方式（包括网络、旅行社门店等）。

**学生实操**

搜集各大旅行社旅游门店的宣传单及其网站上推出的主要欧洲旅游线路；通过网络查找获取主要旅游线路的相关信息；搜索各旅游线路的旅游攻略，并了解主要景点的信息。

**相关资料**

**欧洲概况**

欧洲（Europe），是"欧罗巴洲"的简称，"欧罗巴"为传说中的女神。

欧洲经济发达，发展水平居各大洲之首，绝大多数国家已经进入发达国家行列，科学技术等许多领域处于世界领先地位。欧洲是世界上城市化程度最高的区域，现代物质文明和精神文化高度发达。根据地理位置，欧洲分为北欧、南欧、西欧、东欧和中欧等。西欧地区丰富的文化胜迹，奇异的都市风情，令人眼花缭乱；中欧地区湖光山色，多姿多彩的历史名域宛若璀璨明珠；有“世界文明摇篮”之称的南欧地区，其地中海的无限风光，众多民族的热情浪漫，令人遐思不断；北欧地区的冰雪王国与滨海胜景，相映生辉。自然景观丰富多彩，人文景观异彩纷呈，皇宫、教堂、城堡被称为“欧洲三绝”。

其中，北欧包括五个国家，有挪威、瑞典、芬兰、丹麦和冰岛，每个国家都有自己独特的旅游景点，如芬兰的赫尔辛基大教堂、丹麦的大理石教堂、挪威的峡湾、丹麦的国宝美人鱼雕像等。南欧有葡萄牙、西班牙、意大利、希腊等主要国家。西班牙的主要景点有马德里王宫，意大利的主要景点有古罗马广场、比萨斜塔等，希腊的主要景点有雅典卫城、克诺索斯王宫遗址等。东欧主要国家包括俄罗斯、乌克兰等。俄罗斯的主要景点有克里姆林宫、冬宫、普希金广场等。西欧的主要国家有英国、法国等。英国的主要景点有白金汉宫、大英博物馆、威斯敏斯特教堂等，法国的主要景点有巴黎圣母院、凯旋门、埃菲尔铁塔等。中欧的主要国家包括瑞士、德国、奥地利等。瑞士的主要景点有万国宫、莱茵瀑布，德国的主要景点有国会大厦、多瑙河、柏林墙遗址，奥地利的主要景点有维也纳国家歌剧院、维也纳音乐厅、维也纳舍恩布龙宫等。

在欧洲游线路中，英国与法国是不少游客首选的国家。英国全称大不列颠及北爱尔兰联合王国，是一个发达的资本主义国家。英国东南部的田园风光素有“英格兰花园”之誉，“花园”中有一座四季如春的小城坎特伯雷，是英国的基督教圣地。英国是个有着深厚文化底蕴的国家，文物古迹众多，人文资源丰富。许多城市，如“万城之花”伦敦、号称“北方雅典”的苏格兰首府爱丁堡、大学城牛津与剑桥、古色古香的约克、“莎翁故乡”瓦维克郡埃文河畔斯特拉特福都是享有世界声誉的旅游名城。

英国的主要旅游景点有牛津大学、温莎古堡、伦敦塔城堡、伦敦塔桥、圣保罗大教堂、白金汉宫、皇家骑兵卫队阅兵场、特拉法加纪念广场、威斯敏斯特教堂、国会大厦和大笨钟、国会广场、唐宁街十号首相官邸、大英博物馆等。

英国人在日常生活中，经常喝英国早餐茶及伯爵茶。伯爵茶是以中国茶为基茶，加入佛手柑调制而成的，香气特殊，旧时风行于欧洲的上流社会。英国人热爱红茶的程度世界知名，他们在一天中不同的时刻，都会暂停工作或活动去喝茶。英国女爵安娜玛丽亚于1840年带动了喝下午茶的习惯，维多利亚女王更是每天喝下午茶，如今下午茶已经全民普及。

法国文化灿烂，名胜古迹比比皆是。海滨优美、乡村辽阔、山川秀丽，旅游资源极其丰富，法国的旅游胜地在欧洲乃至全世界都享有极高的声誉。

法国首都巴黎，以“世界花都”享誉全球。巴黎是历史古都，法国的政治中心和文化中心，同时也是世界文化名城，这里有世界一流的高等学府。巴黎还是艺术家的摇篮，这里的服装领导世界潮流，香水更是风靡世界。

教堂遍及法国各个村镇，其中最为著名的是被称为“年高德重的皇后”的巴黎圣母院。

法国享有“城堡之国”的美称，保存完好的卢瓦尔河谷城堡群，现在成为著名的旅游胜地，其中尚博尔城堡最为著名。

法国的滨海地区都是上佳旅游地，尤以“蓝色海岸”尼斯最为出名。自19世纪英国维多利亚女王莅临尼斯度假后，“蓝色海岸”声名鹊起，成为世界屈指可数的海滨旅游胜地。

法国巴黎的主要旅游景点有巴黎圣母院、尚蒂伊城堡、香榭丽舍大道、凯旋门、协和广场、荣军院、埃菲尔铁塔、凡尔赛宫、花宫娜香水博物馆、奥斯曼大街、罗浮宫等。

戛纳是一座居民不足7万的古城，现在是旅游胜地和世界“影城”。每年5月，在戛纳举行的国际电影节是世界极具影响的电影盛会。

法国乡村广阔，到处是草地和灌木林，河道纵横，湖泊沼泽星罗棋布，自然景色婀娜多姿，吸引着众多法国人周末去乡村钓鱼、散步，夏季去乡村露营度假。

## 二、决策

**教师指导**

将大家搜集来的资讯进行汇总、比较，带领学生一起分析各家旅行社线路的优缺点，给出一条参考线路。教师需掌握学生的操作进度和得分情况。

**学生实操**

选取一条有代表性的线路，进行小组内角色分配，完成实操。

### 知识链接1：参考线路

**英法瑞意（帝王之路、皇家城堡）豪华12天游**

第1天：广州→中国香港→伦敦。

第2天：伦敦（希斯罗机场）→牛津→温莎→伦敦（含团队午、晚餐）。

抵达后前往英国著名大学城——牛津，外观牛津大学著名的林肯学院、基督教堂学院、图书馆、圣玛丽教堂等（共约1.5小时）。游览完毕后，前往参观温莎古堡（约2小

时），观赏皇室行宫的各种珍贵藏品。

第 3 天：伦敦（含酒店团队早、午、晚餐）。

早餐后开始畅游伦敦市内名胜：先外观伦敦塔城堡、伦敦塔桥，遥望碎片大厦（约 1 小时）。途经财经中心舰队街，然后外观圣保罗大教堂、白金汉宫。如天气许可及无特殊情况影响下，幸运的游客可能碰上御林军换班的精彩过程（共约 2 小时）。随后车游特拉法加纪念广场、皇家骑兵卫队阅兵场，外观威斯敏斯特教堂、国会大厦、大笨钟、国会广场、唐宁街十号首相官邸（共约 1.5 小时）。之后前往大英博物馆参观（约 2 小时）。

第 4 天：伦敦→威尼斯（含酒店团队早、午、晚餐）。

前往威尼斯参观圣马可岛，游览圣马可广场，外观圣马可大教堂、叹息桥、钟楼、总督府等，之后在 Laguna Murano Glass 玻璃博物馆观看意大利传统玻璃制造工艺（以上游览时间约 2 小时）。

第 5 天：威尼斯→米兰（含酒店团队早、晚餐，午餐自理）。

前往米兰世博园，感受当今世界最新潮流，近距离了解即将融入未来生活的新鲜事物，同时可以欣赏各大展馆，自由品尝世界各地的美食（约 3.5 小时）。随后前往米兰市区游览，外观斯卡拉歌剧院、米兰大教堂，游览埃马努埃莱二世长廊（约 1 小时）。

第 6 天：米兰→霞慕尼→日内瓦（含酒店团队早、晚餐，午餐自理）。

前往坐落于阿尔卑斯山勃朗峰脚下的迷人小镇霞慕尼，在此感受山谷中仰望群峰的震撼。特别安排搭乘缆车登上“南针峰”，近距离欣赏阿尔卑斯山脉全景及其最高峰勃朗峰的壮丽美景（以上游览时间共约 3 小时）。

第 7 天：日内瓦→洛桑→蒙特勒→琉森（含酒店团队早、午、晚餐）。

早餐后外观红十字会总部、联合国欧洲总部，观赏“花钟”“大喷泉”（喷泉可能会因天气等原因临时关闭）（游览共约 1 小时）。随后前往洛桑，外观奥林匹克博物馆（约 45 分钟），之后前往蒙特勒，外观诗隆城堡（约 35 分钟）。游览完后，前往琉森游览卡佩尔桥，外观狮子纪念碑（游览约 30 分钟）。随后游览琉森的天鹅广场（约 2 小时）。

第 8 天：琉森→米卢斯→巴黎（含酒店团队早、午、晚餐）。

早餐后前往法国阿尔萨斯区小镇米卢斯，乘坐高速列车前往巴黎（火车行驶时间约 3 小时）。抵达后前往参观巴黎圣母院，之后漫步塞纳河畔（约 1 小时）。

第 9 天：巴黎→尚蒂伊城堡→巴黎（含酒店团队早餐，城堡区特色午餐，团队晚餐）。

早餐后前往巴黎北郊的尚蒂伊城堡（逢周二关馆，若遇闭馆，景点顺序将相应调整），特别安排在城堡区享用尚蒂伊奶油及其他美食（游览时间约 2 小时）。随后返回巴黎市区游览，分别游览香榭丽舍大道、凯旋门、协和广场，后外观巴黎荣军院、埃菲尔铁塔（以上游览时间共约 2 小时）。

第 10 天：巴黎（含酒店团队早、午餐，晚餐自理）。

早餐后前往凡尔赛宫（逢周一闭馆，游览时间约 2 小时）。游览完毕返回市区，前往“花宫娜香水博物馆”（约 45 分钟）。之后在“奥斯曼大道”自由活动（约停留 3 小时）。

第 11 天：巴黎→伦敦→中国香港（含酒店团队早、午餐）。

早餐后，前往参观罗浮宫（约 2 小时，逢周二闭馆）。游览结束后，游客前往机场，搭乘英国航空公司客机，经伦敦转机回中国香港。

第 12 天：中国香港→广州。

## 三、计划

**教师指导**

引导学生对知识进行解析和重构。从领队工作岗位出发，结合本条线路，提取各环节的工作流程、需要掌握的相关知识，重构为一个完整的工作过程，并简要讲授给学生。

**学生实操**

分析本条带团线路，总结该线路容易出现的意外问题和领队工作的重点。

**知识链接 2：英法瑞意游领队工作流程要点**

（1）准备工作。

（2）召开行前说明会。

（3）办理出境手续。

（4）办理英国入境手续。

（5）落实境外旅游接待事宜（广州→中国香港→伦敦→牛津→温莎→伦敦→威尼斯→米兰→霞慕尼→日内瓦→洛桑→蒙特勒→琉森→米卢斯→巴黎→尚蒂伊城堡→巴黎→伦敦→中国香港）。

（6）办理英国离境手续。

（7）办理回国入境手续。

（8）散团及其他事宜。

## 四、实施和检查

### （一）行前说明会

**教师指导**

布置内容、包括行前说明会形式、内容及重点。

**学生实操**

分组模拟行前说明会，在此过程中，学生必定主动学习欧洲游概况知识，包括民俗风情、海关规定、行程所涉及景点等，并研究行程，分析总结本条线路的注意事项（尤其是宗教和礼仪禁忌），确定工作重点，然后模拟召开说明会（其他组学生扮演游客）。

### （二）本线路领队工作模拟

**教师指导**

（1）本条线路领队工作重点（和学生一起总结）。

（2）领队服务技巧。

**学生实操**

将本线路的领队工作进行细分，分解成多个工作情景，让学生进行模拟实操。

**工作情景实操 1：广州集合前往香港国际机场，香港国际机场出境登机过程模拟**

实操说明和要求：把学生分为若干小组，分别扮演领队、游客、机场工作人员、空乘服务人员等角色，进行机场集合和登机过程模拟。小组角色可以轮流互换，让学生熟知领队机场集合和登机工作服务内容。

实操要点：（1）广州指定地点集合时，领队需要准备的物品，如导游旗、领队证和随团游客资料等。（2）集合完毕后，领队需要带领游客统一乘车前往香港地区，办理香港地区入境手续，并把护照等相关证件派发给每个游客。（3）到达香港国际机场后，领队带领游客办理登机手续和行李托运。（4）出境登机过程，带领游客过关，清点人数。（5）登机后的相关服务。

**工作情景实操 2：伦敦希斯罗机场入境过程模拟**

实操说明和要求：把学生分为若干小组，分别扮演领队、游客、机场工作人员等角色，进行机场入境过程模拟实操。小组角色可以轮流互换，让学生熟知带领游客入境英国的领队工作服务内容。

实操要点：由于英国不是申根国家，不能使用申根签证，提醒游客入境时要向英国相关工作人员展示英国签证。此外，英国是一个很讲究礼仪的国家，提醒游客在入境时要有礼貌，多说“Thank you”等。

**工作情景实操 3：在希斯罗机场集合登车后，领队致欢迎词、介绍出入境手续英国、法国、瑞士、意大利概况情景模拟**

实操说明和要求：把学生分为若干小组，分别扮演领队、游客、司机等角色，进行旅游车上致欢迎词、介绍英国概况模拟实操，小组角色可以轮流互换，让学生熟知领队在英国境内如何致欢迎词、介绍出入境手续及英国、法国、瑞士、意大利概况。

实操要点：（1）致欢迎词前的工作。（2）欢迎词的 5 个必备要素。（3）掌握出入境手续。（4）掌握英国、法国、瑞士、意大利概况。

### 工作情景实操4：全程讲解和活跃气氛片段情景模拟

实操说明和要求：假设教室就是一辆旅游车，把学生分为若干小组，分别扮演领队、游客和司机等角色。进行领队旅游车讲解和娱乐活动模拟实操，小组角色可以轮流互换，让学生熟知在没有地陪的情况下，领队在旅游车上的工作服务内容。

实操要点：(1) 领队要用通俗易懂的语言向游客进行讲解，让游客尽快了解当地的文化习俗。(2) 领队挑选本条线路中最重要的景点进行简单介绍，这要求学生了解英国、法国、瑞士、意大利旅游资源，并挑选重点景点做讲解准备（将讲解技能训练融入工作过程中）。(3) 车上娱乐活动的形式多种多样，领队要懂得通过各种活动调节和活跃气氛。

### 工作情景实操5：申根国家法国、瑞士、意大利出入境情景模拟

实操说明和要求：把学生分为若干小组，分别扮演领队、游客、机场工作人员等角色，进行法国、瑞士、意大利入境过程模拟实操。小组角色可以轮流互换，让学生熟知领队带领游客在申根国家出入境工作中的服务内容。

实操要点：提醒游客在申根国家出入境使用的是申根签证，领队要排在游客前面，必要时协助相关工作人员进行旅游团的过境工作。

### 工作情景实操6：特色餐饮介绍与日常巡餐情景模拟

实操说明和要求：把教室当作一家餐厅，学生分为若干小组，分别扮演领队、游客和餐厅工作人员等角色，引导游客进入餐厅用餐，并进行特色餐饮介绍与日常巡餐模拟实操，小组角色可以轮流互换，让学生熟知领队如何进行特色餐饮介绍和日常巡餐。

实操要点：(1) 特色餐饮介绍的内容要点。(2) 注意巡餐时的相关事宜，例如，什么时候巡餐、巡餐几次较为合理，以及巡餐时需要做什么。(3) 巡餐时，确保照顾到每一桌游客，一视同仁。

### 工作情景实操7：安排游客入住与分房技巧情景模拟

实操说明和要求：把教室当作一间酒店，学生分为若干小组，分别扮演领队、游客和酒店工作人员等角色，引导游客进入酒店大堂，并和酒店前台工作人员进行沟通，安排游客入住和分房模拟实操。小组角色可以轮流互换，让学生熟知领队如何办理入住手续和如何合理分房。

实操要点：(1) 在酒店前台和工作人员沟通时，领队能够使用英语进行沟通。(2) 办理入住酒店时需要收齐游客护照。(3) 分发房卡的技巧。(4) 判断是否需要巡房。

### 工作情景实操8：旅途中常见突发事件情景模拟

实操说明和要求：学习、分析、思考这条线路容易发生哪些问题，怎样处理及怎样预防，选取最常见的突发事件进行情景模拟，分别扮演不同的角色进行模拟，边做边讲解说明，便于其他组学生和教师理解，让学生熟知领队如何解决突发事件。

实操要点：(1) 领队对突发事件的反应。(2) 合理处理事件的技巧和要点。

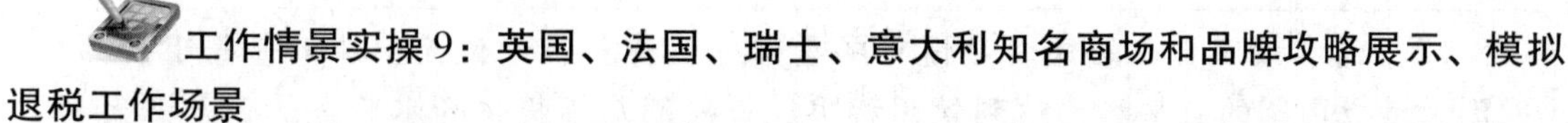

**工作情景实操9：英国、法国、瑞士、意大利知名商场和品牌攻略展示、模拟退税工作场景**

实操说明和要求：很多游客去英国、法国、瑞士、意大利都会购买品牌商品，把学生分为若干小组，分别利用网络去搜索英国、法国、瑞士、意大利知名商场和品牌，然后分小组扮演领队角色向游客进行展示和介绍，并模拟退税工作场景，以便领队为游客提供相关服务。

实操要点：(1) 攻略尽可能齐全。(2) 介绍与展示的技巧把握。(3) 了解退税操作程序。

**工作情景实操10：法国、伦敦出境和入中国境过程模拟**

实操说明和要求：把学生分为若干小组，分别扮演领队、游客和法国、伦敦机场工作人员等角色，进行法国、英国出境和中国入境过程模拟实操。小组角色可以轮流互换，让学生熟知领队在法国、英国出境和中国入境的过程。

实操要点：(1) 法国、英国出境的行李托运和手续办理。(2) 法国、英国出境的过关检查。(3) 进入中国境内的提醒工作，比如罗列禁止带入中国境内的物品。

**工作情景实操11：协助旅行社及使馆销签过程模拟**

实操说明和要求：随团赴欧洲旅游做的是申根签证，申根签证都是需要销签的。回国后，领队需要收好游客的护照和登机牌，由于欧洲各国驻华使馆规定，会抽查团队部分游客回国后去使馆面试销签，使馆会在团队出团后予以通知，抽查到的游客必须按照使馆要求的时间，本人亲自前往使馆。领队需要把相关事项告诉游客，做好准备。

实操要点：领队在销签过程的职责和工作。

**小资料**

### 欧洲游注意事项

1. 必带物品

(1) 随身携带相关证件，包括护照、身份证（无身份证的儿童带户口本原件）、签证照片和护照签证复印件，以备不时之需。

(2) 准备衣物要根据季节的变化而定，如果恰逢出游的季节是秋天，温度在5～15 ℃，建议大家带以下衣服：西装一套（参观教堂使用）、休闲服一套、毛衣一件、厚外套（羽绒衣或者夹棉袄）一件、皮鞋一双、旅游鞋一双。

(3) 欧洲的电源都是220 V，插座都是圆孔的，必须携带万能转换插头，以便手机充电或其他移动设备使用。

2. 有关注意事项

(1) 欧洲酒店出于环保意识往往没有牙刷、牙膏、拖鞋等一次性用品供应，游客应该自带。

(2) 游客按照自己的饮食习惯可酌量带一些榨菜、方便面、辣椒酱等小食品。欧洲大多数国家的自来水已达到饮用标准，一般酒店不提供开水服务。但是意大利的自来水水质不高，肠胃较弱的旅客最好购买纯净水，或是烧水饮用。

(3) 欧洲大部分景点门票都对学生有折扣优惠，建议学生身份的游客携带学生证。

(4) 欧洲很多艺术珍品“诞生”并保存在教堂里，因此参观教堂不可穿短裙、短裤或背心。另外，宫殿、高级娱乐场所也为公认的正式场合，进入时，衣着需端庄整洁，不可穿拖鞋、短裤、迷你裙、无袖上衣或其他不适宜的衣服。

(5) 在博物馆或教堂参观时，禁止使用照相机或手机的闪光灯。

(6) 不要穿戴假名牌服装或者携带假名牌入境，尤其是法国，入境口岸检查外国入境者是否穿着或者携带假名牌产品等规定更严。若被发现，轻则没收，重则罚款。

◆英国

(1) 英国建筑第一层被称作 Ground Floor，第二层被称作 First Floor，地下一层被称作 First Basement。

(2) “英国”这个词来源于 England，即英格兰，所以游客在游览英格兰以外的地区时，如果不慎对那里的所有地方冠以 English（英国）的话，可能会招来当地人反感。

◆法国

(1) 在法国，不要拿美金和当地人兑换欧元，这是违法的。

(2) 法国的酒店通常在房间喷洒香水，以保持空气清爽，若有对香水过敏者请提前告知。

◆瑞士

(1) 瑞士人有很强的环境意识。来这里旅游需入乡随俗，不要惊扰任何野生动物，不要随手摘花。

(2) 瑞士对噪音有严格的限制，不能在咀嚼食物、使用餐具时发出声响，不宜直接用嘴去吹凉过热、过烫的菜肴或汤。

◆意大利

(1) 在意大利有酒类销售的商店门口都有插葡萄枝的习惯，路人一看便知道这家有酒卖，因此不要擅自摘取商店门口的葡萄枝。

(2) 意大利人开车急躁，闯红灯、违章超车更是屡见不鲜，且时常紧跟车尾，鸣笛抢行，游客外出要注意安全。

(3) 在意大利的街头拍照不得使用三脚架。

3. 小费

付小费是欧洲文化的一部分。前往欧洲的每位游客从行程第一天到行程结束都必须每天支付 8 欧元的小费（含领队、当地导游及司机的服务小费）；在酒店若要行李员帮忙提行李，通常要付 1 ~2 欧元小费。但瑞士和意大利除外，瑞士各饭店和酒店的账单内一般都包含了小费，所以旅客无须另外付给小费。意大利则没有给小费的习惯，若您对服务特别满意，也可以付给服务员 1 ~2 欧元。

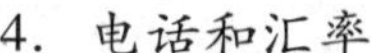

4. 电话和汇率

（1）尽量避免在酒店房间内打电话，因为欧洲酒店会加收很高的服务费和附加税，最经济的方式是在当地报亭购买电话卡或使用投币电话。

（2）欧洲主要使用欧元（瑞士使用瑞士法郎，英国使用英镑），建议出国前兑换适量欧元（1 000 欧元左右为宜），以备购物和参加自费项目时使用。

5. 安全提示

（1）意大利的“小偷”，多年来令意大利政府感到头疼，游客遇到这些人需保管好自己的财物，尤其对三五成群的闲散之人需保持谨慎，他们通常用手中的报纸、小商品或婴儿挡住游客的视线，或跟你大吵大嚷以转移你的注意力，随之对游客又偷又抢。

（2）法国各景点的车站小偷很多，特别喜欢对外地游客进行盗窃。

### 知识链接 3：欧洲游领队的工作重点

作为欧洲的领队，在欧洲说英语、法语等语言的国家能够使用中文为中国游客讲解景点，会使身在他乡的游客倍感亲切。领队需要根据景点的特点为游客提供生动的导游词讲解，使游客在海外有一个美好的旅途。

由于本活动列举线路横跨 4 个国家，包括英国、法国、意大利及瑞士，因此在各国出入境时要特别注意。尤其英国不属于申根国家，出入境时更要提醒游客注意事项。

本条线路容易出现的问题是，由于行程时间较长，所到国家和游览景点较多，领队对所到地区和景点可能不熟悉。因此，领队工作较多，容易出现疲惫，要注意休息和保持体力。

（1）良好的英语交际能力，能与当地相关景点、酒店、交通等方面顺利沟通，做好各站点的衔接工作，为游客提供满意的行程安排。

（2）应对入境海关特殊规定（如限带烟酒、现金等）及所到各国的风俗习惯深入了解。

（3）作为领队，应熟悉需要参观的每一个景点及线路，为游客进行生动深刻地讲解。

（4）英国、法国、瑞士、意大利等欧洲大部分国家都是宗教国家，应提醒游客注意相关事项。

### 知识链接 4：突发问题与事故的处理

在欧洲的长线旅行团中，有可能会遇到各种各样的问题与事故，当问题与事故发生时，要及时进行恰当的处理，降低问题与事故带来的不良影响与损失。遇到的问题与事故包括因不可抗力因素（如天灾、战争、罢工等）和旅行社认为不可控因素（如航班延误或取消、交通堵塞等），以及安全事故（如游客走失、受伤、病危甚至死亡，以及行李丢失、护照丢失、钱物丢失）等导致某些景点无法正常游览。这些事故与问题发生时，领队要及时采取适当措施，与当地相关部门、中国驻当地大使馆或领事馆、组团社联系，寻求尽快解决和处理的方法。

**小情景 1**

2013 年 8 月，一个赴欧洲六国游的旅游团乘奥地利航空公司的航班飞往第一站——奥地利首都维也纳。此团大多数为男士，均为某县城的企业家，此次是第一次赴欧洲。为了带好此团，领队亲自去某县城召开行前说明会。除了给每位游客分发有关资料和讲解行程外，领队张先生还详细讲解了欧洲各国的宗教习俗、礼仪和有关法律及规定。但即将参加出游的 28 名游客中，王先生等 6 人自称工作繁忙没来参加。

在团队出发前去机场的路上，领队试图给王先生等几位游客“补课”，但他们不愿意听，甚至对此反感，说“中国人到外国去，要挺直腰板，不要低三下四”。但是到维也纳的第二天，他们在吃早餐时就受到餐厅主管斥责。

早餐是由酒店提供的美式自助早餐，食品丰富，各种点心、奶酪、果酱、新鲜水果应有尽有。果酱、奶酪都用漂亮的不同水果图案包装着，游客根据自己的喜好来辨认和挑选。王先生选择拿了一大盘，用餐时挨个打开，闻一下便放在餐桌上。用餐过程中，他的餐桌上放了 10 盒已经打开而没吃过的各种果酱和奶酪。这时出来一位满头银发，身着黑色西装、洁白衬衫、打着黑色领结、看样子有五六十岁的餐厅负责人，他用很生硬的汉语大声问：“谁是这个旅游团的领队？”领队张先生举手示意自己是领队。这位负责人毫不客气对他说“告诉你的游客，你们中国过去很穷，许多中国人吃不饱饭饿死，我读过许多第二次世界大战时期关于中国的书，现在中国强大了，中国富起来了，你们就可以如此浪费食物？这很可耻。走吧！走吧！早餐时间结束了！”

想一想：行前说明会的召开重要吗？你从以上案例得到哪些启示？如果你是领队，遇到以上情况时该如何处理？

**小情景 2**

某旅行社接待的商务旅行团乘俄航航班自莫斯科转机前往波兰华沙，晚上抵达华沙机场。在取行李时 6 位游客发现行李全部未到。由于翌日上午 10 点要参加国际会议，游客很着急。领队立即安抚游客，同时前往行李问询台询问。领队提交登机牌、行李牌和护照进行登记，并留下酒店地址和导游及旅行社的联络方式，请工作人员立即查询行李下落，并要求在行李抵达后马上联系导游或者旅行社。旅游团离开机场已经是 20:00 了，领队继续安抚游客，同时与游客商量：为了顺利参加第二天 10:00 的国际会议，可先去百货商店购买能够出席会议的衬衣、领带等简单的商务衣物和洗漱用品。游客表示同意。为表示旅行社的诚意，领队代表旅行社支付购买洗漱用品的费用，游客自行支付衬衣、领带费用。由于处理得当，游客按照原计划参加了第二天的国际会议。领队通过导游数次问询以便追踪丢失的行李，最终行李于翌日晚上送抵旅游团下榻的酒店。

想一想：发现行李未按时抵达，领队应该如何处理？

## 五、评价和提升

学生互评：每组模拟后，派代表再次把本组带团的过程及这个过程中出现的问题完整陈述一遍，便于大家加深印象，系统掌握。

小组互评：指出模拟中不尽完善的地方，有利于大家一起得到提升。

教师评价：首先，结合自身深厚的理论知识和丰富的实际工作经验，对学生模拟进行点评，总结整体存在的大多数问题，提出解决方案，指出哪些方面需要锻炼及如何锻炼。然后，结合学生具体情况予以个性化点评指引，使大家的认识进一步深化，从知其然走向知其所以然，从技术实践知识走向技术理论知识。最后，教师再强调本条线路领队的工作重点。

### 读一读

到欧洲旅游，不可避免使用刀叉进餐。

（1）刀叉的用法为左手持叉，右手持刀，刀叉取用顺序是按上菜的顺序由外向内取用。

（2）从食物左侧切起，切一块吃一块，这个是英式的吃法。从食品左侧切起，先切完，放下刀用叉吃，这个是美式的吃法。

（3）用餐过程中，刀叉放于盘中的左右两边。用餐完毕，刀叉均放于盘子的右侧。

### 趣味讨论

游客走进酒店，发现房间都很窄小，床也很窄，搭电梯仿佛需要挤进去，于是向领队抱怨："酒店怎么这么差！"作为领队，该如何解释呢？

### 领队日记

**法国、瑞士、德国、意大利四国之旅**

盼望许久的欧洲之行已经结束，让人意犹未尽。12 天的旅程虽然劳累，但乐在其中。为了这次旅行我做了细心而周全的前期准备，以便工作进行得更加顺利，同时也让游客有一个开心之旅！

第 1 天，我们在机场集合，搭乘航班经北京前往法国浪漫之都——巴黎。为了第二天能有充足的精神游玩，客人们也早早歇息了。

第 2 天，早饭后，我们前往香榭丽舍大道，在凯旋门和协和广场，客人们拍照留念；在塞纳河，我们乘船游览两岸迷人的风景。下午，在法国国家艺术宝库——罗浮宫，欣赏琳琅满目的世界艺术珍宝，包括"罗浮宫三宝"之称的

“蒙娜丽莎”画像、“维纳斯”雕像和“胜利女神”雕像。

第3天，我们去游览了巴黎标志性建筑——埃菲尔铁塔，下午我们搭乘高速列车前往瑞士著名城市日内瓦。抵达已近19:00，但客人们依然兴奋。晚饭后，有几位客人，在酒店周边散步，欣赏这座城市的夜景。

第4天，早餐后，我们在日内瓦市区内观光，游览了联合国欧洲办事处“万国宫”以及位于日内瓦的英国花园中的大花钟、杰特大喷泉、步行街。结束了日内瓦的行程，我们下午抵达因特拉肯，在那里我们漫步荷黑威格繁华商业街，欣赏图恩湖与布里恩茨湖的美景，眺望欧洲屋脊——少女峰。

第5天，早餐后驱车前往瑞士首都世界文化遗产——伯尔尼参观，接着参观老城区11处具有文艺复兴时期色彩的喷泉，在著名的大钟楼前，观看精彩的报时表演。之后前往卢塞恩参观教堂桥、狮子纪念碑、豪夫教堂、穆塞格城墙、四森林州湖等景点。

第6天，早餐后前往德国第三大城市，也是巴伐利亚首府——慕尼黑，观光了城市风貌、新市政厅、旧市街玛丽恩广场。

第7天，早餐后专车进入黑森林区，行驶于一望无际的林区，风光秀丽，令人陶醉。蒂蒂湖为德国境内水质达到饮用标准的最大天然湖泊。拥有许多传说的蒂蒂湖犹如一位迷人的少女，使黑森林充满了神秘与妩媚，在此可悠闲地享受湖区迷人的美景，并造访闻名的黑森林咕咕钟工艺坊。下午前往巴伐利亚国王鲁道夫二世所建的梦幻城堡——新天鹅石城堡，让人怦然动心。

第8天，前往奥地利第二大城市茵斯布鲁克，游览金顶屋、中心广场。下午，前往水城威尼斯。

第9天，乘船进入威尼斯本岛，游览圣马可广场、圣马可教堂、叹息桥，参观世界著名的玻璃制造艺术。下午前往佛罗伦萨，抵达后游览大卫像、圣母百花大教堂、古桥，在老城区漫步。

第10天，前往罗马，抵达后游览城中之国——梵蒂冈圣彼得广场、圣彼得大教堂，游览许愿泉、威尼斯广场、古罗马废墟、古罗马角斗场外景，以及古罗马凯旋门。

第11天，我们开始返程，经过长途跋涉，于第12天抵达了杭州。

短暂的12天的行程已经结束，虽然劳累，但不枉此行。希望有机会再次踏上欧洲这块宝地。

（陈艳娜　浙江万通国际旅行社有限公司）

**【思考与练习】**

一、选择题

1. 持申根签证不能去（　　）旅游。

A. 法国　　B. 瑞典　　C. 俄罗斯　　D. 意大利

2. 中国游客在欧洲的免税商店购买了物品，可在离境时办理退税手续，也可回国后办理退税，一些退税公司的退税点设在中国内地（　　）。

A. 北京、上海、武汉　　B. 北京、深圳、西安

C. 北京、深圳、重庆　　D. 北京、上海、广州

3.（　　）的流通货币不是欧元。

A. 荷兰　　B. 冰岛　　C. 比利时　　D. 卢森堡

4. 啤酒王国指的是（　　）。

A. 德国　　B. 捷克　　C. 瑞典　　D. 斯洛伐克

5. 世界各国几乎都禁止旅客携带武器入境，但有个欧洲大国却允许旅游携带打猎用和练习射击用的武器入境，这个国家是（　　）。

A. 法国　　B. 德国　　C. 英国　　D. 意大利

6. 领队在国外拨国内座机的方法是（　　），在国外拨打国内手机的方法是(　　)。

A. 0086 + 区号（不要区号前的0） + 电话号码　　0086 + 手机号码

B. 0082 + 区号（要区号前的0） + 电话号码　　0082 + 手机号码

C. 0082 + 区号（不要区号前的0） + 电话号码　　0082 + 手机号码

D. 0086 + 区号（要区号前的0） + 电话号码　　0086 + 手机号码

7. 在欧洲商店里如果有（　　）的购物退税专用标志，就可以享受购物退税的政策。

A. 蓝白灰　　B. 蓝黑白　　C. 蓝白红　　D. 蓝白绿

8. 法国是世界闻名的葡萄酒生产国，其中最佳红酒产地位于（　　）。

A. 格拉斯　　B. 勃艮第　　C. 康涅克　　D. 波尔多

9. 意大利南部城市那不勒斯是（　　）的发源地。

A. 比萨饼　　B. 通心粉　　C. 实心面　　D. 意式饺子

10. 一个旅游团在7月份前往意大利，一位游客在当地时间4:00 p. m. 想打电话回上海，问领队北京时间是几点，领队应回答（　　）。

A. 10:00 a. m.　　B. 9:00 a. m.　　C. 10:00 p. m.　　D. 11:00 p. m.

二、判断题

1. 行前说明会上，领队应向游客说明，德国海关规定，年满18岁人士方可携带免税烟草及酒精饮品入境。(　　)

2. 在意大利购物，领队向游客推荐的受人欢迎的纪念品有威尼斯的吹制玻璃器皿、佛罗伦萨的高档时装、米兰的装饰用纸及意大利各地的皮鞋。(　　)

3. 旅游团到达巴黎时，领队可向游客介绍，法国首都巴黎是欧洲大陆最大的城市，名胜古迹比比皆是，如埃菲尔铁塔、凯旋门、爱丽舍宫、凡尔赛宫、罗浮宫、协和广场、巴黎圣母院、萨尔茨堡、乔治·蓬皮杜全国文化艺术中心等，是各国游客流连忘返的地方。(　　)

4. 领队提醒游客，支付小费是欧洲文化的一部分，前往欧洲的每位游客从行程第一天到行程结束都必须每天支付4欧元的小费（含领队、当地导游及司机的服务小

费）。（　　）

5. 法国是世界上第一个公开行亲吻礼的国家。（　　）

6. 在意大利和法国游览时，领队需要提醒游客特别注意人身及财产的安全。（　　）

三、问答题

1. 作为领队，向游客介绍欧洲三个重要德语国家及其主要特色。

2. 游客史先生选择旅游目的地时，想了解欧盟国家离境时，离境税应该如何处理。

四、实操题

请根据以下提供的游客资料填写英国入境登记卡。

姓名：王非（WANG FEI）

性别：男

职业：企业管理者

出生日期：1962 年 9 月 1 日

出生地：江苏省苏州市

常住地：江苏省南京市

护照号：P1234567

有效期：2018 年 9 月 15 日

发证日期、地点：2014 年 1 月 12 日，上海

签证日期、地点：2014 年 5 月 8 日，上海英国领事馆

签证号：NO. 166757

赴英航班：CA357，2014 年 4 月 6 日抵英国。2014 年 4 月 12 日 CA342 离英国，返南京

五、案例分析

1. 马女士结束了为期 10 天的欧洲旅游行程，顺利回到中国。就在马女士准备上班时，领队打电话向马女士征求旅游服务质量意见和建议，马女士表示对行程安排和领队的服务较为满意。领队又告诉她，按照领事馆的要求，马女士必须在一周后亲自到某领事馆当面销签，并做了详细的解释。马女士不接受领队的解释，并责问领队，为什么旅行社在销售产品时，没有明确告诉她关于销签的问题，而且合同也没有做出约定。由于工作繁忙，马女士不能前往领事馆。领队告诉马女士，如果她拒绝销签，将给旅行社造成很大的损失，旅行社将扣押马女士的户口本，而马女士要求旅行社承担前往销签的来回路费。双方协商未果，马女士向旅游管理部门投诉，要求管理部门解决问题。

问题：该费用究竟由谁来承担？

2. 由某旅行社组织的旅游团队在巴黎旅游期间，旅行社安排游客前往巴黎春天百货商店购物。导游叮嘱游客，在购物后应到办理退税手续柜台填写退税单并办理相关手续，但游客 A 自行在周围其他商店购物并办理了相关退税手续。离开戴高乐机场回国时，其他游客都顺利地办理了相关退税手续，并拿到了退税款，但机场退税处以游客 A 的购物商店与机场没有退税合约为由，拒绝为游客 A 办理退税。

问题：（1）游客 A 无法办理退税手续，旅行社是否应承担赔偿责任？

（2）在游客购物前，领队和导游就退税环节还需要向游客说明哪些注意事项？

**【参考答案】**

一、选择题

1. C 2. D 3. B 4. A 5. B 6. A 7. A 8. D 9. A 10. C

二、判断题

1. √ 2. √ 3. √ 4. × 5. √ 6. √

三、问答题

1. (1) 德国：慕尼黑啤酒节、科隆狂欢节。

(2) 瑞士：阿尔卑斯山登山、滑雪胜地。

(3) 奥地利：音乐。

2. 在离开欧盟国家之前，建议提前到机场，多预留出1小时办理退税，每逢欧洲旅游旺季，办理退税的游客会很多。到达机场后，跟随“customs”的指示来到海关报税处，拿出已经填好的退税单、护照和机票排队等候，而且一定要带上购买的货品。虽然并不是每个海关工作人员都会有时间详细检查所购买的商品，但他们一般都会依例问“是否将所购物品放在行李中”的问题，回答“Yes”就可以。海关官员在检查相关的单据后，会在退税单上盖章，如果是选择非现金退税方式，海关会收回相关单据。办完这一手续即可离开。通常，海关会告知该款项退还到信用卡账户的期限，大概在6个星期到2个月之间，游客只要留意自己的信用卡账户动态即可。如果选择的是现金退税方式，海关官员会将盖过章的单据退还。游客办理托运手续和取得登机牌后，过了安检在“Cash Refund”柜台凭海关盖章的退税单办理现金退税，例如，在巴黎机场海关报税处对面办理现金退税。特别提醒，最好预留足够时间来办理以上手续，否则错过登机时间或是赶不及退税都得不偿失。

四、实操题

略（学生能够按照入境卡的各项内容填写即可）。

五、案例分析

1.（分析：销签是近年来出境旅游出现的新现象，是部分外国驻华大使馆对我国公民出国旅游是否按时回国的一项检查制度。由于旅行社的操作存在缺陷，由此产生的投诉也不在少数。）

第一，旅行社业务员有意回避销签制度。由于销签是大使馆或领事馆随机进行的，并不是要求所有游客都参与其中，有些旅行社业务员存在侥幸心理，在销售出国旅游产品时，并没有将销签的情况告知游客，导致游客根本没有销签的概念。同时由于销售的需要，业务员担心将销签制度告诉游客，他们会选择不参加出国旅游。其实，销签制度是出国旅游整个体系的组成部分，只要业务员事先将道理讲清楚，并不会影响游客的参团热情。

第二，旅行社未将销签制度纳入告知程序中。旅行社的管理应该依赖于制度，只要将销签制度纳入告知义务程序中，无论最终结果是否被要求销签，领队和业务员都有义务履行告知游客的职责，而不是任由业务员和领队按照自己的喜好来确定，否则此类投诉在所难免，旅行社也会不断重复面对同样的问题。假如旅行社事先已经告知，游客就有义务协助旅行社的工作，前往大使馆或领事馆办理销签。

第三，费用的支出应按照一定的比例。假如在签订旅游合同前，领队和业务员没有

履行告知销签义务，游客不愿意参加，是因为游客认为行程已经结束，和旅行社不再有业务往来。假如游客前往领事馆销签，游客就会为此付出时间和交通的成本，旅行社应该在签订旅游合同时就销签的费用和时间做出约定，如果事先没有做出约定，正如本案例中马女士的情况，旅行社应该承担全部的费用，并给马女士一定的误工费做补偿。领队以扣押马女士户口本为要挟，迫使马女士前往领事馆销签，属于违法行为，应当改正。

2.（1）旅行社不需要承担责任，因为这是游客A自行在周围其他商店购物，没有按照旅行社的安排在巴黎春天百货商店购物，无法退税是因不听从导游的叮嘱造成的。

（2）介绍的事项包括：

① 提醒游客询问最低退税限额，索取退税单。

在欧洲国家购买物品时，请注意商店里是否有蓝白灰三色的退税购物（Tax-free shopping）专用标志。如果有，应询问售货员该商店是否可以办理退税。一般来说大型的百货公司以及专卖店是一定可以办理退税的。不过要注意的是，每个国家、每家商店的退税最低额度是不大相同的。

② 提醒游客详细填写退税单选择退税方式。

欧洲有三个主要的退税公司，即Global Blue（环球蓝联）、Premier Tax Free以及Tax Refund SPA。有些可选择信用卡、现金或旅行支票退税这三种方式，有些则只有一两种退税方式可选择，有些则硬性规定只能信用卡退税，这些情况可以根据退税单上的内容来进行相应的选择和填写。如果选择的是现金退税，则可能会被收取一定的手续费，比如法国现金退税的手续费是3欧元/张，英国则是2.5英镑/张。如果担心届时到机场排队麻烦，可选择信用卡的退税方式，只要在退税单勾选信用卡（Credit Card）退税的选项即可。

## 活动2 西班牙、葡萄牙游领队工作

### 案例导入

2010年10月的一天，某旅游团开始了为期12日的西班牙、葡萄牙游。10月6日晚，团队到达西班牙马德里，10月8日向巴塞罗那出发，按照行程安排到途中商店进行购物。购物结束后，游客回到旅游车上，大家发现旅游车被盗窃了！原因是旅游车副驾驶位置的窗户没有关闭，而领队放在座位上的背包也不见了，里面有全体成员的护照。

没有护照意味着没有合法身份，团友们成了随时可以被警察带走的“难民”。所幸的是，领队放在汽车行李仓内的行李箱还在，里面存有全团护照的复印件。领队马上与中国驻西班牙大使馆取得联系，通过这些护照复印件证明了游客的身份。领队第二天去西班牙马德里的中国总领事馆办理了临时护照，团队得以按原计划游览。

## 想一想

（1）在此次失窃事件中，领队应吸取怎么样的教训？

（2）团队是否可以继续行程前往葡萄牙？

## 一、资讯

**教师指导**

制定出清晰的教学目标，告知学生获取相关资讯的方式（包括网络、旅行社门店等），使其掌握西班牙、葡萄牙游领队工作知识和技能。

**学生实操**

搜集各大旅行社旅游门店的宣传单和网站上推出的葡萄牙、西班牙旅游线路；通过网络查找获取主要旅游线路的相关信息；搜索各旅游线路的旅游攻略，并了解主要景点的信息。

### 相关资料

#### 西班牙概况

西班牙全称西班牙王国（西班牙语是Reino de España），是南欧的文明古国之一，被称为“旅游王国”（旅游业收入居世界第一位）、“橄榄王国”（油橄榄树的种植面积和油橄榄产量居世界首位）。

西班牙有四大旅游区：热带风光——加那利群岛，太阳海岸——地中海沙滩，地中海浴池——巴利阿里群岛，文化古城——马德里。

西班牙的主要景点有塞维利亚的西班牙广场、塞维利亚大教堂、黄金古塔，隆达的斗牛场，格拉纳达的阿尔罕布拉宫，科尔多瓦的大清真寺、科尔多瓦王宫、古罗马桥，马德里的西班牙大皇宫、西班牙广场、哥伦布纪念广场，瓦伦西亚的艺术与科学城、瓦伦西亚老城区，巴塞罗那的诺坎普球场、桂尔公园、巴塞罗那海港，等等。

由于气候温和，日照时间长，西班牙人的生活习惯比较特殊，喜欢晚睡晚起。一般是8:00—9:00进早餐，14:00进午餐，22:00—23:00进晚餐。西班牙菜肴融合了地中海和东方风格烹饪的精华，独具特色，最具代表性的是海鲜饭、卡斯提亚汤、中部烤乳猪、烤乳羊、西北部海鲜汤、血红鸡尾酒、生火腿等。

西班牙民风奔放热情，当地人喜爱斗牛，并且热衷跳佛朗明戈舞。此外，近代古典吉他就发源并兴盛于西班牙。

**葡萄牙概况**

葡萄牙共和国，（葡萄牙语是 República Portuguesa）简称葡萄牙，是一个位于欧洲西南部的共和制国家。

葡萄牙拥有完善的旅游业体系，主要景点有自由广场、热罗尼姆斯修道院、航海家纪念碑。

葡萄牙人的生活习惯与西班牙人近似。对葡萄牙人来说，喝酒是重要的事情，崇尚酒文化。他们的性格豁达开朗，也讲究礼仪。需注意的是，商务活动应避开 12：00－15：00 这段时间。

## 二、决策

**教师指导**

将大家搜集来的资讯进行汇总、比较，带领学生一起分析各家旅行社线路的优缺点，列举西班牙、葡萄牙目前主要旅游线路，并给出一条参考线路。

**学生实操**

选取一条有代表性的线路，进行小组内角色分配，完成实操（教师掌握学生进度和分工情况）。

### 知识链接 1：参考线路

**深度葡萄牙、西班牙（世界遗产之旅）豪华 13 天**

第 1 天：广州→里斯本。

第 2 天：里斯本→奥比都斯→波尔图。

前往奥比都斯（约 1 小时），之后前往波尔图。

第 3 天：波尔图→科英布拉。

早餐后开始游览波尔图老城，首先外观教士教堂、莱罗书店，然后游览自由广场，外观市政厅，观赏佩德罗四世骑马雕像，随后参观圣本托火车站，之后外观大教堂和圣弗朗西斯科教堂，时间约 2.5 小时。午后，途经波尔图唐路易斯一世铁桥，前往盖尔区，遥望对岸利贝拉码头区的全景（约 30 分钟），之后前往葡萄牙中部城市科英布拉，外观老教堂、科英布拉大学（共约 40 分钟）。

第 4 天：科英布拉→辛特拉→罗卡角→里斯本。

早餐后前往辛特拉，抵达后外观维拉宫，并在小镇步行街上自由活动（约 40 分钟）。

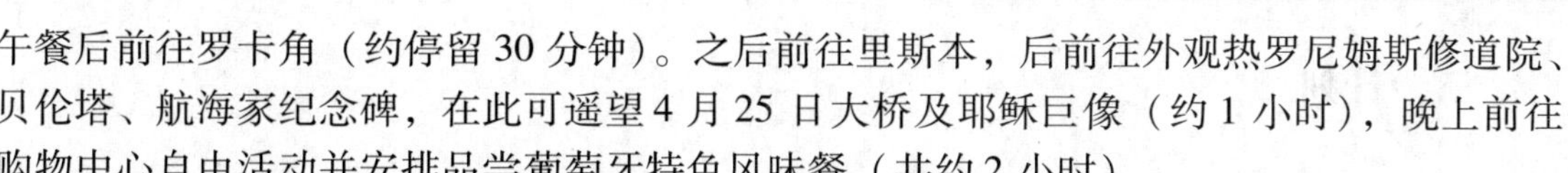



午餐后前往罗卡角（约停留 30 分钟）。之后前往里斯本，后前往外观热罗尼姆斯修道院、贝伦塔、航海家纪念碑，在此可遥望 4 月 25 日大桥及耶稣巨像（约 1 小时），晚上前往购物中心自由活动并安排品尝葡萄牙特色风味餐（共约 2 小时）。

第 5 天：里斯本→塞维利亚。

早餐后继续游览里斯本，途经庞巴尔侯爵广场，前往游览罗西奥广场、黑马广场，外观凯旋门，游览商业广场（以上共约 1 小时）。

第 6 天：塞维利亚→隆达→米哈斯→格拉纳达。

早餐后开始游览塞维利亚西班牙广场（约 30 分钟），继而外观塞维利亚大教堂（约 20 分钟）以及外观黄金古塔（约 10 分钟），之后乘车前往隆达，游览新桥，并观赏太加斯峡谷（约 20 分钟），并外观斗牛场及游览老城区（约 40 分钟），前往米哈斯（约 45 分钟），游毕前往格拉纳达。

第 7 天：格拉纳达→科尔多瓦。

早餐后前往参观阿尔罕布拉宫（约 1.5 小时），随后乘车前往科尔多瓦，外观大清真寺、科尔多瓦王宫，观赏古罗马桥（约 1 小时）。

第 8 天：科尔多瓦→康修迦纳→杜丽多→马德里。

早餐后前往康修迦纳城（约 30 分钟），随后前往杜丽多，抵达后参观杜丽多大教堂（约 45 分钟），晚上抵达马德里。

第 9 天：马德里→塞戈维亚→Las Rozas Village→马德里。

早餐后前往外观罗马水道桥、佛朗哥广场旁的大教堂，以及阿尔卡萨城堡（共约 1.5 小时），午餐特别安排烤乳猪，之后前往 Las RozasVillage 自由活动（约 2 小时）。

第 10 天：马德里→瓦伦西亚。

早餐后开始参观大皇宫（约 1 小时），随后游览西班牙广场（约 20 分钟）和哥伦布纪念广场（约 30 分钟），随后前往外观圣地亚哥 · 伯纳乌球场（约 20 分钟）。游毕前往瓦伦西亚。

第 11 天：瓦伦西亚→巴塞罗那。

早餐后外观艺术与科学城，之后前往老城区，游览圣母广场、圆形广场、中心市场，外观大教堂和市政厅、古丝绸交易厅以及游览瓦伦西亚中央市场（共约 1.5 小时）。

第 12 天：巴塞罗那。

早餐后外观诺坎普球场（约 15 分钟），之后参观桂尔公园（约 45 分钟），随后前往面谱屋（约 15 分钟）、外观圣家族大教堂（约 25 分钟），随后前往参观第 25 届奥林匹克运动会会场及俯瞰巴塞罗那海港全貌（约 30 分钟），随后安排前往兰布拉大街自由活动（约 40 分钟），游客可自行前往参观哥伦布纪念像。

第 13 天：抵达广州。

## 三、计划

**教师指导**

引导学生对知识进行解析和重构。从领队工作岗位出发，结合本条线路，提取各环节需要掌握的相关知识、可能出现的意外问题及处理办法，重构为一个完整的工作过程，并简要讲授给学生。

**学生实操**

分析本条带团线路，总结该线路容易出现的意外问题和领队工作的重点。

### 知识链接2：西班牙、葡萄牙领队工作流程要点

（1）准备工作。

（2）召开行前说明会。

（3）办理出境手续。

（4）办理葡萄牙入境手续。

（5）完成境外接待事宜（广州→里斯本→奥比都斯→波尔图→科英布拉→辛特拉→罗卡角→里斯本→塞维利亚→隆达→米哈斯→格拉纳达→科尔多瓦→康修迦纳→杜丽多→马德里→塞戈维亚→Las Rozas Village→马德里→瓦伦西亚→巴塞罗那→广州）。

（6）办理西班牙离境手续。

（7）办理中国入境手续。

（8）散团领队的后续工作。

## 四、实施和检查

### （一）行前说明会

**教师指导**

布置内容，包括行前说明会形式、内容及重点。

**学生实操**

分组模拟行前说明会，在此过程中，学生必需主动学习葡萄牙、西班牙游的相关知识，包括民俗风情、海关规定、行程所涉及景点等，并研究行程，分析总结本条线路的注意事项（尤其是礼仪、禁忌），确定工作重点，然后模拟召开行前说明会（其他组学生扮演游客）。

### （二）本线路领队工作模拟

工作模拟包括重要景点简单介绍、分房与巡餐、意外问题处理、导购工作等。

**教师指导**

（1）本条线路领队工作重点（和学生一起总结）。

（2）领队服务技巧。

**学生实操**

将本线路的领队工作进行细分，分解成多个工作情景，让学生进行模拟实操。

**工作情景实操1：广州白云国际机场集合，出境登机过程模拟**

实操说明和要求：把学生分为若干小组，分别扮演领队、游客、机场工作人员、空乘服务人员等角色，进行机场集合和登机过程模拟实操。小组角色可以轮流互换，让学生熟知领队的机场集合和登机工作的服务内容。

实操要点：（1）在广州白云国际机场集合时，领队需要准备的物品，如导游旗、领队证和随团游客资料等，并把护照等相关证件派发给每个游客。（2）领队带领游客办理登机手续和行李托运。（3）出境登机过程，带领游客过“三关”，清点人数。（4）登机后的相关服务。

**工作情景实操2：里斯本机场入境过程模拟**

实操说明和要求：把学生分为若干小组，分别扮演领队、游客、机场工作人员等角色，进行机场入境过程模拟实操、小组角色可以轮流互换，让学生熟知领队带领游客入境葡萄牙的领队工作服务内容。

实操要点：由于西班牙、葡萄牙是申根国家，入境时领队提醒游客本线路前往西班牙、葡萄牙旅游办理的是申根签证。实操时，教师还要提醒扮演机场海关工作人员的学生，查验申根签证时，要注意游客的证件有效期必须长于签证的有效期。另外，葡萄牙的官方语言是葡萄牙语，过关时语言可能存在地方口音，或者游客英语表达能力较差，这时候领队应当协助游客使其顺利入境。

**工作情景实操3：里斯本机场集合登车后，领队致欢迎词、介绍西班牙、葡萄牙概况情景模拟**

实操说明和要求：把学生分为若干小组，分别扮演领队、游客、司机等角色，进行旅游车上致欢迎词，介绍西班牙、葡萄牙概况模拟实操。小组角色可以轮流互换，让学生熟知领队在西班牙、葡萄牙境内如何致欢迎词、介绍国家概况等。

实操要点：（1）致欢迎词前的工作。（2）欢迎词的5个必备要素。（3）掌握西班牙、葡萄牙国家概况。

**工作情景实操 4：全程讲解和活跃气氛片段情景模拟**

实操说明和要求：假设教室就是一辆旅游车，把学生分为若干小组，分别扮演领队、游客和司机等角色。领队进行讲解和娱乐活动模拟实操，小组角色可以轮流互换，让学生熟知没有地陪的情况下，领队在旅游车上的工作服务内容。

实操要点：（1）领队要用通俗易懂的语言向游客进行讲解，让游客尽快了解当地的文化习俗。（2）领队挑选本条线路中最重要的景点进行简单介绍，这要求学生了解葡萄牙、西班牙的旅游资源，并挑选重点景点做讲解准备（将讲解技能训练融入工作过程中）。（3）车上娱乐活动的形式多种多样，领队要通过各种活动调节和活跃气氛，也可以通过自身的才艺表演以提高游客的兴致。

**工作情景实操 5：从葡萄牙进入西班牙出入境情景模拟**

实操说明和要求：把学生分为若干小组，分别扮演领队、游客、机场工作人员等角色，进行西班牙和葡萄牙出入境过程模拟实操。小组角色可以轮流互换，让学生熟知领队带领游客在申根国家之间出入境工作服务内容。

实操要点：游客申根国家出入境使用的是申根签证，领队要排在旅游团前面，协助相关工作人员进行旅游团的过境工作。

**工作情景实操 6：特色餐饮介绍与日常巡餐情景模拟**

实操说明和要求：把教室当是一家餐厅，学生分为若干小组，分别扮演领队、游客和餐厅工作人员等角色，领队先与餐厅工作人员进行沟通订餐，引导游客进入餐厅用餐，并进行特色餐饮（包括葡萄牙和西班牙的特色餐饮）介绍与日常巡餐模拟实操，小组角色可以轮流互换，让学生熟知领队如何进行特色餐饮介绍和日常巡餐。

实操要点：（1）特色餐饮介绍的内容要点。（2）注意巡餐时的相关事宜，例如，什么时候巡餐、巡餐几次较为合理，以及巡餐时需要做什么。（3）巡餐时，确保照顾到每一桌游客，一视同仁。

**工作情景实操 7：安排游客入住与分房技巧情景模拟**

实操说明和要求：把教室当作一间酒店，学生分为若干小组，分别扮演领队、游客和酒店工作人员等角色，引导游客进入酒店大堂，并和酒店前台工作人员进行沟通，安排游客入住和分房模拟实操。小组角色可以轮流互换，让学生熟知领队如何办理入住手续和如何合理分房。

实操要点：（1）在酒店前台与工作人员沟通时，领队能够使用英语进行沟通。（2）办理入住酒店需要收齐游客护照。（3）分发房卡的技巧。（4）提醒游客欧洲的酒店房间较小，使其有心理准备。（5）判断是否需要巡房。

**工作情景实操 8：旅途中常见突发事件情景模拟**

实操说明和要求：学习、分析、思考这条线路容易发生哪些问题，怎样处理及预防，选取最常见的突发事件进行情景模拟，分别扮演不同的角色进行模拟，边做边讲解说明，便于其他组学生和教师理解，让学生熟知领队如何解决突发事件。

实操要点：（1）领队对突发事件的反应。（2）合理处理事件的技巧和要点。

**工作情景实操 9：向游客介绍主要旅游纪念品模拟**

实操说明和要求：很多游客去西班牙、葡萄牙都会购买当地旅游纪念品。把学生分为若干小组，利用网络去搜索西班牙、葡萄牙著名的旅游纪念品，然后分小组扮演领队角色向游客进行展示和介绍，并模拟购买旅游纪念品的场景时，了解领队应该提供的服务。

实操要点：（1）介绍与展示的技巧把握。（2）了解西班牙、葡萄牙的旅游纪念品的相关信息。

**工作情景实操 10：西班牙、葡萄牙出境和中国入境过程模拟**

实操说明和要求：把学生分为若干小组，分别扮演领队、游客和机场工作人员等角色，进行西班牙、葡萄牙出境和中国入境过程模拟实操。小组角色可以轮流互换，让学生熟知领队在西班牙、葡萄牙出境和中国入境的过程。

实操要点：（1）西班牙、葡萄牙的行李托运和手续办理。（2）西班牙、葡萄牙出境的过关检查。（3）入境中国的提醒工作，比如罗列禁止带入中国境内的物品。

**小资料**

### 西班牙、葡萄牙游注意事项

1. 必带物品

（1）随身携带相关证件，包括护照、身份证（无身份证的儿童带户口本原件）、照片和护照签证复印件，以备不时之需。

（2）准备衣物要根据季节的变化而定，如果恰逢出游的季节是秋天，温度 7 ~ 18 ℃，建议大家带以下衣服：西装一套（参观教堂使用），休闲服一套，毛衣一件，厚外套（羽绒衣或者夹棉袄）一件，皮鞋、旅游鞋各一双。

（3）西班牙的电压规格为 220 伏，葡萄牙电压规格为 230 伏，使用两相圆形插头。必须携带万能转换插头，以便手机充电或其他移动设备使用。

2. 有关注意事项

（1）西班牙的酒店从建筑规模到房间，普遍比中国酒店小。

（2）欧洲的酒店不提供拖鞋及洗漱用品，请自备。

（3）欧洲的酒店不提供开水，水龙头的冷水即为标准饮用水，如果习惯喝茶或者开水，请携带电水壶。

（4）不要在酒店房间、饭店、商店、酒吧等非吸烟区抽烟，否则有可能会被罚款或请出门外。

（5）西班牙允许每人免税携带物品的价值不超过 175 欧元（15 岁以上旅客）或 90 欧元（指 15 岁以下旅客）入境，携带超过 6 000 欧元现金出入西班牙需申报。

（6）不得携带仿冒或盗版产品，一经发现，海关有权予以扣留。

(7) 女士去西班牙旅游，最好戴耳环，在当地人看来女士若没戴耳环就像一个正常人没有穿衣服一样。

(8) 欧洲人习惯吃简单的早餐，因此酒店提供的欧陆式团队早餐往往较为简单。

(9) 团体行进中难免耽误用餐时间，可自备饼干等零食以备不时之需。

(10) 西班牙、葡萄牙街头及景点内部，公厕一般需收费，为避免“大票面”的尴尬，应事先准备零钱。

(11) 在葡萄牙的餐馆，开始上菜同时送来的开胃点心很可能是收费的，问清楚后再消费。

(12) 西班牙、葡萄牙人忌讳数字13和星期五。

(13) 在葡萄牙购物时，只要消费金额在50欧元以上，即可享受增值税退税。因此，购物时一定要向店家索取税单，填写清楚购物金额以及可退税金额。

(14) 葡萄牙人开车的速度普遍偏快，过马路时一定要多加小心。

3. 小费

(1) 服务费已包括在账单之中，但适度的小费仍然受人欢迎。通常，小费是照个人的意愿支付，一般标准为消费额的10%左右。

(2) 在酒店如要行李员帮忙提行李，通常要付1~2欧元的小费。

4. 电话、网络和汇率

(1) 酒店内电话费很贵，如有需要，可购买电话卡或使用投币电话。

(2) 葡萄牙境内的大部分Wi-Fi（无线局域网）都是要收费的。

(3) 西班牙、葡萄牙使用欧元，建议出国前兑换适量欧元（1 000元左右为宜），以备购物和参加自费项目时使用。

5. 安全提示

(1) 西班牙治安状况稍差，尤其是首都马德里和第二大城市巴塞罗那，犯罪率较高，抢劫、盗窃案频发。在西班牙旅行谨防假警察搜身，注意人身财产安全。

(2) 葡萄牙比较安全，但是抢劫、扒窃等现象时有发生。注意财产安全，所以最好不要随身携带大量现金，晚上尽量不要独自外出。

### 知识链接3：西班牙、葡萄牙游领队的工作重点

(1) 良好的英语交际能力，能与当地相关部门进行顺利沟通。

(2) 应对入境海关的特殊规定及两国风俗习惯深入了解。

(3) 作为领队，应清楚了解两国的概况，熟悉需要参观的每一个景点及线路，为游客进行生动地讲解。

(4) 作为领队，做好各站景点间的衔接工作，为游客提供满意的行程安排。

### 知识链接4：突发问题与事故的处理

事故与问题发生时，领队要及时采取适当措施，与当地相关部门、中国驻当地大使

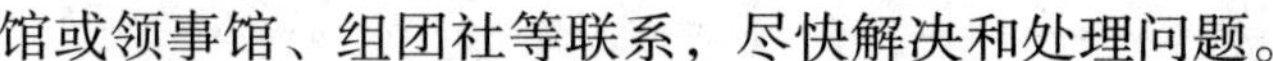
馆或领事馆、组团社等联系，尽快解决和处理问题。

**小情景**

2009 年，北京某组团社组团赴欧洲旅游，按照计划，行程由西班牙到葡萄牙。当地时间 9:30，团队到达马德里，有 2 小时的自由活动时间，3 名游客上车取走了自己的物品。待团队集中准备出发时，旅游团领队发现那 3 位游客不见踪影，就立即报了警，报告了 3 名游客失踪的情况。那 3 名游客至今下落不明。

想一想：遇到以上情况，领队该如何处理？

**趣味讨论**

在葡萄牙，商务活动一般应安排在哪个时间比较恰当？

## 五、评价和提升

学生互评：每组模拟后，派代表再次把本组带团的过程及这个过程中出现的意外问题完整陈述一遍，便于大家加深印象，系统掌握。

小组互评：指出模拟中不尽完善的地方，有利于大家一起得到提升。

教师评价：结合自身深厚的理论知识和丰富的实际工作经验，对学生模拟进行点评，总结整体存在的大多数问题，提出解决方案，指出哪些方面需要锻炼及如何锻炼。然后结合学生的具体情况予以个性化点评指引，使大家的认识进一步深化，从知其然走向知其所以然，从技术实践知识走向技术理论知识，最后，教师强调本条线路领队的工作重点。

**领队日记**

**旅游天堂——西班牙**

如果一次旅行能让人记住几件事情，那就是难忘的旅行，就像我们此次的西班牙之旅。我们的目的地是马拉加，这里除了安达卢西亚的大山、地中海炙热的阳光，还有闻名世界的火腿和雪利酒，当然，还有举世闻名的毕加索。

马拉加的机场较一般的欧洲城市机场大。其实，早在飞机降落以前我就被机翼下的湛蓝海水和海岸线吸引，做了不少“白日梦”：如何在海岸边驾驶敞篷车畅游，如何与晒成小麦色的西班牙女郎搭讪，如何看着夕阳品尝美酒。在西班牙，驾驶敞篷车绝对是一种享受，正如毕加索所说：“没有体会过马拉加阳光的人，就创造不出立体主义的绘画艺术。”

马拉加是安达卢西亚第二大城市，曾被授予“欧洲文化首都”的称号。游客纷至沓来是因为这里是著名画家毕加索的故乡。特别是2003年毕加索博物馆开放之后，更是将世界的目光吸引至此。诺贝尔文学奖得主阿莱桑德甚至盛赞这里是“天堂般的城市”。

“寻找毕加索的创作灵感”是此次城市漫游的主题。我们的城市驾驶更像是漫无目的地闲逛甚至是“胡同游”，走走停停，只为感受这座古城市的韵味。我们不是来去匆匆的过客，我们懂得享受天堂城市的阳光，还有无处不在的艺术气息。因为马拉加是毕加索心中最美的艺术品，来到马拉加也就自然走进了毕加索的绘画世界之中。

闲逛到下午，海岸时间到了，该去感受一下传说中的太阳海岸了。对于在中国北方城市长大的我们来说，眼前的景象简直就是梦想中的画面：蓝天上白云朵朵，群山环抱的港口码头停满了游艇和小船，白色与蓝色是主色调，湛蓝的海水像是具有无尽的魔力，吸引着我们走上沙滩。闭上眼躺在沙滩上，依然能感受灿烂的阳光，真想就这样躺着直到明天太阳再次升起。

夕阳西下，海滩边的餐厅已经坐满了享受太阳余晖和清风的人。酒杯中的香槟在夕阳的映射下泛出了微红，海鲜大餐开始以前，这是最好的开胃酒了。不知道此时驾着自己的游艇出海会是什么感觉？

马拉加一路往西，我们渐渐进入安达卢西亚山区。与法国、意大利的山区不同，这里的感觉更像是北非风貌，热烈而粗犷。阳光暴晒下的土地干黄，植被也没有那么茂密。一路上，疾驰而过的敞篷车体现出欧洲的汽车文化和生活方式。100多千米的行程不紧不慢，这才是真正舒服的驾车旅行的节奏。

我们下榻的酒店从正面看低调朴实，走到后面的花园才发现原来整个小镇的身后就是一片广袤的平原，酒店下是数十米的悬崖，而谷底还有大片的葡萄园和庭院。走出院门，小镇的宁静让我们也沉醉其中。走着走着，一家火腿店不知是吸引了我们的眼球还是吸引了我们的鼻子。门口的招牌告诉我们这家店有悠久的历史。从店门口到柜台，几十平方米的店面里挂满了金黄色的火腿，货架下面的铁盘里滴满了火腿沁出来的金色的油。随着唾液不自觉地分泌，我们也不由自主地走到了柜台前。老板轻轻地拿起柳叶火腿刀，细细地切下几片火腿，每切下一片都为我们展示一下，让我们看看火腿的纹理和纤薄程度，并认真地摆在托盘里。品尝后，我们向老板买下了整条火腿带回国。

我们满城闲逛之后，觉得无论是广场还是街巷都没有斗牛场最能代表西班牙的特色，所以午餐就安排在斗牛场边的露天餐厅了。先来一份火腿蜜瓜，浓郁的火腿配着香甜的蜜瓜，别有一番味道，这是最地道的吃法。

饭后，我们继续向山区腹地进发。如果说马拉加到龙达的路是走马观花，那我们这段驾驶就完全是为细细品味安达卢西亚的山野之美。

当晚，庭院里的烧烤晚宴是此行的高潮。夕阳下，微风拂面，已经没有了白天的炙热。草地散发着清香，伴着木吉他的旋律，我们也渐渐放松下来，一天的疲惫随着琴声飘散。伴着炭火上的“呲呲”声，一位厨师正在专心且潇洒地切着火腿，旁边的橡木桶里不是陈年的红酒，而是西班牙经典的雪利酒，调酒师熟练地从木桶中打出美酒，酒杯轻碰出悦耳的声音。

我们在返回马拉加时没有走来时的路，而是先向南再往东，沿着海岸线返回马拉加，不走回头路，也是为彻底地感受了一下海岸线的“一半海水，一半火焰”。

（孙旭　浙江旅游职业学院）

**【思考与练习】**

一、选择题

1. “吉他之乡”是（　　）。

A. 葡萄牙　　B. 西班牙　　C. 瑞典　　D. 德国

2. （　　）的蓝色瓷砖壁画是葡萄牙大航海时代最有代表性的建筑风格。

A. 教士教堂　B. 莱罗书店　C. 圣本度火车站　D. 老教堂

3. 西班牙允许每人免税携带物品的价值不得超过（　　）欧元（15 岁以上旅客）或（　　）欧元（15 岁以下旅客）入境；携带超过（　　）欧元现金出入西班牙需申报。

A. 175 90 6 000　　B. 170 90 5 000

C. 170 80 7 000　　D. 160 90 6 000

4. 在葡萄牙购物时，只要消费金额在（　　）欧元以上，即可享受增值税退税，所以购物时一定要向店家索取税单，填写清楚购物金额以及可退税金额。

A. 40　　B. 60　　C. 80　　D. 50

二、判断题

1. 去西班牙旅游，女同胞上街最好戴耳环，在当地人看来女士若没戴耳环就像一个正常人没有穿衣服一样。（　　）

2. 在酒店如要行李员帮忙提行李，通常要付 5 ~6 欧元的小费。（　　）

3. 西班牙与葡萄牙的电压规格为 200 伏，使用两相圆形插头，需携带万能转换插头，以便手机充电或其他移动设备使用。（　　）

4. 葡萄牙境内的大部分 Wi－Fi 都是要收取费用的。（　　）

三、问答题

1. 团队抵达西班牙目的地机场时，领队要做好哪些方面的工作？

2. 试描述西班牙人的生活和饮食习惯。

四、实操题

设计一份“旅游服务质量评价表”，并分组模拟演练要求游客填写的过程。

**【参考答案】**

一、选择题

1. B 2. C 3. A 4. D

二、判断题

1. √ 2. × 3. × 4. √

三、问答题

1. 领队需召集游客介绍西班牙入境程序：介绍需要办理的有关入境手续，过“三关”；安排团队入境，带团走出机舱后，随即前往移民关卡；提醒游客保管好随身携带物品，找好行李车，带领游客到传送带上提取行李。

2. 由于气候温和，日照时间长，西班牙人的生活习惯比较特殊，喜欢晚睡晚起。一般是8:00—9:00进早餐，14:00进午餐，22:00—23:00进晚餐。西班牙菜肴融合了地中海和东方烹饪的精华，独具特色，最具代表性的是海鲜饭、卡斯提亚汤、中部烤乳猪、烤乳羊、西北部海鲜汤、血红鸡尾酒、生火腿等。

四、实操题

略（“旅游服务质量评价表”包括旅游的六大要素“食、住、行、游、购、娱”即可。此外，设计要清晰，尽可能地得到游客对旅游行程的意见。模拟演练过程中，领队态度要好，符合职业的要求）。

# 参考文献


［1］王连义. 海外旅游领队20谈［M］. 北京：旅游教育出版社，2001.

［2］北京市旅游局. 出境旅游领队实务［M］. 北京：旅游教育出版社，2002.

［3］李鸿，杨连学. 模拟导游［M］. 上海：上海交通大学出版社，2011.